CHENG SHI GUO JI HUI ZHAN ZHI DU JIAN SHE YAN JIU
YI ZHENG ZHOU WEI LI

本书系河南省高校人文社会科学研究一般项目"'十四五'时期加快郑州国际会展之都建设路径研究"（项目编号：2022-ZZJH-055）研究成果，受河南省高校人文社会科学研究项目资助、中原工学院学术专著出版基金资助。

城市国际会展之都建设研究
以郑州为例

寿怡君 李闪 / 著

华中科技大学出版社
http://press.hust.edu.cn
中国·武汉

内 容 简 介

城市会展业已成为城市发展的先导性产业和战略性需要。"十四五"规划不仅标志着中国经济社会发展进入新的阶段,也为中国会展业发展指明了方向。目前,北京、上海、广州、深圳、成都、杭州、武汉、南京、西安、郑州等地政府推动"十四五"高质量发展会展业,明确提出建设或全面建成国际会展之都。基于此,本书立足城市会展业发展实际,在新形势下为郑州加快国际会展之都建设提出相应举措。本书尝试构建国际会展之都建设评价体系,对正在进行国际会展之都建设的各城市进行综合分析,结合郑州建设国际会展之都的总体规划,探寻郑州国际会展之都建设现状与挑战,提出郑州加快国际会展之都建设的具体路径,对助力郑州奋力建设国家中心城市,促进中原崛起以及建设国际会展之都具有一定现实意义。

图书在版编目(CIP)数据

城市国际会展之都建设研究:以郑州为例/寿怡君,李闪著.—武汉:华中科技大学出版社,2023.8
ISBN 978-7-5680-5721-9

Ⅰ.①城⋯ Ⅱ.①寿⋯ ②李⋯ Ⅲ.①展览会-产业发展-研究-郑州 Ⅳ.①G245

中国国家版本馆CIP数据核字(2023)第118293号

城市国际会展之都建设研究:以郑州为例 寿怡君 李闪 著
Chengshi Guoji Huizhan zhi Du Jianshe Yanjiu:yi Zhengzhou Wei Li

策划编辑:	胡弘扬
责任编辑:	贺翠翠 鲁梦璇
封面设计:	廖亚萍
责任校对:	刘小雨
责任监印:	周治超
出版发行:	华中科技大学出版社(中国·武汉) 电话:(027)81321913
	武汉市东湖新技术开发区华工科技园 邮编:430223
录　排:	孙雅丽
印　刷:	武汉科源印刷设计有限公司
开　本:	710mm×1000mm 1/16
印　张:	15.25
字　数:	250千字
版　次:	2023年8月第1版第1次印刷
定　价:	79.80元

本书若有印装质量问题,请向出版社营销中心调换
全国免费服务热线:400-6679-118 竭诚为您服务
版权所有 侵权必究

前言

随着全球经济的发展和全球化加速,会展业迅速发展且在国际上日益变得重要,已成为促进全球文化、经济、技术交流与合作的"高端性、前瞻性和实效性"的重要平台和全球各区域经济协调发展的重要推手。会展业是行业的"风向标",也是各国城市发展的重要组成部分。作为现代服务业和国民经济的重要组成部分,会展业是服务产业链、供应链与价值链的重要环节,是国家和地区产业发展的助推器和促进消费升级的放大器,是优化产业结构和招商引资的重要抓手,也是加速乡村振兴和促进国内国际双循环的重要抓手。全球会展业已取得长足发展,但伴随日趋复杂严峻的国内外经济形势以及全球经济不稳定导致的会展业投资和需求的浮动,又基于全球科技的创新发展以及对环境的关注,会展业已发展成一个非常重要的商业领域。

会展业已经发展成为推进国家战略、促进贸易投资、拉动消费、增进文化交流、扩大知识传播、丰富人民生活等多方面的重要平台,是现代服务业的重要组成部分。政府工作报告中频繁强调发展会展业的重要性,从中央到地方层面一系列的会展政策对会展业的发展提出了更高要求,也带来了新的机遇。《中华人民共和国国民经济和社会发展第十四个五年规划和2035年远景目标纲要》中明确提到"推动生产性服务业融合化发展",因此,促进国内国际双循环中会展业的带动作用,尤其通过深化改革和扩大开放,举办国际会展活动,对提升国家在全球的影响力以及加强地区城市间差异化发展、强化城市会展硬件设施与软实力的双提升具有重要现实意义。随着会展业与城市相关产业的融合发展以及城市基础设施和会展服务体系的不断完善,会展业逐渐成为城市重点发展和扶持的先导性产业,在城市发展中扮演着重要角色。会展业具有影响面广、与其他产业关联度高、发展潜力大等特点，在城市或地区内集聚和吸引大量的国内外展商、观众和媒体等参加会展活动，汇聚大量人流、物流、信息流、资金流，能产生较强的城市辐射力和带动力。

从地方层面来看，中国各地城市主管部门非常重视城市会展业的发展，重视会展经济对于城市经济发展的"虹吸效应"。因此，各城市以会展高质量发展作为带动城市经济发展的新引擎，发展高质量会展业已经成为城市发展的战略性需要和"刚需"。"十四五"时期，全国各城市积极出台会展业"十四五"发展规划以及国际会展之都的建设发展规划。北京、上海、广州、深圳、成都、武汉等地先后提出建设国际会展之都的口号，掀起建设国际会展之都的改革浪潮，以加快城市国际会展之都建设为抓手，蓄能城市产业结构优化和城市经济发展。2023年是全面贯彻落实党的二十大精神的开局之年，也是"十四五"规划承上启下的关键之年，做好经济工作和提升中国经济韧性非常重要。2023年1月28日召开的国务院常务会议中，强调组织开展丰富多样的促消费活动，促进接触型消费加快恢复，推动国内线下展会恢复，支持企业出境参展。由此可以看出，会展对经济社会发展的先导性和引领作用已得到各级政府的高度重视。

建设国际会展之都是各城市推进国家中心城市建设、打造国际消费中心城市的重要举措。各城市以推动城市会展业高质量发展为主线，包括建设会展新场景、培育新业态、探索新模式、培育新品牌等内容，旨在尽快建成立足全国、面向世界的国际会展之都。基于此，在构建国内国际双循环新发展格局和坚定不移扩大对外开放的背景下，本书将围绕城市建设国际会展之都这一主题，探讨城市国际会展之都的建设现状、挑战以及建设路径。本书采用文献分析法、数据分析法、比较分析法等研究方法，以城市会展业、会展经济学、城市系统论等为理论研究基础,坚持"问题导向"和"目标导向"相结合,开展文献研究与实证研究,围绕国际会展之都这一核心概念展开相应的研究设计和研究思路。本书主要通过建立相关指标体系,选取了10个各具特点的城市,对其国际会展之都建设情况进行综合评价和对比分析,并以郑州为主要研究对象,在新形势下为郑州加快国际会展之都建设提出具体举措。研究主要分为三个层次:一是尝试构建国际会展之都建设评价体系;二是对正在进行国际会展之都建设的城市进行综合分析;三是结合郑州建设国际会展之都的总体规划,探寻郑州国际会展之都建设现状与挑战,提出郑州加快国际会展之都建设的具体路径。

早在2005年,郑州就提出建设中部会展城市之都。2005年11月,第十一届郑州全国商品交易会暨首届郑州日用消费品博览会在新建成的郑州国际会展中心举行,会议中第一次提出了"努力打造中部会展之都"的目标。郑州紧抓发展机遇,从最初设立的"中部会展之都"的小目标稳步发展,逐渐实现了国家区域性会展中心城市的目标。如今,郑州全力打造国家中心城市,并积极踏上建设国际会展之都的新征程。郑州曾荣获"中国优秀会展城市""中国会展名城""中国最具竞争力会展城市""中国会展最具办展幸福感城市"等称号,这充分展示了郑州在国内外会展领域的影响力和知名度。随着城市会展经济综合水平的显著提升、社会长期稳定的发展和产业结构的升级,郑州正逐渐成为一座名副其实的中国会展之都。近年来,郑州依托良好的交通枢纽功能、夯实的产业基础以及优良的营商环境等优势,积极推动会展业的发展。郑州在助推城市会展经济发展中做出的努力使得其在会展城市竞争中逐渐脱颖而出,但是与北京、上海、广州等地会展业发展水平相比,还存在一定差距。本研究将以郑州市会展业发展的纲领文件为指导,探究郑州在建设国际会展之都方面与其他城市的差异，以解决问题为导向，尝试提出加快郑州建设国际会展之都的路径，促使郑州朝着建设成为具有国际影响力的国际会展之都的目标迈进，促进郑州会展业迈向更高水平的专业化、品牌化、国际化发展方向。

  经过近两年的打磨，本书终于得以出版。感谢带我进入会展实务界的中国会展经济研究会统计工作委员会副主任张凡先生，从我写作之初他就给予了悉心的指导和帮助，让我对会展教育和会展实务有了更深层次的思考，受益终身。在本书写作过程中，感谢孟聪的理解与大力支持，感谢项目团队成员中原工学院王江老师对本书的支持与贡献。尽管我从事会展经济与管理专业教育多年，但由于学识阅历有限，本书在系统性或综合性上还有所欠缺，此外，由于人力和各种数据统计口径的差异，本研究也难免有不妥之处，恳请行业专家和各位读者批评指正。

寿怡君

2023 年 6 月

目 录

CONTENTS

第一章 导论   1
    一、研究背景   2
    二、研究概述   6
    三、研究现状   10
    四、研究理论   15

第二章 会展业与国际会展之都   17
    一、会展业概述   18
    二、会展业与经济   25
    三、会展中心城市与国际会展之都   29

第三章 新环境下郑州建设国际会展之都的发展优势   35
    一、郑州建设国际会展之都的总体规划   36
    二、郑州建设国际会展之都的新环境   38
    三、郑州建设国际会展之都的发展优势   50

第四章 国际会展之都建设评价体系   63
    一、构建国际会展之都建设评价体系   64
    二、国际会展之都评价指标释义   69

第五章　各城市国际会展之都建设评价与建设经验　93

一、国际会展之都建设评价方法和数据来源　94

二、样本城市国际会展之都建设概况　97

三、各样本城市国际会展之都建设指数评价　121

四、国际会展之都建设经验　154

第六章　郑州国际会展之都建设现状与挑战　159

一、郑州国际会展之都建设现状　160

二、郑州国际会展之都建设所面临的挑战　184

第七章　郑州国际会展之都建设路径　195

一、抓消费扩内需，全力以赴拼经济　196

二、抓产业强基础，构建多业态会展融合新格局　198

三、抓政策抢机遇，持续优化城市会展营商环境　201

四、抓名馆拓名城，提高会展名城硬实力　202

五、抓主体强招商，激活会展对外开放新活力　204

六、抓项目促品牌，提升城市会展发展新能级　206

七、抓开放促合作，扩大国际知名度和影响力　210

八、抓教育强人才，强化会展业发展根基　212

九、抓创新增动力，把握会展发展新机遇　214

十、抓标准促规范，提升城市会展质量建设　217

十一、抓文化促特色，打造会展文旅融合目的地　218

附录：郑州市人民政府关于加快郑州国际名城建设的意见（郑政办〔2018〕46号）　223

参考文献　231

后记　235

第一章

导 论

一、研究背景

会展业是一项具有高附加值和多元化的产业，它不仅能够促进国际贸易和文化交流，还可以为城市带来直接和间接的经济效益。随着全球化和数字化的加速，国际会展业已经成为全球经济中一个重要的组成部分。中国作为一个会展大国，在国际会展业发展中占据重要地位，各城市都非常重视会展业高质量发展在城市经济发展中的新引擎作用，发展会展业已成为城市发展的先导性和战略性需要。"十四五"规划不仅标志着中国经济社会发展进入新的阶段，也为中国会展业发展指明了方向。会展业作为城市的枢纽门户和名片，被誉为"触摸世界的窗口"和"产业发展的加速器"，使跨产业、跨区域的信息流、资金流、物流和人流在城市汇聚，对促进地区经济增长、优化调整产业结构、改善就业状况、加强国际合作、培养服务业竞争优势等具有重要作用。既有理论和现实发展均表明会展业对城市经济乃至区域经济发展具有强劲的辐射作用[1]。城市建设国际会展之都对城市经济增长、城市建设以及城市转型升级有重要的助推作用。

2005年11月，第十一届郑州全国商品交易会暨首届郑州日用消费品博览会在新建成的郑州国际会展中心举行，郑州第一次提出要"努力打造中部会展之都"。中央和地方各层面都非常重视郑州城市发展的战略定位，始终将郑州国家中心城市建设作为引领区域发展的核心引擎，赋予郑州区域协同发展的战略重任。郑州在全国经济版图和城市网络中的地位将日趋凸显，其产业、基础设施、综合承载能力将不断提效增质，进一步增强资源集聚、要素集聚和人才集聚功能。郑州紧抓发展机遇，从最初设立的"中部会展之都"的小目标稳步发展，逐渐实现了国家区域性会展中心城市的目标。如今，郑州全力打造国家中心城市，并积极踏上建设国际会展之都的新征程。郑州不断提升国内外会展影响力和知名度，先后荣获"中国优秀会展城市""中国会展名城""中国最具竞争力会展城市""中国会展最具办展幸福感城市"等称号，逐渐成为一座名

---

[1] 莫志明. 会展业与城市发展的互动影响分析[J]. 旅游纵览(下半月),2017(06).

副其实的中国会展之都。郑州作为中原城市群的核心龙头城市以及国家中心城市,不仅要注重城市本身发展,更要注重辐射带动区域内城市群的协调发展,担负带领区域内城市发展的职责,促进区域经济社会发展,与区域城市共建高质量、高效率、可持续的城市群建设发展道路,还要注重作为国家中心城市的建设。会展业是带动城市发展的新引擎、新抓手,依托于当地的政策支持、交通区位、产业基础、市场辐射以及人流、物流、资源聚能等优势,会展业已成为郑州对外交流的重要窗口。

2016年12月,国务院正式批复国家发展和改革委员会编制的《促进中部地区崛起"十三五"规划》,支持郑州、武汉建设国家中心城市,强化长沙、合肥、南昌、太原等省会城市地位。规划中明确指出将在建设全国性综合交通枢纽、积极建设郑州新机场至省内重要城市支线、完善互联网骨干直联点、加快建设跨境电子商务综合试验区、依托郑州国际航空港打通"一带一路"沿线主要城市空中通道、支持建设智能终端产业基地、打造新能源汽车生产基地、支持建设北斗导航产业基地、重点建设郑州国际物流中心、推进郑州等国家电子商务示范城市建设等方面支持郑州。"十三五"期间,郑州专业场地共举办规模以上展览1040场,累计展览面积达1219万平方米,其中经贸类展会占比62%,连续多年处于全国前列,并与多家国际机构建立了紧密的战略合作伙伴关系,入选"中国最具竞争力会展城市"。近年来,郑州会展业发展迅速,世界传感器大会、全球跨境电子商务大会、世界新兴产业大会等高起点、高规格展会接连在郑州举办。郑州逐渐成为优质会展活动的集聚地,世界影响力显著提升。

目前,北京、上海、广州、深圳、成都、西安、武汉、郑州等地先后编制的"十四五"规划中,提出推动会展业高质量发展和建设或全面建成国际会展之都的目标。2018年,郑州市将"打造国际会展名城"写入政府工作报告。2018年2月,郑州市政府公布《郑州建设国家中心城市行动纲要(2017—2035年)》,该纲要指出要围绕现代化经济体系,以供给侧结构性改革为主线,以实体经济为着力点,以科技创新为引领,做大现代服务业,全面实施"互联网+""品牌+""标准+"战略,加快构建以先进制造业为支撑、以现代服务业为主导,实体经济、科技创新、现代金融、人力资源协同发展的现代产业体系，加快完善市场机制有效、微观主体有活力、宏观调控有度的经济体制，全面提升郑州经济综合竞争力；同时指出，要坚持生产性服务业和生活性服务业并重发展，以消费升级引领产业升级，以科技创新驱动产业变革，全力建设国际会展名城，打造具有国际影响力的"郑州服务""郑州消费"品牌。2018年4月，根据《河南省人民政府办公厅关于进一步促进展览业改革发展的实施意见》，结合郑州市实际，郑州市政府发布《关于加快郑州国际会展名城建设的意见》，明确指出以国际化、品牌化、专业化、市场化、信息化、产业化为方向，以优化会展政务环境为基础，以推进会展业国际化发展为主线，提升郑州会展业的国际知名度和影响力，并在该意见中明确指出建设国际会展名城的主要目标、重点任务以及工作要求等。2022年6月，郑州市政府发布《郑州市"十四五"现代服务业发展规划》，该规划提出针对涵盖会展业在内的多项产业的发展目标和方向，突出发展商务服务和会展业，打造国际商务中心与会展名城，紧抓郑州商务服务跃级提升的重要窗口期，支持商务服务做精做优，会展服务做强、做大、做优；到2025年，展会面积达到400万平方米，基本建成"立足中西部、辐射全国、面向世界"的国际商务中心、会展名城。为规范会展活动，打造国际会展名城，促进会展业高质量发展，根据有关法律、法规，结合郑州市会展业实际情况，郑州市于2022年11月发布《郑州市会展业促进条例》。该条例的出台标志着郑州会展业开始进入法治化管理新阶段，为培育国际会展之都建设的核心竞争力提供了强大的法治保障，对会展业规范和谐发展、有效提高政府效能、激发市场活力、培育增长动能等发挥积极作用。会展业发展环境的变化给予郑州会展业高质量发展和国际会展之都建设契机。以上政策文件的出台，为郑州国际会展之都建设保驾护航，以有效促进会展业高质量发展，开启郑州国际会展名城建设新征程。

当今全球会展业已取得长足发展，但伴随日趋复杂严峻的国内外经济形势以及全球经济不稳定导致的会展业投资和需求的浮动，又基于全球科技的创新发展以及对环境的关注，会展业已发展成一个非常重要的商业领域。全球会展业的竞争加剧导致会展市场份额分配的不稳定。虽然会展业与其他产业的融合已形成共识，会展业对其他产业的带动作用也正在加速显现，但新业态、新技术、新模式的涌现，也使会展业面临更高的环境要求和更大的技术挑战。尽管存在上述挑战，全球会展业仍然是一个充满潜力的领域，具有很好的发展前景。党的十九大报告做出了"中国特色社会主义进入新时代"的重大判断，以举办中国国际进口博览会为代表性事件，中国也已从会展大国迈上建设会展强国的征程。2023年是全面贯彻落实党的二十大精神的开局之年，也是"十四五"规划承上启下的关键之年，做好经济工作和提升中国经济韧性非常重要。在"十四五"规划和2035年远景目标纲要的背景下，党的二十大报告中明确指出必须完整、准确、全面贯彻新发展理念，坚持社会主义市场经济改革方向，坚持高水平对外开放，加快构建以国内大循环为主体、国内国际双循环相互促进的新发展格局。2023年1月28日，国务院常务会议召开，会议强调要组织开展丰富多样的促消费活动，促进接触型消费加快恢复，推动国内线下展会恢复，支持企业出境参展。各城市都在积极响应号召，致力会展业高质量发展。面对全新的机遇与挑战，如何奋力将郑州建设成为具有全球影响力的国际会展之都，以更好地服务全国乃至全球会展市场，已经成为一个刻不容缓的课题。

基于这一背景，本研究旨在根据郑州会展业发展实际，总结会展业发展取得的成就、面临的困难与问题，同时结合郑州市人民政府出台的《关于加快郑州国际会展名城建设的意见》和《郑州市会展业促进条例》等相关政策，探讨郑州如何从区域性会展中心城市逐步发展成为国际会展中心城市，以及如何在服务城市产业与经济发展的过程中，吸引全球优质产业与资源落地郑州。此外，本研究还将探讨如何提升郑州的会展承载力和国际影响力等问题，促进郑州城市会展业高质量发展且形成结构优化、布局合理、功能完善、机制健全、服务优良的会展业发展体系，开启能够服务河南省、中原城市群、华中地区，以及以国家经济为中心聚焦国内外市场，致力国际化、品牌化、专业化、市场化、信息化、产业化的会展业高质量发展，促使郑州逐渐迈向国际会展之都行列。

二、研究概述

（一）研究意义

在"十四五"时期把握新发展阶段、贯彻新发展理念、构建新发展格局的背景下，如何建设具有全球影响力的国际会展之都，如何使城市会展业迈向国际化，如何进一步吸引全球优质产业与资源落地，增强城市会展业战略地位、实现会展业经济指标和产业定位、提升会展业承载力和国际影响力等问题，成为区域经济管理的研究热点。

郑州基于当地政策支持、交通区位、产业基础、市场辐射以及人流、物流、信息流等聚能优势，会展业已成为对外交流的重要窗口。本研究根据"十四五"时期加速郑州国际会展之都建设的总要求、目标体系和重要任务，以及"十三五"期间郑州会展业发展的现状，深入分析郑州在推进建设国际会展之都过程中的优势与成绩、差距与挑战；借鉴国内外知名会展城市的会展之都建设经验，了解这些城市会展业发展的微观与宏观环境、软硬件支持环境等，探讨国际会展之都建设标准及内在机理，分析加快国际会展之都建设对城市的促进效应；尝试运用区域经济学、城市经济学、产业经济学、管理学等相关理论分析各细分子系统在推动国际会展之都建设中的关联、优化与协同作用，为相关政府职能部门加快郑州国际会展之都建设规划提供理论建议，促进郑州会展业的创新与国际化发展，为郑州会展业走向国际视野提供理论参考和决策依据；尝试完善以城市建设国际会展之都为主题的现有研究成果，进一步丰富"十四五"时期关于城市发展与国际会展之都建设融合发展的理论探讨，为城市会展业的发展提供更多研究参考。

（二）研究目标

本研究的总体目标是以"十四五"时期加快郑州国际会展之都建设的设想、目标体系、重点任务与保障措施为前提，尝试建立国际会展之都的评价指标体系；通过对比郑州与国内外知名国际会展之都的发展差距，分析郑州建设国际会展之都的优势与新环境，探讨郑州国际会展之都的建设现状与问题，探索性地提出郑州加快建设国际会展之都的具体路径。具体目标如下：

（1）对国际会展之都的概念和特征进行界定。

（2）尝试构建国际会展之都的评价指标体系。基于城市会展业发展和建设国际会展之都的不同水平，选取法兰克福、汉诺威等已成为国际会展之都的国外城市与上海、北京、广州等较早一批提出国际会展之都建设的国内城市进行多案例研究，利用文献资料与基础数据探寻这些城市会展业的发展现状，提炼这些城市在国际会展之都建设或发展过程中城市经济、城市公共服务、城市产业、城市基础建设、科技等要素对城市会展业的支撑，尤其是建设国际会展之都所需达到的共性要求与标准，以构建相对客观、全面、系统的国际会展之都评价指标体系，该体系应包括功能层、维度层和具体指标层。

（3）对各城市国际会展之都建设情况的评价分析。运用构建好的国际会展之都评价指标体系，对上海、北京、广州、深圳、成都、杭州、武汉、南京、西安、郑州等城市的国际会展之都建设情况运用"熵值法＋TOPSIS法"进行评价分析，对选取的10个城市进行综合评价，总结建设经验，寻找郑州在国际会展之都建设中与这些城市在评价指标上的差异，分析优势与不足。

（4）总结与归纳郑州建设国际会展之都的现状。根据各城市国际会展之都建设的评价结果，对照郑州建设国际会展之都的总体规划，对郑州国际会展之都发展建设现状进行客观分析，总结与归纳郑州建设国际会展之都的现状、困难与问题。

（5）尝试性提出加快郑州国际会展之都建设的具体路径。借鉴其他城市的建设经验，结合郑州建设国际会展之都的现状与问题，探索切实可行的建设路径，提出有针对性的举措。

（三）研究内容

本书将"问题导向"和"目标导向"相结合，对城市国际会展之都建设现状进行实证研究。首先，在探索国际会展之都的定义及标准架构问题的导向下，尝试构建国际会展之都建设评价指标体系。其次，借助评价指标体系对国内正在展开国际会展之都建设的多个城市进行建设指数评价及综合排序，对选取的各样本城市进行对比分析，探讨其建设经验。再次，基于我国当前的"十四五"规划与国内国际双循环大环境以及大会展概念，审视郑州建设国际会展之都的发展优势与机遇。同时，对标国内外知名国际会展之都，在新环境下客观分析郑州会展业及在国际会展之都建设中的发展现状，并探索与寻找郑州国际会展之都建设中的发展困难。最后，提出加快郑州国际会展之都建设的具体路径。

（四）研究思路与方法

本书采用文献分析法、数据分析法、比较分析法等研究方法，以城市会展业、会展经济学等作为理论研究的基础，以郑州为主要研究对象，坚持"问题导向"和"目标导向"相结合，进行文献研究与实证研究，界定本书核心概念并对研究内容设计提出相应研究思路。

1. 文献研究

本书整理了国际展览业协会（UFI）、国际大会及会议协会（ICCA）、国际展览与项目协会（IAEE）等国际权威专业机构发布的研究报告，以及众多国内权威专业机构发布的相关研究报告，如国家统计局和10个样本城市当地统计局公布的各个年度《国民经济和社会发展统计公报》以及其他相关数据，中国国际贸易促进委员会发布的《中国展览经济发展报告》《中国博览会和展览会》，中国会展经济研究会发布的《中国展览数据统计报告》《中国城市会展业竞争力指数报告》，北辰会展研究院发布的《中国展览指数报告》，以及中国社会科学院财经战略研究院发布的《中国城市竞争力报告》等，从中获取数据和资料进行文献研究与深入分析。

2. 实证研究

本书以收集到的数据为基础，发掘目前已建成和正在建设国际会展之都的城市会展业发展现状，并进行归纳，尝试构建国际会展之都建设评价指标体系。挑选北京、上海、广州、深圳、成都、杭州、武汉、南京、西安、郑州10个城市作为评价对象，运用"熵值法＋TOPSIS法"展开相关数据分析。首先，运用熵值法将基础数据进行标准化处理，后经过熵计算得到各评价指标的权重和综合排名。其次，通过TOPSIS法对权重计算结果进行分析，找出最优和最劣矩阵向量，分别计算各样本城市与正理想解或负理想解的距离，精确反映各样本城市之间的差距并对建设指数进行综合排序，得到各样本城市与建设国际会展之都最优模型（如上海）的相对接近程度，分析郑州与已建成或正在建国际会展之都的各城市各方面的差距，进而提出郑州国际会展之都建设的具体路径。

（五）研究框架

本书研究框架如图1-1所示。

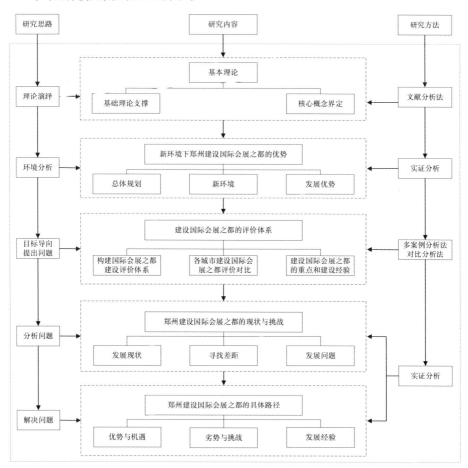

图1-1 研究框架

三、研究现状

当前学术界对国际会展之都进行系统性研究的成果并不丰富，本书依据对国际会展之都建设路径的形成过程以及国际会展之都的内涵理解，参考国际会展中心城市的研究，梳理现有研究，发现现有研究主要集中在以下几个方面。

（一）关于国际会展之都概念界定的研究

目前，学术界对于国际会展之都的概念并没有达成统一的认识。在现有研究中，国际会展之都是指在全球范围内享有国际声誉和影响力的城市，这些城市拥有完善的会议和展览设施，具备专业化、标准化的会展服务和管理水平，能够举办和承办各种国际性、全球性的会议、展览和其他活动，为参展商、观众和专业人士提供高品质的服务和体验。其核心要素包括政府支持、优越的地理位置和交通优势、完善的基础设施、专业化组织能力以及会展服务管理等。王春才（2009）认为，不同层次的会展中心城市可根据其影响范围定位成国际会展中心城市、区域会展中心城市、国家会展中心城市和地方中心城市[①]。徐洁（2010）认为，国际会展中心城市是一个动态的概念，不应该停留在对某一城市的界定，而需要探索城市和相关产业发展的进程，城市会展业的发展需要具备一定的经济基础才能发展起来，尤其是在第三产业（服务业）充分发达的基础上顺应社会经济的要求而发展起来[②]。王先庆等（2014）认为，国际会展之都是指拥有大型会展设施与较强的会展接待服务能力，并且会展经济在当地国民经济中扮演着重要的角色、发挥着重要作用的国际经贸或旅游城市[③]。

（二）关于国际会展之都影响或核心要素的研究

王春才（2009）认为，就会展中心城市的构成要素而言，主要包括会展业

[①] 王春才.北京构建国际会展中心城市战略研究[J].城市问题,2009(07).

[②] 徐洁.国际会展中心城市评价指标体系研究[D].上海:华东师范大学,2010.

[③] 王先庆,戴诗华,武亮.国际会展之都研究[M].北京:中国社会科学出版社,2014.

规模及其占GDP的比重,包括政府的支持力度、城市环境、场馆、交通、食宿等方面的会展业硬件设施水平,以服务、环境为主的会展业软件水平,会展品牌数量以及对一定地域范围的影响程度等[1]。张敏等(2014)认为,会展业作为现代服务业,在构成会展业服务能力的特大会展场馆、品牌会展项目、知名组展企业三项要素中,城市至少拥有一项或两项,甚至三项兼而有之才能称得上国际会展城市。对这三项要素的数据进行综合评价,根据拥有三项要素数量的不同可将国际会展城市分为三个层级:国际会展一线城市、二线城市和三线城市。国际会展一线城市同时拥有最具竞争力的场馆、世界百强商展和国际顶级组展商,这些城市是全球会展实力最强的第一阵营,国际会展一线城市全部位于欧洲,如汉诺威、法兰克福、慕尼黑等地。国际会展二线城市在三项要素中具备两项,包括北京、上海、广州、香港等地。国际会展三线城市在三项要素中具备一项[2]。王春才、周彦(2014)认为,国际会展中心城市需要拥有良好的产业基础、一流的会展硬件及完善的配套设施,还需要拥有高知名度的国际展会、众多高层次的会展策划主体等要素[3]。迟娜(2016)认为,国际会展城市具备政府对会展业发展的支持、组展主体专业化且分工明确、会展发展产业化且品牌化特征明显、互联网技术渗透会展管理运行、会展全球化和集团化趋势明显等特征[4]。曾燕(2019)认为,国际会展之都的国际化主要体现在四个方面,一是城市的国际展会数量占比一般超过30%,二是会展中心室内展馆使用面积一般超过20万平方米或会议中心最大无柱式会议厅一般超过5000平方米,三是会展市场主体国际化,四是会展软环境国际化[5]。王先庆等(2014)认为国际会展之都建设的影响因素主要有城市综合辐射能力、城市基础设施、城市环境、会展业内部因素、机会、政府等[6]。李永江(2019)认

---

[1] 王春才.北京构建国际会展中心城市战略研究[J].城市问题,2009(07).
[2] 张敏,孙琦琰.国际会展城市大比拼[J].国际市场,2014(02).
[3] 王春才,周彦.北京构建国际会展中心城市须具备的关键要素[J].城市问题,2014(11).
[4] 迟娜.国际会展城市的发展特点[J].艺术科技,2016(06).
[5] 曾燕.成都推进会展国际化的对策研究[J].成都行政学院学报,2019(02).
[6] 王先庆,戴诗华,武亮.国际会展之都研究[M].北京:中国社会科学出版社,2014.

为，构建国际会展之都的要素是本地市场需求规模、高素质会展专业人才队伍、城市基础设施建设、会展基础设施建设以及相关法律法规等[①]。

(三) 关于国际会展之都评价或标准体系的研究

胡平 (2007) 运用钻石理论剖析了上海会展业竞争力的影响因素，并运用专家咨询法量化了这些因素的影响权重，对北京、广州、上海等城市的会展业竞争力进行评价[②]。徐洁 (2010) 则对国际会展中心城市的宏观特征进行具体量化指标的界定，包括经济水平、地理位置中心性、第三产业发达程度、城市基础设施环境以及会展产业发达程度等，将整个评价体系分为会展核心产业层、会展支持产业层以及会展城市公共环境层三个层次，并对上海会展中心城市的发展现状进行评价分析，与其他两个亚洲会展城市进行比较，得出上海距离国际性会展城市仍有一定差距等研究结论[③]。乔小燕和胡平 (2010) 根据胡平教授的课题"上海与国际会展中心城市的比较研究"建立了指标体系，一级指标分别是会展业核心系统、会展业支持系统、会展业宏观环境系统，每个一级指标下面又包含众多的二级和三级指标。基于该指标体系对慕尼黑、法兰克福与上海的会展业发展现状进行比较分析，找出上海会展业与这些城市的发展差距并给予上海会展业发展建议[④]。王先庆等 (2014) 基于世界城市等级体系研究成果，结合会展业内涵，将国际主要金融中心、跨国公司总部所在地、第三产业发达程度、世界交通的重要枢纽、国际性会展活动的集中地、会展业在城市中处于主导地位这六项指标作为衡量国际会展中心城市的标准，对全球范围内的会展中心城市进行筛选，建立会展中心城市评价体系，并将会展中心城

[①] 李永江.成都构建国际会展之都的基础和路径[J].先锋,2019(03).

[②] 胡平.上海会展业竞争力影响因素和提升对策研究[C]//上海社会科学界联合会.上海市社会科学界第五届学术年会文集(2007年度)(经济·管理学科卷).上海:上海人民出版社,2007.

[③] 徐洁.国际会展中心城市评价指标体系研究[D].上海:华东师范大学,2010.

[④] 乔小燕,胡平.中德会展中心城市的比较分析——以上海、慕尼黑和法兰克福为例[J].上海经济研究,2010(10).

市划分为四个等级①。李永江（2019）认为，在构建国际会展之都的基础和路径时，参考的标准是人均收入达到中等发达国家水平、服务业产值占城市生产总值的50%以上、进出口总额占城市生产总值的100%以上（包括过境贸易）、产业基础雄厚、会展软硬件条件和服务水平达到一流水准，并且有一个高效运行的会展协会组织②。

（四）关于国际会展之都统计原则和评价模型的研究

邢志宏等（2011）认为北京在建设世界城市过程中进行会展统计时需要注意四个统计原则：一是统计要有国际性，特别需要注意国际性会展和会议统计；二是统计要注意可比性，需要引入国际上通用的会议和展览统计指标来丰富统计标准，便于国际比较，同时应与经济发展程度相挂钩；三是统计要注意结合性，结合当地自身发展特点；四是统计要有前瞻性和超前性③。余剑生（2010）通过迈克尔·波特钻石模型对上海会展业的竞争力进行研究，在波特钻石模型的基础上，从生产要素、行业需求、支持及相关产业、企业战略、结构和竞争、机遇和政府这六方面进行详细分析，研究发现上海会展业的会展场馆、从业人员素质、品牌展会、会展企业和管理机制是制约上海会展业竞争力的重要因素④。

（五）关于国际会展之都发展经验的研究

王春才（2010）认为，可以从加快城市的会展软硬件建设、加大会展品牌的构建力度、提高展会服务质量和水平、加强会展人才培养以及国际化等方面入手，借鉴德国等国家主要的国际会展中心城市的发展方式和策略⑤。王春雷

---

① 王先庆,戴诗华,武亮.国际会展之都研究[M].北京:中国社会科学出版社,2014.
② 李永江.成都构建国际会展之都的基础和路径[J].先锋,2019(03).
③ 邢志宏,张勇顺,米宏伟,等.北京建设世界城市会展统计体系研究[C]//北京市第十六次统计科学研讨会获奖论文集,2011.
④ 余剑生.基于钻石模型的上海会展业竞争力研究[D].上海:上海交通大学,2010.
⑤ 王春才.德国会展中心城市的发展路径与策略研究[J].江苏商论,2010(1).

和王晶（2014）从全球化发展态势和大会展的双重视角，构建了城市会展业发展体系，系统梳理了在会议及奖励旅游、展览和节庆活动三大板块表现突出的40个城市会展业案例，总结其成功经验，从而为国内城市会展业发展提供参照[①]。

（六）关于国际会展之都发展路径的研究

李永江（2019）认为，成都建设国际会展之都注重产城融合发展、营造国际氛围、深化会展业交流合作、构建综合营销推广体系、促进企业创新等路径[②]。刘雅祺（2017）认为，国际上的会展之都遵循国际名城效益，从实现城市经济增长，再到会展名城的特色建设模式，落脚于城市个性特色，不再局限于追求经济利益最大化的目标。国际会展之都建设的中国模式的切入点是拓展会展活动的强大经贸功能、形象功能，对城市资源"总动员"，重新盘活、配置和组建城市发展的新产业链，促进基础设施建设和服务系统的全面升级，提高会展产业运作效率和影响力。北京和上海建设会展之都中利用会展强大的形象展示功能服务城市，广州建设会展之都中利用会展强大的对外贸易功能，通过商贸拉动经济增长来营销城市。杭州基于打造国际会展之都的优势，构建体现杭州城市个性、符合国际化发展路径的会展生态系统，提供一种不同于北京、上海和广州的城市体验，才能为世界打造一个精致别样的国际会展之都[③]。

（七）研究述评

现有文献表明，建设国际会展之都的核心要素以及评价指标体系等内容的探讨研究已逐步引起国内外学者的关注并形成了一定的研究成果，但仍有进一步的研究空间。一是对于各会展一线城市如何打造国际会展之都，既有研究从不同角度进行了探讨，但是对于郑州国际会展之都建设发展研究较少；二是虽

[①] 王春雷,王晶.国际城市会展业发展理论与实践[M].北京:中国旅游出版社,2014.
[②] 李永江.成都构建国际会展之都的基础和路径[J].先锋,2019(03).
[③] 刘雅祺.后"G20峰会"时代杭州打造国际会展之都的比较研究[J].商业经济研究,2017(23).

然有学者在既有研究中建构了国际会展之都的评价指标体系,但是鲜有文献对多城市的国际会展之都建设现状进行定量研究和对比研究;三是在"十四五"加速转型升级的关键时期,探讨如何加快城市(郑州)国际会展之都建设的研究较少,且现有研究对于如何发展与优化国际会展之都建设并未给出明确的结论。

因此,本研究在既有研究的基础上,尝试构建国际会展之都建设的评价指标体系,运用"熵值法+TOPSIS法"展开相关数据分析,对国内会展业发展较好的各城市国际会展之都建设现状进行对比研究,总结国际会展之都建设经验;并以"十四五"时期郑州国际会展之都建设的总体设计为纲领,基于郑州国际会展之都建设的优势与潜力,探索郑州在国际会展之都建设中的发展问题并提出加快郑州国际会展之都建设的具体路径。

四、研究理论

系统论的核心思想是系统的整体观念。任何系统都是一个有机整体,各个要素并不是机械组合在一起,而是相互作用、相互关联、有机叠加,发挥其整体的效能,各要素为了系统的特定目标而发挥系统最大效能,实现系统整体功效大于部分之和。同时,系统具有整体性、目的性、动态性、关联性和复杂性等特征。本研究将借助系统论思想,将国际会展之都看成一个整体系统,研究其作为整体与各组成要素之间的关系。城市国际会展之都的建设过程,受到城市宏观环境、综合服务能力、会展业基础设施、组展能力、会展产业、会展国际化、科技创新、会展人才等多要素的影响。通过认识国际会展之都发展的本质与规律,优化和提升部分要素,协调各要素之间的关系,为解决问题提供有效思维方式和路径,从而达成国际会展之都建设目标。本研究坚持"问题导向"和"目标导向",一方面对城市会展业进行系统探讨;另一方面,尝试构建国际会展之都建设评价指标系统。

第二章

会展业与国际会展之都

一、会展业概述

（一）会展业定义

1. 基于《国民经济行业分类》（GB/T 4754—2017）的狭义界定

会展业是促进沟通生产、分配、交换、消费的平台，也是助推城市、地区和国家经济增长和产业升级的支撑性和先导性综合服务业，是构建现代市场体系和开放型经济体系的重要平台。会展业是现代服务业的重要组成部分，在我国经济社会发展中发挥着举足轻重的作用。会展业作为国民经济中一个独立行业，国家标准《国民经济行业分类》（GB/T 4754—2017）对这一行业分类做了说明。会展业属于商务服务业中的细分行业，"会议、展览及相关服务"指以会议、展览为主，也可附带其他相关的活动形式，包括项目策划组织、场馆租赁、安全保障等相关服务。总体而言，会展业主要指展览业、会议业以及相关服务产业。作为商务服务，会展活动是指为商品流通、促销、展示，以及经贸洽谈、民间交流、企业沟通、国际往来而举办的展览和会议等活动。

2. 基于活动视角的"大会展"广义界定

广义的会展业即MICE，包括会议（Meetings）、奖励旅游（Incentives）、大型会议（Conferences）、展览（Exhibitions）和节事活动（Events）。

2005年，在《中国会展》杂志社举办的首届"中国国际会展文化节"上，有专家提出会展活动包含会议、展览、节庆、赛事、演艺五种形式。之后，业内专家提出，应加上奖励旅游，共包含六种活动形式。2008年12月30日，国务院办公厅发布《关于搞活流通扩大消费的意见》，首次提出要大力促进节假日和会展消费，并提出2009年元旦、春节期间，在全国大中城市组织零售和服务企业开展"佳节购物季"活动；整合社会资源，因地制宜开展形式多样、内容丰富的消费促进活动；促进会展业发展，带动相关的住宿、餐饮、交通、通信等消费①。2009年，国务院印发的《关于加快发展旅游业的意见》中指出，以大型国际展会、重要文化活动和体育赛事为平台，培育新的旅游消费热点，特别要抓住举办2010年上海世界博览会的机遇，扩大旅游消费。这是首次从国家层面提出节事活动、旅游与会展业相结合的要求。因此，相较于传统的会展业发展模式，近些年业界和学术界逐渐提出"大会展"发展理念，逐渐形成以会议、展览、节庆、赛事、演艺、会奖旅游等多种活动相融合的"大会展"概念，被业界定义为广义的会展业或大会展。2018年，为深化文化体制改革和持续推进社会主义文化强国建设提供统计保障，建立科学可行的文化及相关产业统计制度，以《国民经济行业分类》（GB/T 4754—2017）为基础，根据文化生产活动的特点，将行业分类中相关的类别重新组合，国家统计局新修订《文化及相关产业分类（2018）》，将会议展览服务列入文化及相关产业分类中的文化辅助生产和中介服务大类中，其小类会议、展览及相关服务指以会议为主，也可附带展览及其他相关的活动形式，包括项目策划组织、场馆租赁保障、相关服务。

尽管我国业界和学术界对会展业的认识尚未形成统一的意见，但也形成了较为丰富的研究成果，主要集中在会展业发展、会展行业管理、会展教育、会展业标准化，以及中外会展业对比、会展业与旅游业融合发展、产城融合等多方面。有一点可以肯定的是，会展及商务活动是双边甚至多边交流、交易的平台，但其核心应该是创造、传递和交换价值②。根据2022年11月郑州市颁布的《郑州市会展业促进条例》，会展业是指通过举办会展活动，促进工业、贸易、科技、文化、旅游、物流等领域发展的综合性现代服务业。其所指的会展活动，主要指举办单位通过招展方式，在特定场所和一定期限内，组织参展单位按照特定主题进行物品、技术、服务等展览，为参与者提供商务洽谈、交流合作、技术推介、营销展示、现场体验等服务的商务性活动，但以现场零售为主的展销活动除外。

---

① 国务院办公厅关于搞活流通扩大消费的意见，见 https://www.gov.cn/govweb/gongbao/content/2009/content_1196458.htm。

② 王春雷.中国会展业发展：前沿问题与创新策略[M].北京：中国旅游出版社，2015.

(二) 会展业发展现状

1. 全球会展业

全球会展业已经有一百多年的历史,已成为世界各国及城市经济增长的重要引擎。在19世纪中后期,欧洲开始出现现代意义上的大型综合性博览会。1851年,英国伦敦举办了万国工业产品博览会(简称伦敦世博会),其展览的组织性、展示性和艺术性都达到了较高的水准,被国际会展界认为是现代展览业的起源。自此,展览会成为推动全球国际贸易和对外经济交流与合作的重要平台,带动了各国和各城市经济的增长,以及相关产业如旅游业、餐饮业、住宿业、通信业等多行业的发展。会展业逐渐成为国家和城市的支柱产业和主导产业,助推国家和城市优势产业发展和城市基础设施建设。充分发挥会展活动在拉动城市投资需求和消费需求时产生的巨大带动效应和溢出效应,使国家和城市会展业在国际上的影响力不断增强。

欧洲会展业的整体实力最为强大,尤其是德国、法国、英国、意大利等国,它们被誉为会展强国。同时,北美会展业也发展迅速。英国、德国、美国等国的会展业发展水平已经达到了世界领先水平。由于政府在会展业发展中承担的角色不同,这些国家的会展发展特色和模式也各不相同。德国政府部门和行业协会是本国展览业的治理者和协作者,不直接参与展览举办,但德国的展览公司与场馆大多由政府控股,实行企业化管理。德国展览业的最高协会是德国展览业协会(AUMA)。英国会展业中发挥主导作用的是协会,如英国会议和活动协会(ACE)、英国展览组织者协会(AEO),政府不参与会展相关法律法规和会展业相关管理规定和规划制定。美国也是以协会管理为主,有众多的会展协会组织,如美国的国际展览管理协会(IAEM)和专业会议管理协会(PCMA)等,政府通过制定相关措施对展会质量和组织水平进行监控,引导行业发展。在这些国家中也逐渐形成了一批闻名全球的国际会展之都,如德国的汉诺威、法兰克福和杜塞尔多夫,美国的拉斯维加斯、芝加哥和纽约等。这些城市凭借其强大的经济实力、国际一流的会展场馆以及与产业高度融合的品牌展会,在全球会展业中名列前茅,具有强大的带动作用和引领力。

UFI发布的研究报告显示，2019年全球有180多个国家近3.53亿观众和近500万个参展商参与展会活动。欧洲以1.12亿参观者和130万个参展商的总数量排名世界第一，北美以9230万参观者和160万个参展商紧随其后。2019年，展会为全球经济带来2987亿欧元的商业销售额和340万个就业岗位。根据UFI公布的《2022年全球展览场馆地图》，按全球3965万平方米的室内展览面积来计算，每平方米产能约为7500欧元。足以看出，全球展览会的直接产出已经超过了全球其他大型行业[①]。全球会展业整体上呈现出全方位、多元化、高增长的发展趋势，整体发展态势持续向好。2020年遭遇新冠疫情之后，全球会展业面临众多复杂情况，导致全球会展业在2020—2022年停摆、动荡乃至重创。各国家或地区会展业在疫情下积极应对，逐渐恢复。根据2023年1月份UFI发布的《全球展览业晴雨表》（第30版），全球会展业正在适应后疫情时代，有望在2023年全面复苏。

2.中国会展业发展

不同学者对中国会展业发展阶段的划分略有不同。上海对外经贸大学会展与传播学院王春雷教授将中国会展业发展的基本历程大致分为四个阶段。①行业待兴：出国展和来华展并驾齐驱的中国展览业发展起步期（1951—1985年）。②迅速发展：展览业走向专业化、市场化的蓬勃发展时期（1986—2000年）。③产业提升：外资介入和百花齐放的产业提升期（2001—2005年）。④四"新"突破：新理念、新竞争、新规则、新技术的新发展阶段（2005至今）[②]。中国会展经济研究会统计工作委员会副主任张凡先生将中国会展业分为三个发展阶段，即中国展览业由计划经济体制转向社会主义市场经济体制发展阶段（1978—1994年）、中国展览业与国际通行规范衔接的发展阶段（1995—2005年）、中国展览业快速成为全球展览大国阶段（2006—2018年）。浙大城市学院品牌与会展传播研究所张晓明教授将中国展览业发展的历程大致

---

① UFI. Global economic impact of exhibitions (2022), https://www.ufi.org/archive-research/global-economic-impact-of-exhibitions-2022/.

② 王春雷.中国会展业发展:前沿问题与创新策略[M].北京:中国旅游出版社,2015.

分为五个阶段：起步发展阶段（1949—1977年）、快速发展阶段（1978—2003年）、深化发展阶段（2004—2014年）、优势发展阶段（2015—2020年）以及可持续发展阶段（2021年至今）[①]。

1951年中国首次参加莱比锡国际（春季）博览会，标志着中国会展业的萌芽。1952年，中国国际贸易促进委员会(CCPIT)（简称中国贸促会）成立，随后的30年里，中国贸促会先后组织了400多场出境展览，接待了100多场外国来华展览。1978年12月十一届三中全会后，中国开始实行对外开放政策。在改革开放的春风中，中国展览业积极与全球会展业开展国际往来，国际化趋势日益显著，会展业开始进入快速发展时期。1984年，中国首个展览公司登记注册，中国展览馆协会成立。1985年，邓小平同志为中国国际展览中心题写馆名，这是国内第一个规范的现代化展览馆。1985年11月，中国国际展览中心接待了第一个大型国际展览会——亚太国际贸易博览会。中国的办展单位开始陆续前往50多个国家和地区举办经贸展览会和参加境外展。1990年，中国会展业开始进入会展场馆建设的成长期，全国开始兴建会展场馆，为举办各类展会活动保驾护航。各地会展建筑开始启动和发展，并强调"经济、实用和美观"，逐渐与国际标准接轨并通过相关质量认证。2001年，中外合资合营的第一家展览中心——上海新国际博览中心开业，其由上海陆家嘴展览发展有限公司与德国展览集团国际有限公司（成员包括德国汉诺威展览公司、德国杜塞尔多夫博览会有限公司、德国慕尼黑国际展览中心有限公司）联合投资建造。2002年，我国《国民经济行业分类》中首次设立"会议展览服务业（会展业）"类别，将会议、展览及相关服务作为商务服务业中的细分行业，行业代码是L7491。至此，中国官方正式将会展业视为一个独立的行业[②]。2002年，浙江经贸职业技术学院开设会展策划与管理专业（专科）。2004年，上海师范大学和上海对外经贸大学两所高校率先在本科高校中开设会展经济与管理专业。此后，全国各大高校纷纷开设会展专业，中国会展教育逐渐步入正轨。会展业也逐步进入深化发展阶段并逐步开始市场化。2006年，国家在"十一五"

[①] 张晓明.中国会展业发展趋势研究:动态与前景[M].武汉:华中科技大学出版社,2021.

[②] 张凡.会展策划[M].武汉:华中科技大学出版社,2020.

规划中首次提到会展经济,中国开始逐渐迈向会展大国行列。国内一线城市开始就会展业编制发展规划,积极打造会展城市。城市会展业成为中国城市经济一个重要的增长点,同时各城市会展业竞争加剧。

2007年开始,国家和各省市区从政府职责、扶持措施、服务管理等不同方面做出系统性规范并出台一系列政策文件(见表2-1)。2015年,国务院印发《关于进一步促进展览业改革发展的若干意见》,各地政府尤其是大型城市政府纷纷设立会展业行政管理机构,为促进会展业发展的制度化和法治化建设提供重要支撑,为会展业高质量发展提供助力。2017年,国家又将会展业从《国民经济行业分类》国家标准中的小类提升为400多个中类之一,这是会展业在国民经济发展中地位提升的一个显著标志。此后,中国会展业快速成长并走向世界,中国也成为全球会展大国并不断朝向会展强国迈进。

表2-1 国家层面出台的会展行业重要政策

出台时间	政策文件	重点内容
2007年3月	《国务院关于加快发展服务业的若干意见》	提出大力发展面向生产的服务业,要求规范发展法律咨询、会计审计、工程咨询等商务服务业
2011年12	《关于"十二五"期间促进会展业发展的指导意见》	明确"十二五"期间促进会展业发展的指导思想、基本原则、主要任务和保障措施,是商务部首次发布指导全国会展业发展的文件
2015年4月	《关于进一步促进展览业改革发展的若干意见》	意见中提出展览业发展的措施要求,即改革管理体制、推动创新发展、优化市场环境和强化政策引导等,是1949年以来国务院首次发文就展览业改革发展提出的指导性意见
2017年7月	《关于开展支持中小企业参与"一带一路"建设专项行动的通知》	创新中国国际中小企业博览会办展机制,推进国际化、市场化和专业化改革,重点邀请沿线国家共同主办、参与工信部、中国贸促会举办的境内外展会和论坛活动
2020年2月	《商务部办公厅关于进一步优化涉外经济技术展行政服务事项的通知》	商务部实施的两种涉外经济技术展(首次举办冠名"中国"等字样和外国机构参与主办)行政许可事项全面推行"不见面"无纸化审批,各地商务主管部门加强与展览业重点联系企业沟通,给予展览企业特殊时期政策支持和服务

续表

出台时间	政策文件	重点内容
2020年4月	《商务部办公厅关于创新展会服务模式 培育展览业发展新动能有关工作的通知》	提出统筹做好疫情常态化防控和展览业复工复产工作，加快推进展览业转型升级和创新发展，积极利用展会平台开拓国际市场，多措并举做好政策支持和保障
2021年3月	《中华人民共和国国民经济和社会发展第十四个五年规划和2035年远景目标纲要》	提出以"推动生产性服务业融合化发展""深化服务领域改革开放""促进国内国际双循环""推动进出口协同发展"为主的发展方向
2021年6月	《"十四五"商务发展规划》	着眼推进市场相通、产业相融、创新相促、规则相联，从畅通国内大循环、促进国内国际双循环、推动高水平对外开放、加快数字化发展、推进绿色发展等五个方面，完善会展业发展协调机制
2021年12月	《"十四五"数字经济发展规划》	加快推动文化教育、医疗健康、会展旅游等领域公共服务资源数字化供给和网络化服务

党的十八大以来，中国会展体系进一步完善与优化，国际影响力进一步提升。此后，中国逐渐成为全球会展业的重要举办场地，中国会展综合实力在国际会展业中开始崭露头角。根据中国会展经济研究会发布的《中国展览数据统计报告》，"十三五"期间我国共举办47580场经贸展会，展览面积达64417万平方米，我国举办的会展活动数量不断增加、规模不断扩大，会展场馆设施不断优化并开始朝向智能化、数字化发展。我国会展产业链和会展产业生态化不断完善，举办的会展活动质量、层次和国际影响力明显提高，打造了一系列能承担主场外交使命和完成国家重大任务的会展大平台。会展业在助推国民经济发展、促进城市经济发展和推动产业升级等方面的作用不断提升，中国已逐渐形成具有中国特色的会展体系。

党的十九大确定中国特色社会主义进入新时代。中国国际进口博览会作为世界上第一个以进口为主题的大型国家级展会，是中国着眼推动新一轮高水平对外开放的重大决策，进一步推动了国际贸易发展与融通以及经济全球化发展。党的二十大报告明确指出，必须完整、准确、全面贯彻新发展理念，坚持社会主义市场经济改革方向，坚持高水平对外开放，加快构建以国内大循环为主体、国内国际双循环相互促进的新发展格局。在这一背景下，中国会展业对社会经济的贡献全面提升并进入新发展阶段，产生了一大批国际知名、满足民众消费的优质品牌展会项目，会展业呈现出产业化、市场化、专业化、品牌化、生态化、数字化、国际化等特点。中国国际进口博览会、中国国际贸易服务交易会、中国进出口商品交易会、中国国际消费品博览会成为中国会展业国际市场上的"四驾马车"，为全球搭建展示交易平台，促进各国共享中国市场机遇，以及为世界经济复苏和全球会展业的高质量增长提供了新机遇。

自2020年新冠疫情暴发以来，尽管中国会展业受到了一定影响，但在我国良好的经济韧性、完整的产业体系、巨大的市场需求以及高水平的对外开放支持下，中国会展业齐心协力应对挑战，加快新型会展业态的培育，以及会展行业发展新动能的培养。中国会展业正在有序恢复，并继续发挥其对经济发展的强大引擎作用。尽管中国会展业的体量庞大，基础设施相对完善，但展会品牌化以及会展国际化水平、规范化程度仍有待提高，中国会展业还需继续努力。"十四五"时期，中国会展业应该坚持高质量发展的方针[①]，向世界会展强国看齐，早日跻身会展强国之列。

二、会展业与经济

（一）会展产业

任何产业的发展都取决于其发展价值。产业是国民经济中生产同类产品或提供类似服务的经营单位的集合，是社会分工和社会生产力发展到一定阶段的产物。根据产业学理论，产业是在国民经济生产与经营过程中，通过遵循一定的社会分工规则，为实现某种目的进行产品生产与经营，而形成的各种经济组

[①]张凡.高质量发展是"十四五"规划的关键词[J].中国会展，2020(23).

织或经营单位的集合。会展产业同样遵循产业的发展规律，其形成必须满足规模化量产的规定性以及社会职业化和社会功能的规定性。会展产业作为现代服务业的重要组成部分，是以会展企业和场馆为核心，以完善的城市基础设施和配套服务为支撑，以举办各种形式的会展活动为载体，以聚集大规模的人口流动为手段，以带动交通、住宿、商业、餐饮等城市服务业发展和推动展会涉及的产业融合创新发展为结果的先导性产业和复合型产业，是会展经济形成和发展的坚实基础[①]。从全球会展业和中国会展业的发展历程来看，会展业具备产业的特征，即随着规模扩大逐渐出现多层次的细分，如出现了会展主办机构、会展承办机构以及会展服务机构等组织机构的细分，还出现了会展活动的举办拉动和带动其他相关行业发展等社会功能的特征，会展业与相关产业关联、互动和融合作用明显，进而会展产业逐渐形成。会展产业围绕其所产生的社会经济活动形成会展产业链条，该产业链条由会议、展览和节庆、赛事、演艺活动的主办机构与服务机构组成。其中，主办机构指展会活动的组织者，主要来自政府、民间社团和企业三方面；服务机构指为会展活动提供配套服务的业者，包括会展场馆、活动场地、展示工程以及酒店、交通、物流、信息、媒体、广告、印刷、餐饮、安保、保洁、旅游等经营机构。

会展产业具备助推城市其他产业产出效率提升和城市经济发展，促进城市与城市间、国家与国家间的文化融合与创新，加速城市形象在全球传播，以及催生新型消费业态等多种功能。随着会展产业的不断深入发展，其产业链已逐渐涵盖了会展业所涉及的所有业务，实现了所有会展活动的功能，从而为会展业提供了一站式、一体化的专业化服务。会展业与其他优势产业融合发展，有力地推动了城市产业集群化，对促进城市产业结构优化、要素升级和业态创新，以及充分释放会展经济新动能起到了积极作用。反过来，相关产业也需要利用会展这个平台聚集产业上下游资源，进一步推动产业转型与升级，扩大产业溢出效应。在当前社会经济背景下，会展业与其他产业融合加剧，会展产业规模不断扩大，产业链也逐渐趋于完善，并逐步迈向国际市场。中国会展产业在新时代担当新使命，构建产业发展新格局的顶层设计，是引领中国会展走出

---

① 李铁成,吴娜妹,刘力.会展产业创新"流模型"的构建及其价值[J].商展经济,2022(16).

"产业盲区"、建设会展强国的重要理论思想，也是区别于其他国家的"中国式"的产业经济创新理念，是对世界商学理论的巨大贡献。

关于会展产业，不同学者有着不同的研究成果。应丽君等（2001）认为，环境、吸引力、效益、会展组织以及会展基础设施是影响城市会展产业发展的五大要素[①]。王春雷等（2006）通过研究城市会展产业发展系统的构成，认识和剖析了会展业发展的内部规律。他从城市的角度出发，构建了会展产业发展系统，该系统包括会展产业市场需求系统、市场供给系统、市场吸引系统、产业支持系统以及行业中介系统五个方面。他还进一步探讨了影响会展业持续发展的相关要素，并进行准确定位，以选择合适的会展业发展模式[②]。李蓓蕾（2008）则以迈克尔·波特的钻石模型为框架，探讨了德国会展产业成功的因素。她从生产要素、需求条件、相关支持产业、竞争环境、机会和政府六个角度，对德国会展产业发展的成功因素进行分析，为中国会展业的发展提供借鉴[③]。李铁成等（2022）认为，会展产业的创新功能是会展创新功能在产业层面的体现，包括平台创新、融合创新和文化创新三种方式。他强调，会展产业创新功能的独特之处在于其在产业层面和区域层面的创新溢出效应[④]。匡方方（2020）从研究会展业的产业关联效应以及效应作用下的城市产业结构出发，总结了成都市会展业快速发展的产业路径，旨在促进成都市会展业和关联产业的共同发展，并通过优化城市产业结构，推动成都国际会展之都建设[⑤]。

（二）会展经济

会展经济基于会展业的发展逐渐成为国民经济新的增长点。2000年，国

[①] 应丽君,张西振.重庆市会展产业现状分析[J].重庆工学院学报,2001(06).

[②] 王春雷,诸大建.中美会展产业发展系统比较研究——兼论美国会展产业发展对中国的启示[J].世界地理研究,2006(02).

[③] 李蓓蕾.基于钻石模型的德国会展产业成功因素分析[J].湖南农业大学学报(社会科学版),2008(06).

[④] 李铁成,吴娜妹,刘力.会展产业创新"流模型"的构建及其价值[J].商展经济,2022(16).

[⑤] 匡方方.成都市会展业的产业关联效应研究[D].成都:四川省社会科学院,2020.

务院发展研究中心市场经济研究所原所长任兴洲从加强第三产业发展以及促进国内经济调整的角度，首次提出了会展经济的概念[1]。2001年12月，中国正式加入世界贸易组织（WTO），中国政府签署的《中国加入世贸组织议定书》附件九将会议和展览服务列入全面开放范围，承诺开放会展业市场。此后，非国有会展企业大量兴办，跨国展览公司纷纷进入我国市场，市场竞争日益激烈，中外合资等各类会展公司迅速发展，渗透到会展业的各个细分行业（如主办、展示工程、场馆租赁等），相互支撑、共同发展的局面初步形成，为中国会展业走向国际化营造了良好的市场环境。

会展经济是指举办会议和经贸展览所引发的社会经济活动，涵盖会展活动的举行、会展产品的交易以及为促进会展产品交易和会展经济发展而引致的其他经济活动[2]。会展业的乘数效应，体现为其创造的高额经济价值、带动和增加就业机会，以及对社会综合经济指数增长的拉动作用，这些共同构成了会展经济。在这一社会经济活动中，既包含会展业自身经济活动所产生的经济价值，也涵盖了由会展业带动的其他经济活动所产生的经济价值。随着会展业进一步发展，会展经济逐渐成为衡量城市经济发展与国际化水平的重要指标，成为城市辐射力与综合实力的重要标签[3]，也是城市走向低碳发展的绿色名片。对会展业的研究是推动会展经济发展的基础，没有会展业的发展就不会有会展经济的繁荣。

会展业硬件设施作为城市基础设施的重要组成部分，受到大中型城市政府的普遍重视，上海、北京、广州、深圳、成都等地均已建成大型现代化展馆。同时，以经济贸易洽谈会为标志的政府展在各地举办，国家级行业协会也积极参与举办展会。会展业为国家和城市带来了丰厚的直接经济效益，带动了旅游、住宿、交通、餐饮等行业的消费，不断优化城市辐射与服务功能，推动城市产业结构优化。

会展业还吸引了国内外企业和投资者前来考察、投资和合作，促进城市经

---

[1] 沈丹阳,陈泽炎.中国会展经济理论观点述评[J].商业研究,2009(09).

[2] 刘大可,王起静.会展经济学[M].北京:中国商务出版社,2004.

[3] 张晓明.中国会展业发展趋势研究:动态与前景[M].武汉:华中科技大学出版社,2021.

济高质量发展。会展经济已经成为城市未来建设中综合效益表现极为出色的领域，不仅推动了城市产业发展，提升了城市自身形象，还提高了城市在国际上的知名度和影响力。直到2004年，高校开始设立会展经济与管理专业，以及2006年中国会展经济研究会（商务部直管的全国性专业学会）成立，会展经济上升成为热门词[1]。此后，会展经济的研究范围不断扩大，涉及会展经济起源、范围、发展趋势、政府规划与政策、会展城市、会展项目、数字会展、绿色会展、会展教育、国内外会展发展比较等多个维度[2]。

（三）城市会展业

为实现城市经济高质量发展和城市产业的迭代升级，"产城融合＋会展"的模式已成为城市发展的重要选择。20世纪80年代以来，关于城市会展业的研究开始逐渐增多[3]。城市会展业是以城市经济、城市优势产业和城市社会环境为基础，以城市基础服务设施、展览场馆和会议中心等为载体，促进城市居民消费和带动城市经济增长的一种经营管理活动。

我国城市众多，但经济发展水平不一。基于城市本身的经济、政治、文化、地理、历史等优势，我国率先出现了一批会展业市场化、规模化、专业化、品牌化、国际化发展的会展一线城市，在城市会展业发展中形成了几种典型模式。例如，北京、上海、广州等城市竞相成为国际会展之都；具有先行优势、区域定位的大连模式；产业导向、创新制胜的宁波模式；合纵连横、突出重围的东莞模式；以商兴展、独树一帜的义乌模式[4]。

三、会展中心城市与国际会展之都

国际会展之都是一个开放、国际化和具有吸引力的会展城市的形象"代名

---

[1]张凡.刍议会展经济与会展业,见https://mp.weixin.qq.com/s/Wv5I9x6PCxOZUHti8OXTjw。
[2]张凡.刍议会展经济与会展业,见https://mp.weixin.qq.com/s/Wv5I9x6PCxOZUHti8OXTjw。
[3]胡平.上海会展业国际竞争力研究[M].上海:立信会记出版社,2011.
[4]王春雷.中国会展业发展:前沿问题与创新策略[M].北京:中国旅游出版社,2015.

词"，充分概括了城市会展业的知名度和国际化程度。国际会展之都建设应以发展会展中心城市为前提，一是要看该城市是不是会展中心城市，二是要看该城市是否具有城市国际化特征。

（一）会展中心城市

会展中心城市主要指某一区域内会展业聚集发展并可辐射周边的城市。会展中心城市的概念来源于国家中心城市这一概念。

1. 国家中心城市的界定

国家中心城市最早是在2005年由原中华人民共和国建设部（现住房和城乡建设部）依据《中华人民共和国城市规划法》编制《全国城镇体系规划（2006—2020年）》时提出。根据中华人民共和国国家发展和改革委员会的定义，国家中心城市是指居于国家战略要津、肩负国家使命、引领区域发展、参与国际竞争、代表国家形象的现代化大都市。在资源环境承载条件和经济发展基础较好的地区规划建设国家中心城市，既是引领全国新型城镇化建设的重要抓手，也是完善对外开放区域布局的重要举措。国家中心城市是在经济、政治、文化、社会等领域具有全国性重要影响，在国家经济结构和战略布局中具有重大功能作用，并能代表本国参与国际竞争的城市。国家中心城市是综合实力最强的"塔尖城市"，是国家组织经济活动和配置资源中枢、国家综合交通和信息网络枢纽，以及国家科教、文化、创新中心，具有国际影响力和竞争力，具备综合服务、产业集群、物流枢纽、开放高地和人文凝聚五大功能。

2007年，由原建设部上报国务院的《全国城镇体系规划（2006—2020年）》中指出，国家中心城市是全国城镇体系的核心城市，在国家金融、管理、文化和交通等方面都发挥着重要的中心和枢纽作用，在推动国际经济发展和文化交流方面也发挥着重要的门户作用。国家中心城市应当具有全国范围的中心性和一定区域的国际性两大基本特征。该规划按照城市在国家和区域中的地位与作用分为国家中心城市、区域中心城市、地区中心城市和县域中心城市四个层次；强调国家中心城市和绝大多数区域中心城市不再是孤立的城市，而是以一个或多个核心城市为中心，大中小城市共同发展的城镇群体。以国家中心城市为核心，形成沿海地区的京津冀、长江三角洲、珠江三角洲三个重点城镇群和内陆地区具有区域重大影响力的成渝城镇群，这些地区是推动国家城镇体系不断优化升级的关键地区，在国民经济中发挥着重要作用[①]。由此可见，国家中心城市作为所在区域城市群的核心龙头城市，不仅要关注中心城市本身的发展，更要注重辐射区域内的城镇群的协调发展，担负带领区域内其他城市发展的职责，促进区域经济社会发展，与区域城市共建高质量、高效率、可持续的城市群建设发展道路。2010年，住房和城乡建设部首次提出建设北京、天津、上海、广州、重庆五大国家中心城市。2016年5月至2018年2月，国家发展和改革委员会及住房和城乡建设部先后发函支持成都、武汉、郑州、西安建设国家中心城市。将郑州列入国家中心城市是发展中原城市群的战略需要。

国家中心城市是处于中国城镇体系中最高位置的城市，对促进国内国际双循环，实现城市更高质量、更高效率、更可持续的发展，以及在国民经济和社会发展中承担中流砥柱的作用有着重大意义。国家中心城市关乎城市未来的发展规模、顶层设计、城市地位、城市形象和城市发展前景，不仅可以综合反映该城市的社会经济发展现状水平、发展态势和城市发展动能，也能反映该城市的城市化建设与国际化水平，更是直接关乎城市资源的集聚规模、数量和城市人口（普通市民）的精神面貌。尤其在经济全球化的背景下，国家中心城市不仅要适应构建新发展格局的需要，必定还要走在开放发展的最前沿，成为畅通国内国际市场以及对外开放的新高地，促进城镇市场、贸易、信息、服务、文化全球化、国际化水平的提升，并能代表本国参与国际竞争。国家中心城市渗透着城市本身的定位和功能，不仅是区域中心城市，更是高等级城市群内的核心城市，是我们国家新型城镇化和区域生态发展新格局的要求。一个城市是否位列于国家中心城市，是衡量该城市是否能建设成为国际会展之都的基础条件。因此，本书在进行国际会展之都研究时借鉴国家中心城市的界定、标准以及相关理论。

---

① 住房和城乡建设部城乡规划司中国城市规划设计研究院.全国城镇体系规划（2006—2020年）[M].北京:商务印书馆,2010.

2.会展中心城市的界定

会展中心城市是指会展业在城市的发展中扮演着重要角色并成为城市重点发展和政府扶持产业的城市。会展与其他产业关联程度较高,城市基础设施和会展基础设施相对完善,使得这类城市有较强的产业辐射能力和经济拉动作用,在一定区域具有较高的知名度与较大的影响力。会展中心城市是在某个区域的城市体系中居于核心或首要地位的城市,能够代表和反映该区域的社会、经济、文化的发展水平,并能起到带动和辐射作用。

基于城市经济发展总量、产业结构、关联产业和城市建设的带动效应、会展品牌的知名度和影响力的差异性,在不同区域上形成了不同层级的会展中心城市。会展中心城市依托城市形成一系列产业链,产生链接和互动效应,并不断循环发展。其中,会展中心城市主要包括会议城市和展览城市[1]。根据政府、市场、企业和行业协会的关系,会展中心城市逐渐形成政府推动型、市场推动型、论坛推动型、专业市场+展览会展型、内销与外贸结合型五种发展模式[2]。

(二)国际会展之都

目前,学术界并没有对于国际会展之都的统一界定。国际会展之都是基于会展城市、中心城市和国际城市三大部分的交集[3]。在界定国际会展之都的概念和构建国际会展之都的评价体系时参照国际会展中心城市。关于会展中心城市,我们已经在上述部分进行了探讨,在这里主要讨论城市的国际化和会展业的国际化。

1.城市的国际化

城市的国际化是指城市在经济、文化、政治和社会等多个方面与国际接轨、融合和竞争的过程,其核心是经济国际化,即城市与全球经济体系的深度

---

[1] 王春才.北京构建国际会展中心城市战略研究[J].城市问题,2009(07).

[2] 潘秋玲,郑晓宇,曹三强.区域性国际会展中心城市发展模式研究——以南宁为例[J].菏泽学院学报,2008(01).

[3] 王先庆,戴诗华,武亮.国际会展之都研究[M].北京:中国社会科学出版社,2014.

融合，包括跨国公司的投资和经营、国际贸易、国际金融等，具备国际化、产业化、现代化和服务化等特征。随着全球化和信息技术的快速发展，城市的国际化已经成为当今世界的重要趋势和城市发展的新动力，其深度和广度决定了城市的综合实力和国际影响力。

但是，城市的国际化不等同于国际城市，这是两个相关但是不同的概念。城市的国际化是国际城市发展的基础和前提，城市的国际化过程是城市成为国际城市的必要条件；国际城市则是城市国际化的重要目标、表现和成果。两者相互关联、相互促进，共同推动城市的全球化和国际化进程。

国际城市是指在国际上具有重要地位和影响力的城市，其在全球上具有重要的国际经济和金融中心地位、强大的城市竞争力和国际影响力。同时，国际城市也是世界级的文化、教育和科技中心，能够为全球经济和社会发展提供重要的支持和服务，是全球经济和社会发展的重要驱动力，其财富、社会、经济、文化及政治层面直接影响全球事务。世界城市理论[1]认为，世界城市是全球化的中心和驱动力，这些城市作为全球经济、文化和政治中心，在全球经济体系中具有重要的地位和影响力。世界城市具有特定的功能，包括总部城市、金融中心、交通枢纽、信息中心、文化中心等，这些功能使得世界城市在全球范围内具有较强的竞争力和较高的地位。世界城市理论为城市在全球化和国际化过程中的发展和演变提供了重要的理论支撑，主要包括五个方面：一是在全球化背景下关注城市在全球化和国际化过程中的发展和演变；二是城市在全球经济和社会发展中具有重要的地位和作用，是全球化和国际化的核心和驱动力；三是城市具有不同的功能和地位，包括总部城市、金融中心、文化中心、交通枢纽等，城市的特定功能决定了城市的地位和影响力；四是关注城市间的相互作用和依存关系，城市之间的相互作用和互动是城市发展的重要因素；五是城市的发展和演化需要考虑城市内部和城市间的相互联系和作用，城市的发展是一个相互联系的系统，是一个动态的过程。国际城市通常具有较高的城市化水平、高度的国际化程度和强大的城市竞争力等特征。

---

[1] 郑伯红,陈存友.世界城市理论研究综述[J].长沙铁道学院学报(社会科学版),2007(02).

2. 会展业的国际化

中国会展经济研究会统计工作委员会副主任张凡老师认为，会展业的国际化实际是把本国会展业放在国际会展业的大环境中加以考察和比较，判断其所具有的影响力，是按照国际会展业的通行标准，朝着先进水平促进行业发展，从而不断提升本国会展业在国际会展业中影响力的过程。建设国际会展之都是建设国际化城市的有机内容，若城市缺乏国际影响力，就谈不上建设国际会展之都[①]。会展业的国际化水平是建设国际会展之都的关键所在，如果城市会展业缺乏国际影响力，国际会展之都建设就成了无稽之谈。同时，建设国际会展之都的前提，必然是建立在这个城市的动态发展体系之上。这一体系的基础是城市高度发展，人口众多，拥有大型跨国公司、重要且全球化的金融部门、发达的国际枢纽交通基础设施、地方或国际经济主导地位、高质量的教育和研究机构，以及具有全球影响力的思想、创新或文化输出。同时，城市还需要拥有高水平的商业服务，良好的公共承载力以及城市韧性，能带动和拉动当地的区域经济或产业，具有扩大内需、激发潜在消费的潜能。此外，当地政府对会展业的可持续、高质量发展以及国际化发展的重视，有助于吸引全球资源在城市当地的汇集和集聚。

本书认为，会展业的国际化是指城市的会展业在国际上具有重要影响力，具体表现为拥有国际顶级会展项目、国际化水平的市场主体、先进完备的会展基础设施、专业的会展人才培育平台、完善高效的会展服务功能、成熟的城市公共服务体系等。因此，评价一个城市的国际会展之都建设情况，可以从城市的国际化水平和城市会展业的国际化水平两个层面上进行细分。

---

① 张凡.会展业的国际化与观察视角[J].中国会展,2018(19).

第三章

新环境下郑州建设国际会展
之都的发展优势

一、郑州建设国际会展之都的总体规划

以国务院印发的《关于进一步促进展览业改革发展的若干意见》等文件为纲领，结合郑州市人民政府出台的《关于加快郑州国际会展名城建设的意见》以及《郑州建设国家中心城市行动纲要（2017—2035年）》《郑州市会展业促进条例》等文件，可总结出加快郑州国际会展名城建设的总体要求、主要目标、重点任务以及工作要求。

（一）总体要求

"十四五"时期，会展业发展总体要求是要实现会展业的高质量发展。为进一步推进郑州国际会展名城建设，加快郑州市对外开放新格局，郑州市人民政府发布《郑州建设国家中心城市行动纲要（2017—2035年）》（以下简称《行动纲要》），支持郑州建设国家中心城市，明确郑州建设国家中心城市的发展目标、发展思路、发展任务、发展重点、发展举措，统筹指导全市各类规划编制的重要依据，《行动纲要》规划期为2017—2035年，远期展望至2050年。2018年4月，郑州市人民政府办公厅出台《关于加快郑州国际会展名城建设的意见》，文件提出了建设郑州国际会展名城的总体要求，即以国际化、品牌化、专业化、市场化、信息化、产业化为方向，倡导低碳、环保、绿色理念，培育壮大市场主体，以优化会展政务环境为基础，以推进会展业国际化发展为主线，提升郑州会展业的国际知名度和影响力[1]。

（二）主要目标

基本建成会展产业结构优化、特色鲜明、布局合理、功能互补的会展场馆体系，培育一批符合郑州城市战略定位的自主品牌展会与特色展会，提升国际知名度和影响力，建立健全会展发展机制和服务优良的会展营商环境，立足服

---

[1] 郑州市人民政府《关于加快郑州国际会展名城建设的意见》，见 https://public.zhengzhou.gov.cn/D0102X/259136.jhtml。

务于郑州国家中心城市建设的会展业发展体系，带动其他产业融合发展，有效提升城市社会经济效益，助推与实现郑州会展业高质量发展，开启郑州建设国际会展名城新征程。

(三) 重点任务

《关于加快郑州国际会展名城建设的意见》中，明确提出郑州建设国际会展名城的重点任务。一是优化空间布局，具体包括将航空港实验区打造成国际大型展会承载区、完善国际高端展会功能区、布局产业会展多功能设施、提升城市会展服务功能等。二是强化品牌建设。充分发挥郑州区位、产业和人文优势，积极申办和创办国际重要展会、论坛和文化赛事活动，通过支持优势产业展会、发展新兴产业展会和培育特色产业展业，推动会展业与城市定位协调、与城市品牌互动、与产业特色融合，提升郑州会展业的品牌形象和国际影响力。三是通过壮大龙头企业、推进市场进程等手段培育市场主体。四是加强与国际展览业协会(UFI)等国际组织，以及友好城市、国际商协会联系，搭建交流合作平台，深化国际交流合作，完善国际合作机制，提升郑州会展业的国际影响力，促进会展业朝向国际化发展。五是通过按照全市社会信用体系建设的统一要求，逐步建立覆盖场馆、办展办会机构等的会展行业诚信体系，提倡诚信办展办会、服务规范等手段规范市场秩序。六是通过鼓励高校设置会展专业，加强校企联动，培养适应会展业发展需要的应用型和复合型专业人才，强化从业人员在职培训，加强与国际会展组织的交流合作，创新会展人才引入机制，吸引高端会展管理人才集聚郑州等方式加快郑州会展人才培养步伐。

(四) 工作要求

郑州市会展经济领导小组加强对会展工作的统筹协调，整合全市会展资源，推动郑州会展业协调发展，优化会展业发展环境与营商环境，强化会展与旅游、文化、商务、外事等部门联动，实现联合宣传推介，加大城市及会展业的对外宣传力度。

二、郑州建设国际会展之都的新环境

"十四五"时期是郑州建设国际会展之都的重要战略机遇期,机遇和挑战都有了新的变化。本研究分别从国际、国内、河南省三个维度出发,探讨郑州建设国际会展之都的发展新环境。

(一)从国际环境和形势看

当今全球会展业虽已取得长足发展,但伴随日趋复杂严峻的国内外经济形势以及全球经济不稳定导致的会展业投资和需求的浮动,又基于全球科技的创新发展以及对环境的关注,会展业已经成为一个非常重要的商业领域。世界百年未有之大变局加速演进。2020年开始受新冠疫情持续影响,国际会展总量大幅下降,会展经济出现衰退。根据国际展览业协会的估算,2020年全球展览业相较于2019年萎缩了68%,行业损失近2000亿欧元①。2022年之后,会展业逐渐复苏复展,但是不确定因素依然存在。新科技、智能化、数字化的广泛应用促使全球会展业新一轮科技融入和产业更新迭代,全球会展业生产、沟通、分配、交换与消费将不断深化并迸发新的活力,全球会展业深度融合发展且竞争加剧,会展市场份额分配不稳定。

1. 全球经济情况

华经产业研究院数据显示,2021年全球经济总量达到961000.9亿美元,GDP增速为5.8%。世界各国GDP排名前十的国家分别是美国、中国、日本、德国、英国、印度、法国、意大利、加拿大和韩国。从GDP的增速来看,全球经济实现正增长,但是经济增长放缓,部分国家和地区面临经济下行压力,加之疫情的影响,全球经济形势面临不确定性,部分国家采取贸易保护主义措施,加大了国际贸易壁垒和贸易摩擦,给全球经济形势带来一定的不利影响。随着信息技术的不断发展和应用,数字经济和互联网经济已成为全球经济增长

---

① 数据来源:中国国际贸易促进委员会《2020中国展览经济发展报告》。

的新动力,为经济发展带来新的机遇和挑战。从经济总量来看,2021年美国的GDP总量以229961.0亿美元位居世界第一,中国GDP总量以177340.6亿美元排第二。各国的发展水平一定程度上可以通过各国人均GDP来衡量。2021年全球有33个国家人均GDP超过1万美元,爱尔兰以人均GDP为99152.1美元位居第一,中国人均为12556.3美元,是爱尔兰人均GDP的12.7%①。

2. 全球会展业复苏步伐加快

近年来,全球会展业增长稳健,国际会展市场规模不断扩大,会展业成为支撑经济增长和促进贸易投资的重要领域之一。随着数字经济的发展,全球会展业也在加速数字化转型,数字化展览、线上展示和虚拟现实展览等新型展览形式逐渐普及,为会展业的发展带来了新的机遇和挑战。随着全球经济形势的变化,国际会展市场的区域分化加剧,一些新兴市场国家和地区的会展市场逐渐崛起,传统的国际会展市场面临着越来越激烈的竞争。

自2020年后的两三年,因受新冠疫情影响,全球会展业动荡前进。国际展览业协会于2022年6月发布的《全球展览业晴雨表》(第29版),基于来自57个国家和地区的366家公司和协会的参与和数据,对全球23个国家和地区的会展业现状和前景提出了最新见解,发布了具有代表性的结果。调查结果显示,全球展览行业复苏步伐加快,尤其是由实体展览和商务活动推动的行业将迅速恢复。在全球大多数会展市场,大多数国家和地区的会展恢复到了正常水平,但是在亚洲,会展市场重新开放和恢复较晚,增长速度相对缓慢。在全球范围内,会展相关企业的营业利润在2022年显著增加(可以达到2019年水平的73%)。在全球会展业复苏过程中,会展相关企业仍将面临一些新的挑战,如企业内部的人力资源和管理问题、数字化与媒体竞争等。业界需要努力将疫情中所汲取到的关于数字化活动和服务的模式以及重要经验应用到会展商业模式中。根据国际展览业协会的分析,整体上而言,全球会展业复苏步伐正在加快,有望回到疫情前的水平。由于亚太地区各国政府对重新开放边境和允许重新开放会展活动持谨慎态度,且跨境旅游尚未完全放开,因此全球其他地区市

---

① 见https://baijiahao.baidu.com/s?id=1742025515589759791&wfr=spider&for=pc。

场也会受到影响。此外，由于许多买家和参展商来自中国，中国展览市场的复苏对亚洲展览市场的重振起着关键作用。这也充分说明中国会展业已经步入世界会展大国的行列，对亚太地区和全球会展业的影响力增强。

3.全球场馆数量持续增加

根据不同国家和城市的地理位置、市场需求以及文化背景，各国会展场馆的建设规划有所不同。2022年初，国际展览业协会发布了《2022年全球展览场馆地图》，对全球各地展览面积达5000平方米以上的1358个展览场馆进行调研，全球范围内场馆面积在5000~20000平方米的小型场馆数量占比达60%，场馆面积在20000~100000平方米的中型场馆数量占35%，场馆面积超过100000平方米的大型场馆数量占5%，全球仅有73座。就场馆总面积而言，欧洲依然保持着全球领先地位，是全球可用展览面积最多的地区，为1580万平方米，占全球场馆总容量的39%；由于亚太地区场馆项目激增，亚太地区场馆总容量超过北美地区位居全球第二位，为1300万平方米，占全球场馆总容量的32%；北美地区居第三位，为830万平方米，占全球场馆总容量的20%；其他地区共占全球场馆总容量的9%。就全球场馆平均规模来看，亚太地区场馆的单体平均规模位居全球首位，为41160平方米。

（二）从国内环境和形势看

中国会展业自20世纪80年代末进入快速发展阶段以来，经历了长足的发展和壮大，成为全球会展业的重要市场之一。因受新冠疫情影响，全国会展业面临众多情况和新变化，国内会展业在2020年至2022年遭受严重冲击。2021年，与中国有服务贸易往来的国家和地区增至200多个，为中国会展业发展提供了优良环境和契机。同时，智慧场馆、数字化发展等科技创新技术为会展新经济、新业态、新模式的发展提供了支撑和新动能，使中国得到更多国家和地区、协会及国内外企业的认可，成为会展活动的理想目的地，全国会展业将进入恢复和发展的新阶段。党的二十大报告明确指出，必须完整、准确、全面贯彻新发展理念，坚持社会主义市场经济改革方向，坚持高水平的对外开放，加快构建以国内大循环为主体，国内国际双循环相互促进的新发展格局。中国具有超大规模的国内市场，消费能力居世界前列，随着国内消费潜力的持续释放，形成了强大生产能力，将促进全球要素资源不断整合，发挥集聚效应。

1.中国经济持续增长

自改革开放以来，中国经济保持高速增长的态势，取得了令人瞩目的成就。尽管近年来经济增长速度有所放缓，但中国的经济增长率仍然高于许多其他国家，并已经成为世界第二大经济体，经济实力显著增强，是世界经济增长的重要推动力之一。中国是世界贸易的重要参与者之一，出口总额居世界前列。中国对外开放的速度不断提升、范围不断扩大，积极参与全球化进程，加强与其他国家和地区的经济合作。2021年，中国经济增速在全球主要经济体中名列前茅；经济总量达114.4万亿元，突破110万亿元，按年平均汇率折算，达17.7万亿美元，稳居世界第二；人均国内生产总值80976元，按年平均汇率折算，达12551美元，突破1.2万美元；年末，外汇储备余额32502亿美元，稳居世界第一。2022年中国的经济总量突破120万亿元，稳居世界第二。面对世界经济形势的不稳定、不确定、难以预料的因素较多等新挑战，如何稳增长对世界各国而言都是一个考验。在2023年3月召开的十四届全国人大一次会议上，李强总理强调在推进中国式现代化、在实现第二个百年奋斗目标的历史过程中，必须吃改革饭，走开放路，要坚持社会主义市场经济改革方向，坚定不移深化改革开放，在深化改革开放中不断增强发展的动力和活力。

随着经济的发展，中国经济产业结构不断优化，传统的重工业和基础设施建设仍然是中国经济的重要组成部分，服务业和高科技产业也在快速发展。基于规模庞大的中国经济、人口结构和经济结构的变化，消费者对品质和体验的要求越来越高，消费市场逐渐成为经济增长的重要推动力，中国的消费升级趋势逐渐明显。随着消费升级和新兴产业的发展，中国市场正在不断扩大和升级。中国政府提出了国内国际双循环发展战略，加快推进以内需为主的发展模式，加强内需与外部需求的联动。"十四五"规划中明确提出要畅通国内大循环，依托国内市场，贯通生产、分配、流通和消费各环节，促进国民经济良性循环，协同推进国内市场和贸易强国建设，以国内大循环吸引全球资源要素。新发展格局下，中国经济已与世界经济深度融合，与全球其他国家的相互依赖程度增高。双循环发展新格局打通国内外市场，培育我国参与国际竞争与合作新势能，持续扩大对外开放程度。经济体制改革继续深化，发展活力进一步激发，创新动能有效增强，国际影响力和吸引力持续提升。

中国政府高度重视科技创新发展，鼓励企业加强科技研发和创新能力，加强知识产权保护，推动"中国制造"向"中国智造"转型，不断推进对外开放和创新驱动，积极应对国内外的挑战和机遇，为实现中国经济高质量发展打下坚实基础，特别是提高科技创新能力、建设现代化产业体系、推动发展方式绿色转型等，要完整、准确、全面贯彻新发展理念，加快构建新发展格局，着力推动高质量发展。

2. 会展大国地位确定

自2006年国家在"十一五"规划中首次提到会展经济，中国开始逐渐迈向会展大国行列。国内一线城市开始就会展业开展规划，积极打造会展城市，城市会展业成为中国城市经济一个重要的增长点，各城市会展业竞争与日俱增。中国不断扩大开放，与全球融合不断深入，中国承办的国际会展活动数量越来越多，会展活动规格和质量越来越高，我国会展综合办展能力和实力不断增强、国际知名度不断提高，形成了集开放性经济贸易展览体系、周边地区经济贸易合作机制性展览会体系、多边机制性国际会议展览体系、区域经济贸易合作会展体系、新兴产业会展体系，市场化、专业性会展体系，展览申办、举办体系，立法体系等于一体的中国特色会展体系。上海世界博览会、北京世界园艺博览会、北京冬季奥林匹克运动会、G20杭州峰会、厦门金砖国家领导人第九次会晤、上海合作组织青岛峰会、中非合作论坛北京峰会、博鳌亚洲论坛、"一带一路"国际合作高峰论坛、亚洲文明对话大会、中国共产党与世界政党领导人峰会等一系列重要高层级的国际会展会议活动在中国举办，延续彰显了中国大国外交风范，展示了主场外交魅力，提升了中国在国际舞台的话语权和影响力，提高了举办城市的国际知名度和美誉度[①]。在国家"十四五"规

[①] 中国会展开启强国建设新征程，见 https://www.chinatradenews.com.cn/content/202210/20/c148790.html。

划的指导下，充分发挥和助推中国国际进口博览会、中国国际服务贸易交易会、中国进出口商品交易会三大国际性展会平台作用，将经济贸易和国际合作有机融合成为中国会展由大变强的重要标志。同时，与工业、农业、服务业，以及机械电子、汽车交通、家居家具、文化娱乐等新兴产业融合升级，积极培育和打造中国国际大数据产业博览会、世界互联网大会、中国国际智能产业博览会等一大批定位于"国际化品牌、国际标准、专业性盛会"的国内知名品牌会展，并在国际会展市场崭露头角，跻身国际品牌展会之列。深化会展业发展协调机制，建立区域性展会平台，助推会展活动规模化、专业化、市场化、品牌化、国际化进程。中国会展业在经济发展中发挥着重要作用，对产业升级产生积极的推动作用，其国际影响力不断扩大，我国已成为名副其实的会展大国。

2020年，面对新冠疫情和国内外复杂形势，会展行业遭遇前所未有的打击，中国境外会展活动遭受严重冲击，国内会展活动也是艰难复展，但得益于党中央、国务院采取积极措施有效应对，全国各地积极推动复展、复业。2020年4月，长沙"湖南车展"于线下举办，打响了疫情后的专业展览场馆线下展"第一枪"，在中国乃至世界会展业界引起了巨大反响。中国政府政策的积极引导不断激发会展市场主体活力，会展业态模式、服务模式、管理模式等方面不断创新，会展业呈现恢复性增长趋势，进一步促进了会展业高水平、专业化、市场化、信息化、国际化的高质量发展，我国踏上了建设会展强国的新征程。

3. 中国场馆展览面积容量全球第一

根据国际展览业协会发布的《2022年全球展览场馆地图》，中国可用室内展览面积1021.7万平方米，拥有213座面积超5000平方米的场馆，约占全球场馆总容量的四分之一，占亚太地区场馆总容量的78.6%，其中场馆面积超过10万平方米的大型场馆数量超过20座。中国地区场馆室内展览面积超过美国、德国、意大利和法国，位居全球国家排名之首。根据中国会展经济研究会统计工作委员会发布的《中国展览数据统计报告》，2021年全国展览场馆291座，同比减少7座，降幅2.3%，其中3座展馆停用，3座展馆改用，1座场馆维护；全国正在建设的展馆24座，已经立项待建展馆6座。通过全国在用、在建和立项待建的展馆总数可以预测，未来全国的展馆数量为321座。

4. 会展城市带形成

依据区域经济发展理论，会展城市带是以一个或多个城市为核心，以周边城市和地区为支撑形成的城市群。这些城市群具有一定规模和专业化的会展产业集群，旨在促进区域会展产业的发展和经济增长。例如，北京、上海、广州等城市，在政府的大力支持、城市经济实力强大、城市基础设施完善以及会展设施完备的基础上，形成了完善的会展产业链和配套体系，专业分工明显，会展品牌效应显著，会展业发展水平高，并带动和辐射周边城市会展业的发展。在一定区域范围内，这些城市逐渐形成以点带面的多个城市会展产业集群，集聚会展资源并形成完整产业链，形成紧密联系和分工协作的会展城市带。这些城市在区域的会展产业发展中各具特色和优势，形成了明确的产业分工和合作模式，加强了城市间的会展协作、竞争和辐射。中国会展业已基本形成五大会展城市带，分别是以北京为中心的京津冀会展城市带，以上海为中心的长江三角洲会展城市带，以广州为中心的珠江三角洲会展城市带，以及随着西部大开发战略的实施和"一带一路"建设的推进，形成的以武汉、郑州、成都等城市为中心的中西部会展城市带，以大连、哈尔滨等城市为中心的东北会展城市带。

党中央、国务院立足新发展阶段，贯彻新发展理念，构建新发展格局，对上海、北京、广州、天津和重庆等地做出培育国际消费中心城市的重要战略部署。加快城市会展产业发展，助力国际消费中心城市建设，倡导"办好一次会，搞活一座城"，举办高质量会展活动搞活城市经济。党的十八大提出全面深化改革之后，全国各大城市如北京、上海、广州、深圳、武汉、成都等地相继掀起建设国际会展之都的浪潮，纷纷出台促进与加快当地国际会展之都建设的规划，构建"会展+"生态圈，城市综合会展业竞争加剧。各省市区对会展业的认知和重视程度加深，都将会展业作为撬动城市经济发展的新"引擎"和打造城市名片的有效途径。

（三）从河南省环境和形势看

河南省作为我国中部地区的经济中心、交通枢纽和农业大省，经济总量逐年增长，产业结构逐渐优化升级，初步形成以先进制造业和现代服务业为主体、特色现代农业为基础的现代产业体系，吸引和利用外资，持续优化投资环境，积极实施"中原经济区"战略、"一带一路"倡议等，发挥区位优势和经济优势，助推河南省经济发展。河南省会展业态多样，包括展览、会议、节庆活动、展示展销等多种形式，覆盖各行业和领域。河南省政府大力支持会展业发展，逐步完善会展场馆建设，提高会展服务意识、服务水平和服务质量，会展业得到了快速发展。

1. 河南省经济发展水平

当前河南省正着力建设制造业强省、农业强省，加快推进高水平对外开放，打造具有国际影响力的枢纽经济先行区，不断提升产业基础能力，着力构建先进制造业体系，提升产业基础能力，推行数字化、绿色化转型，迎难而上拼经济。根据河南省统计局发布的经济数据，2021年河南省地区生产总值58887.4亿元，人均地区生产总值59410元；社会消费品零售总额24382亿元位居全国第5位，进出口总额位居全国第10位。2022年，河南省地区生产总值突破6万亿元，同比增长3.1%，高于全国平均水平0.1个百分点，扭转了自2020年以来连续两年低于全国平均水平的局面；全省规模以上工业增加值、固定资产投资、社会消费品零售总额分别增长5.1%、6.7%、0.1%，分别高于全国平均水平1.5个、1.6个、0.3个百分点，增速在经济大省中分别居第1、2、3位，分别比2021年前移5、4、3位，实现了农业稳步增长、工业稳步回升、消费品市场发展强劲，充分发挥了稳定全国经济大盘的关键支撑作用，扛牢了经济大省为全国经济多做贡献的责任担当。

2. 河南省会展业发展综合水平

在河南省"十四五"规划指导下，河南省会展业整体上出现较好复苏态势，会展业作为城市经济发展引擎的作用不断突显。随着我国继续推行中部地区崛起、黄河流域生态保护以及高质量发展等国家战略，2023年之后河南省将不断优化会展营商环境，进入会展业高质量发展的关键时期。从《2021年度中国展览数据统计报告》来看，基于城市展览业发展的15个维度的展览统计数据和统一的KPI核算方式确定城市展览业发展综合指标，河南省郑州、洛阳、驻马店、信阳、三门峡、漯河上榜，综合指数分别为51.9、8.6、5.8、

5.7、4.1、2.5，分别排名第15位、第50位、第64位、第65位、第79位、第102位，其他地级市均未上榜。在直辖市、计划单列市和省会城市综合指数排序中，郑州位居全国第15位。

1) 河南省展览数量和展览规模情况

2021年，河南省在全国各省（区、市）展览数量和展览规模情况中排名第12位；展览面积251.8万平方米，展览面积全国占比2.74%；承办展览数量226场，展览数量全国占比4.11%，平均展览面积1.11万平方米。作为河南省省会也是国家中心城市的郑州，在全国城市展览数量和展览规模中排名第14位；展览面积168.5万平方米，展览面积全国占比1.83%；展览数量107场，展览数量全国占比1.95%。受疫情影响，2021年郑州线下线上举办展览总数占全国同期的19.3%。省内其他会展业发展较好的地级市洛阳、驻马店、漯河、三门峡、信阳，在2021年全国城市展览数量和展览规模中排名分为第57位、第76位、第84位、第85位、第92位，在地级市举办展览数量和规模中分别排名第25位、第41位、第47位、第48位、第52位，展览面积分别为24.5万平方米、18.34万平方米、14.95万平方米、14.05万平方米、11.46万平方米，展览面积全国占比分别为0.27%、0.20%、0.16%、0.15%、0.12%，展览数量分别为36场、34场、7场、18场、24场，展览数量全国占比分别为0.66%、0.62%、0.13%、0.33%、0.44%，除此之外的河南省其他地市均无上榜，展览数量与规模均为零。

2) 河南省展览场馆数量和可供展总面积情况

从投入使用的展览场馆数量来看，2021年河南省共有展览场馆数量26座，可供展览面积55.8万平方米，在全国各省（区、市）展览场馆数量、可供展览面积中排名第7位。郑州、洛阳、许昌、信阳场馆数量均为3座，商丘、安阳、濮阳场馆数量均为2座，平顶山、新乡、民权、鹤壁、驻马店、漯河、三门峡、南阳场馆数量均为1座。河南省省域内展览场馆室内可供展览面积均较小，现有的展览场馆室内可供展面积超过10万平方米的场馆数量为零。郑州国际会展中心是省内最大展览场馆，位居全国展览场馆利用率排名第6位。目前，郑州新国际会展中心、商丘国际会展中心、周口市商务中心区会展中心、许昌市会展中心均在建设中，预计室内可供展览面积分别为18万平方米、14

万平方米、4.6万平方米和3万平方米。

3) 河南省办展机构、会展项目举办地频次和高校会展专业开设情况

2021年,河南省有办展机构87个,占全国办展机构总数的4.7%。按照展览面积排序,在全国展览规模前100名的项目中,举办地均未在河南地域范围内。在展览所服务的一类行业细分的30个类别中,展览规模前3名的项目均未在河南举办。河南省各城市展览项目只有郑州有展会和机构通过UFI认证。河南各地设置的会展业政府主管部门5个、事业单位3个、协会/学会5个、研究机构0个。在河南有7所本科院校开设会展专业,在读学生数量有2000多人。

3.河南省会展业发展与其他各省(区、市)的对比

从中国城市展览业发展综合指数评价排序情况来看,在该排序的183个城市中,河南省18个地级市仅有6个上榜,且均处于中等水平。综合指数评价结果凸显出省内各地级市会展业发展程度不均衡等现象,河南省会展业规模化发展仍有较大进步空间。

1) 与其他各省(区、市)展览面积的对比

与会展业发展成效突出的各省(区、市)展览面积相比,河南省展览面积总和远低于广东、上海、山东、四川、江苏、北京、浙江、江西等地,在全国各省(区、市)展览面积排名中尚未位居前10名,处于中游水平,依然有被边缘化的风险。目前全国基本形成以北京为核心的京津冀会展城市带、以上海为核心的长三角会展城市带、以广州为核心的珠三角会展城市带、以大连为核心的东北会展城市带和以成都、西安、昆明等城市为核心的中西部会展城市带。作为河南省省会,同时也是国家中心城市的郑州,虽被囊括在中西部会展城市带中,但在全国城市展览数量和展览规模对比中远远低于上海、广州、北京、深圳、成都、青岛、重庆等地,也不及长沙、济南、南京、长春、合肥、天津等地。

2) 与其他各省(区、市)展览场馆数量和室内可供展览面积的对比

与全国投入使用的展览场馆数量相比,河南省展览场馆数量和展览面积虽低于广东、山东、江苏、浙江、上海、云南等地,但高于河北、四川、福建、

湖北、陕西、江西、湖南、山西等地。全国有29个城市展览场馆室内总面积超过10万平方米，河南却一个都没有。河南省室内可供展览场馆面积最大为6.5万平方米的郑州国际会展中心，在全国排名第54位，其次是5万平方米的商丘永城国际会展中心，在全国排名第76位。与其他各省（区、市）对比，可发现山东、广东、云南、四川、湖北、江西、浙江、福建、江苏、辽宁、新疆等地均有室内可供展览面积超过10万平方米的大型场馆，说明河南省内紧缺大型专业展览场馆。

3）与其他各省（区、市）办展机构总数与会展项目举办地的对比

与全国办展机构分布情况和在全国总展览面积排名前100的项目举办地相比，河南省省内办展机构总数高于湖北、重庆、福建、河北、广西、安徽、辽宁、陕西、山西等地，但低于湖南、四川、浙江、山东、江苏、北京、广东、上海等地，处于中等水平；且全国总展览面积排名前100的项目举办地主要分布在广州、上海、长沙、深圳、北京、成都、天津、青岛、西安等地，河南无一城市上榜。在展览所服务的一类行业细分的30个类别中，展览面积前3名的项目举办地也主要集中在广州、上海、深圳、重庆、北京、成都、天津、珠海、长沙、西安等地。这说明河南省缺少大型会展项目落户，这与河南省域内会展场馆可供办展的室内展览面积较小有很大关系。同时，与其他各城市经UFI认证的展览项目数量对比，郑州远低于其他城市水平。

4）与其他各省（区、市）会展业主管部门、民间社团和研究机构等的对比

与全国各省（区、市）设置会展业政府主管部门、民间社团和研究机构总体数量分布相比，河南会展业政府主管部门、民间社团和研究机构三者总数量仅次于浙江、广东、山东和江苏等地，高于其他省（区、市）。但河南省内会展业研究机构相对匮乏，需要进一步发挥与突出会展业研究机构的智库作用。从全国开设会展专业的本科院校分布来看，河南开设会展专业的本科院校数量低于广东、四川、浙江、上海、河北、福建等地，高于湖北、北京、山东、重庆、湖南、陕西、山西等地；郑州会展专业在读学生数量仅次于成都。

4. 促进河南省会展业高质量发展的优势

河南省发展高质量会展业是城市经济发展到一定阶段的必然选择。河南省

经济发展水平、历史文化资源,以及人流、物流及产业等优势为河南省发展高质量会展业奠定了坚实的基础。

1) 省域经济总量优势

会展经济与区域内经济发展水平具有较强的正相关关系,河南省2021年地区生产总值58887.4亿元,位居全国省(区、市)第5位,经济的快速增长与经济总量扩大必然会对会展业产生强大的内驱需求,促进河南省会展经济的快速发展,为河南省会展业发展创造了良好的经济环境。

2) 历史文化底蕴优势

河南省历史文化悠久,为华夏历史文明之源,是中华民族与中华文明的主要发祥地,以洛阳、开封、商丘、安阳、南阳、郑州、浚县、濮阳为代表的全国历史文化名城有深厚的历史背景和文化底蕴。河南省既是历史文化资源大省,又是自然景观荟萃之地,旅游资源丰富,为河南省发展会展业提供了强有力的文旅资源支持。

3) 人流、物流以及产业优势

河南省人口众多,截至2022年年末,河南省常住人口为9872万人,劳动力资源丰富,消费市场巨大。相较于其他省份,河南位于中国中东部、黄河中下游,东接安徽、山东,北接河北、山西,西连陕西,南临湖北,呈望北向南、承东启西之势,是全国重要的综合交通枢纽,区位优势得天独厚。在物流方面,郑欧国际班列的综合运营能力始终保持在中欧班列第一方阵,中国(河南)自由贸易试验区提供了贯通南北、连接东西的现代综合立体交通体系。此外,郑州航空港经济综合实验区作为一个集航空、高铁、城际铁路、地铁、高速公路于一体的综合枢纽,也为河南省会展业提供了良好的物流体系和区位辐射力。良好的产业优势是会展业发展的根基,河南省各地级市产业以省会郑州为中心,形成特色产业与产业集群互补的发展格局,包括汽车及零部件产业、食品工业、电子信息、重工制造、装备制造业、煤化工产业、能源以及高新技术产业等特色支柱产业,为河南省会展业发展提供良好的产业驱动力。

三、郑州建设国际会展之都的发展优势

党中央、国务院对郑州发展高度重视,多次强调发挥郑州在中部地区崛起、中原城市群以及黄河流域相关战略中的带动作用,省委、省政府始终将郑州国家中心城市建设作为引领全省发展的核心引擎,赋予区域协同发展的战略重任。"十四五"时期,郑州在全国经济版图和城市网络中的地位将日趋凸显,产业、基础设施、综合承载能力将持续提升,资源集聚、要素集聚、人才集聚能力将不断增强,综合竞争优势将日益突出,这必将为会展业高质量发展增添新的优势[1]。郑州建设国际会展之都具有明确的城市战略发展定位、得天独厚的枢纽地位、多元文化汇聚、特色产业聚集、人口充足以及会展应用型人才储备等优势。

(一)城市战略发展定位不断优化

在优化郑州城市定位的演变过程中,郑州先后成为中原城市群核心发展区、获批郑州航空港经济综合实验区、开通郑欧国际货运班列、中国(郑州)跨境电子商务综合试验区获批进入国家综合试点、获批成为国家中心城市,郑州担负起高质量发展区域增长极的重任。伴随《促进中部地区崛起"十三五"规划》《中原城市群发展规划》和《关于支持郑州建设国家中心城市的指导意见》的相继出台,以及《关于加快郑州国际会展名城建设的意见》的发布,从国家层面到省市层面,在新环境下为郑州加快建设国际会展之都给予了重大支持。"十四五"时期,郑州会展业拥有前所未有的发展机遇,为加快建设国际会展之都和会展业高质量发展创造了发展契机和有利条件。

1. 郑州航空港经济综合实验区设立

2013年3月,郑州航空港经济综合实验区获国务院批复设立,成为我国首

---

[1] 郑州市人民政府办公厅关于印发郑州市"十四五"现代服务业发展规划的通知,见https://public.zhengzhou.gov.cn/D5105X/6614139.jhtml。

个也是中国唯一一个由国务院批复设立的国家级航空港经济发展先行区，定位于国际航空物流中心、以航空经济为引领的现代产业基地、内陆地区对外开放的重要门户、现代航空都市，在国内大循环中具有承东启西、连南贯北的重要地位。2022年4月，河南省委、省政府立足新发展阶段，贯彻新发展理念，构建新发展格局，对航空港进行系统性重塑性改革，赋予郑州航空港"中原经济区和郑州都市圈核心增长极"的新定位与"现代化、国际化、世界级物流枢纽"的新目标。2022年2月，习近平主席在会见卢森堡大公亨利时强调"做大做强中卢货运航线'空中丝路'"。郑州航空港经济综合实验区相继被列入《关于新时代推动中部地区高质量发展的意见》《黄河流域生态保护和高质量发展规划纲要》等国家战略规划，被确立为河南高质量发展"名片"、高水平开放"龙头"与郑州国家中心城市建设"引领"。

2.开展国内贸易流通体制改革发展综合试点

2015年，国务院办公厅印发《关于同意在上海等9个城市开展国内贸易流通体制改革发展综合试点的复函》，同意在上海市、南京市、郑州市、广州市、成都市、厦门市、青岛市、黄石市和义乌市9个城市开展国内贸易流通体制改革发展综合试点。

3.中部地区经济发展的战略支点城市和都市圈

为贯彻落实促进中部地区崛起战略，推动中原城市群实现科学发展，打造中国经济新的增长引擎，国家发展改革委根据《中华人民共和国国民经济和社会发展第十三个五年规划纲要》《国家新型城镇化规划(2014—2020年)》《促进中部地区崛起"十三五"规划》有关要求编制《中原城市群发展规划》。该规划明确指出，中原城市群涵盖河南、河北、山西、安徽、山东5个省30座城市，明确以河南省内的郑州、开封、洛阳等城市和山西晋城、安徽亳州共计14个城市为核心发展区，联动辐射中原经济区其他城市。坚持以推进供给侧结构性改革为主线，服务"一带一路"建设、中部崛起和新型城镇化等国家战略，培育发展新动能，构建开放式、一体化的中原城市群发展新格局。中原城市群地处全国"两横三纵"城市化战略格局陆桥通道与京广通道交会区域，拥有特大城市郑州和数量众多、各具特色的大中小城市，常住人口城镇化率接近50%，大中小城市和小城镇协调发展格局初步形成。

中原城市群整合规划是促进中部崛起非常现实且有力的手段。深入实施区域发展总体战略，完善政策支持体系，促进中原城市群深化城际合作，为增强整体实力和综合竞争力提供有力保障。该规划支持郑州建设国家中心城市作为提升城市群竞争力的首要突破口，推动郑州与开封、新乡、焦作、许昌四市深度融合，建设现代化大都市区，形成带动周边、辐射全国、联通国际的核心区域；提升郑州对外开放门户、综合交通枢纽和现代物流中心功能，推动郑州与周边毗邻城市融合发展。

郑州都市圈是中原城市群规划的具体实践区域之一，中原城市群规划的实施对于郑州都市圈的发展有着深远的影响，将带动郑州都市圈内的城市协同发展，形成更加有机的城市群体，提升整个区域的经济竞争力。河南省中原城市群建设工作领导小组印发的《2022年河南省新型城镇化和城乡融合发展重点任务》明确指出，以郑州国家中心城市为内核建设现代化郑州都市圈，壮大洛阳、南阳副中心城市，构建大中小城市和小城镇协调发展的城镇格局，打造高能级现代化郑州都市圈，强化郑州航空港经济综合实验区的产业、物流、航空都市等功能定位，建设现代化、国际化、世界级物流枢纽。

参照杭州、成都、武汉大都市区发展经验，坚持把郑州大都市区作为一个有机整体，以生态、水利、能源、信息等为重点，统筹优化区域生态环保和基础设施布局，构建互联互通、安全高效的大都市区功能网络体系，促进区域经济协同发展。作为中部城市群核心城市的郑州，将持续辐射和带动周边城市的经济发展。郑州都市圈将按照极核带动、轴带提升、对接周边的思路，着力构建"一核一副一带多点"的空间格局，优化统筹资源要素，积极打造成为经济发展高质量、开放创新高层次、公共服务高品质、生态环境高水平、协同治理高效能、面向国际竞争和支撑中部崛起的高能级现代化都市圈。2022年底，《2022中国都市圈发展力白皮书》发布，郑州都市圈成功"冲榜"，位列2022年都市圈发展力第八位。根据《河南省新型城镇化规划（2021—2035年）》目标要求，到2035年郑州都市圈总体发展能级进入全国第一方阵。

4. 获批建设国家中心城市

2016年，国家正式批复支持郑州建设国家中心城市，让郑州成为中部地区崛起、黄河流域生态保护以及高质量发展等国家战略的叠加城市，郑州发展迎来历史性机遇。2018年2月，郑州市人民政府印发《郑州建设国家中心城市行动纲要（2017—2035年）》，该纲要明确指出坚持生产性服务业和生活性服务业并重发展，以消费升级引领产业升级，以科技创新驱动产业变革，全力建设国际会展名城，打造具有国际影响力的"郑州服务""郑州消费"品牌。郑州在推进国家中心城市建设中不断打造国家创新高地、先进制造业高地、开放高地和人才高地。城市会展业作为现代产业体系和开放型经济的重要平台，是城市制造业发展的风向标和助推器。郑州将立足新的发展起点和历史高度，面对城市发展新机遇，开启郑州逐步迈向全国乃至全球城市体系更高层次城市和迈向国际会展之都建设的新征程。

5. 位列"新一线"城市

2017年5月第一财经旗下数据新闻项目"新一线城市研究所"在上海发布了《2017中国城市商业魅力排行榜》，通过对160个主流消费品牌的商业数据库和包括阿里巴巴、滴滴出行、京东、美团大众点评、去哪儿、智联招聘、支付宝等在内的互联网平台、机构用户行为数据，结合城市基础数据库，按照商业资源聚集度、城市枢纽性、城市人活跃度、生活方式多样性和未来可塑性5个维度加权计算，重新评估中国338个地级以上城市的商业魅力，最终评出4个一线城市（北京、上海、广州、深圳）、15个"新一线"城市（成都、杭州、武汉、南京、重庆、天津、苏州、西安、长沙、沈阳、青岛、郑州、大连、东莞、宁波）、30个二线城市、70个三线城市、90个四线城市和129个五线城市。郑州凭借综合交通枢纽、商业资源集聚度等优势入榜"新一线"城市，体现了郑州市民生活方式多样性以及居民消费的潜力。

6. 打造国际消费中心城市

2019年，商务部等14部门联合发布《关于培育建设国际消费中心城市的指导意见》，提出了国际消费中心城市的概念。打造国际消费中心城市是畅通国内大循环、形成国内更大市场的重大战略支撑，是助力各行业消费质量提升、繁荣消费市场重要经济功能以及充分体现会展消费载体功能的重要手段，是促进城市产业结构升级、拉动经济增长的新引擎。2020年10月，党的十九届五中全会通过的《中共中央关于制定国民经济和社会发展第十四个五年规划和二〇三五年远景目标的建议》提出，要全面促进消费，培育国际消费中心城市。2021年7月，国务院首批上海、北京、广州、天津、重庆5个城市率先成为开展国际消费中心城市培育建设的先行城市。2021年11月，习近平主席在第四届中国国际进口博览会开幕式主旨演讲中强调，"中国将推进内外贸一体化，加快建设国际消费中心城市"。

2021年6月，河南省委书记楼阳生调研郑州时提出了郑州市要当好"国家队"、提升国际化、着力提升核心竞争力，努力打造国际开放高地的发展目标，指出郑州要加快建设国际消费中心。郑州市委、市政府高度重视国际消费中心城市创建工作，郑州市委书记安伟召开郑州国际消费中心城市研究谋划工作会，提出要以少林功夫、黄河文化为切入点，展示郑州在世界独特的魅力，形成强大的人流、人气。为加快创建国际消费中心城市，找准郑州在创建过程中定位、目标、任务、举措四大核心问题，郑州市多次召开会议研究部署工作，印发《郑州市创建国际消费中心城市实施方案》，提出要打造国际会展中心、打造国际体育赛事名城、打造口岸消费中心、打造国际跨境电商集散中心、打造黄河历史文化消费中心、打造国际文旅消费新高地等；预计到2025年，郑州在国际知名度、消费繁荣度、商业活跃度、到达便利度、政策引领度等关键指标方面水平显著提升，成为彰显时尚的时尚之都，打造传统文化和现代文明交相辉映的全球旅游目的地、引领创新生态的数字消费和新型消费标杆城市，形成具有全球竞争力的文化、旅游、会展、教育、体育、医疗等一系列"城市名片"，打造独具郑州特色的国际消费中心城市。该方案还提出将打造国际会展中心和国际体育赛事名城作为实施国际活动提升工程的重要方式，通过积极举办中国（郑州）国际旅游城市市长论坛、全球跨境电商大会、中英氢能产业合作论坛、世界传感器大会等国际展会，引进国际文化旅游、国际消费品博览会等一批国际展会，加快建设具有国际水准的新型智慧展馆；承办好郑州国际少林武术节、郑州马拉松、郑开马拉松、楚河汉界世界棋王赛，引进世界和全国顶级电竞赛事，打造以电竞为主题的潮玩专线，并与文化旅游、步行街、夜间经济中的消费场景和消费空间深化联动，打造国际体育赛事名城。这都为郑州早日成为专业化、特色化、国际性的会展之都提供了新的发展契机。

7.加快郑州国际会展名城建设

中央到地方各层面都非常重视郑州城市发展的战略定位，始终将郑州国家中心城市建设作为引领区域发展的核心引擎，赋予区域协同发展的战略重任。郑州将紧抓发展机遇，积极建设国际会展之都，为助推城市经济和会展业高质量发展做出努力。

郑州市委市政府重视会展业发展。根据《河南省人民政府办公厅关于进一步促进展览业改革发展的实施意见》，结合郑州市实际于2018年4月，郑州市人民政府办公厅发布《关于加快郑州国际会展名城建设的意见》，明确指出以国际化、品牌化、专业化、市场化、信息化、产业化为方向，以优化会展政务环境为基础，以推进会展业国际化发展为主线，提升郑州会展业的国际知名度和影响力，并在该意见中明确指出建设国际会展名城的总体要求、主要目标、重点任务以及工作要求等。2022年6月，郑州市人民政府办公厅印发《郑州市"十四五"现代服务业发展规划》，该规划明确指出推动生产性服务业向专业化和价值链高端延伸，重点推进现代物流、金融、科技服务、商务会展等生产性服务业规模倍增、能级提升，打造"双循环"生产服务中心；突出发展商务服务和会展业，打造国际商务中心与会展名城，设定到2025年实现展会面积达到400万平方米，基本达成建成"立足中西部、辐射全国、面向世界"的国际商务中心、会展名城的目标。为加快郑州建设国际会展之都营造良好的政策环境和营商环境，将会展业发展纳入城市发展计划，在税收、投资、信贷、发展专项资金等方面给予支持。2022年11月，为规范会展活动，打造国际会展名城，促进会展业高质量发展，根据有关法律、法规，结合郑州市会展业实际情况，郑州市制定了《郑州市会展业促进条例》。该条例的颁布标志着郑州会展业进入了法治化管理新阶段，为培育国际会展之都建设的核心竞争力提供了强大的法治保障，对会展产业规范和谐发展、有效提高政府效能、激发市场活力、培育增长动能发挥积极作用。

（二）具备会展业发展得天独厚的区位优势

城市的地理区位优势是其他会展城市无法复制的独特区位，是一种先天的、自然的优势。郑州优越的地理区位优势在一定程度上决定了城市会展业的形成与发展，也使郑州拥有了相对于其他城市较快的会展业发展速度以及建设国际会展之都的有利筹码。国际会展之都的建设依赖城市的区位优势，区位优势是城市发展会展业和实现会展经济快速发展的先天优势，区位优势主要体现在地理区位和城市的交通便利程度两方面。

首先，郑州具有优越的地理区位。郑州北临黄河，西依嵩山，东南是广阔的黄淮平原，东面是七朝古都开封市，西面为十三朝古都洛阳市，南面是许昌市，北面为焦作市和新乡市。郑州市地处黄河中下游平原区，土地肥沃，水资源丰富，属于北温带大陆性季风气候，冷暖适中，四季分明，气候宜人，拥有较好的气候条件和自然环境。郑州位居中国华中地区，是中国经济地理的中心，处于中原经济区、环渤海经济区和长江经济带的交汇点，是沿海地区与西部地区之间的桥梁，连接着全国各个地区，对于开展经济合作、贸易往来和文化交流等具有非常明显的区位优势。

其次，郑州为中国重要的综合交通枢纽。虽然郑州位于中国的中部内陆地区，但它在交通方面仍然具有很多优势。郑州是中国铁路的重要枢纽，素有"中国铁路心脏"和"中国交通十字路口"之美誉，是国内外重要的综合交通枢纽，连接着华北、华东、华南等多个经济区域。通过铁路、公路、水路、航空等多种交通方式，可以将郑州与全国各地紧密地联系在一起，形成多层次、多模式的综合交通网络。郑州是中部地区重要的物资集散基地，拥有亚洲最大的列车编组站、中国最大的铁路集装箱货运中心，通过铁路交通，郑州可以与中国各地紧密相连，并连接中亚、欧洲等地，增强了郑州的内陆城市优势。郑州也是中国公路交通的重要中心之一，公路网密集。郑州拥有京港澳、连霍、济广、陇海等多条国家级公路，形成了以郑州为中心的立体化公路交通网络。这种交通网络的建设，可以促进地区之间的贸易往来和人员往来，加速会展商贸活动的发展。

郑州凭借得天独厚的区位优势和交通优势，迅速成为中国重要的区域经济中心以及国家中心城市。郑州贯穿南北，承东启西，打通空中、陆上、网上、海上四条"丝绸之路"，拥有药品、粮食、汽车整车等9个功能性口岸，是功能性口岸最多、种类最全的内陆城市。依据《河南省"十四五"现代综合交通运输体系和枢纽经济发展规划》，河南省"米+井"字形综合运输通道已经基本形成，"米"字形高速铁路网基本建成，"一枢三支"机场布局也已形成，航线网络基本覆盖全球主要经济体。以郑州为中心实现公路5小时内覆盖4.1亿人口和30%的经济总量，铁路3小时覆盖我国7.6亿人口和56%的经济总量，航空2小时内覆盖我国12.3亿人口和90%的经济总量。依靠以上这些区位优势，围绕物流交通产业的国际民航组织航空货运发展论坛、中国郑州国际物流展览会等展会和论坛落地郑州，助力郑州会展业高质量发展。

（三）蓄能商贸业服务优势

在加快国际会展之都建设中，商业服务和活动是城市建立和繁荣的根基。现代城市商业文明的进程可以在一定程度上反映城市实际的繁荣程度，其关乎城市运作效率和城市居民生活品质。商贸是指商业和贸易的结合，是商品生产和流通过程中的一种经济活动。商业是指以营利为目的的商品经营活动，包括零售、批发、物流等各个领域；而贸易则是指不同地区、国家，甚至不同文化之间进行的商品交换活动。商贸的核心是商业和贸易的结合，即商业活动中涉及的商品买卖、运输、储存、物流等环节，同时也包括了各种商业服务、金融服务等支撑性的行业。商贸是现代城市经济的重要组成部分，是国民经济的重要支柱之一。商贸活动的发展有助于城市促进经济的发展和贸易的繁荣，对于提高国民经济的整体水平、促进社会繁荣和人民生活水平的提高具有重要的作用。

自古以来，郑州以"商"闻名天下，郑州在历史上是著名商埠。1980年前后，郑州率先举起商贸服务创新的大旗，从1988年郑州第一家郊县国营商业企业进城经营的综合性多功能大型商业设施——黄和平商场开业，到20世纪90年代亚细亚商场与国营商场的"中原商战"，郑州商业名扬全国。郑州商战展现了当时郑州改革开放的精神风貌，促进了郑州商业的发展与改革，催发了郑州建设全国商贸中心的构想。随着郑州现代服务业的迅速发展，郑州谋划从内陆商贸城到国际化商都的升级嬗变。郑州依靠得天独厚的区位优势、综合交通优势、资源优势以及产业优势，不断优化投融资环境，进行招商引资，随后有富士康、上汽集团等一大批项目竞相落户郑州。郑州在打造国际商都的征程中不断前行。

近年来郑州商贸业发展较快，并取得了较好的发展成绩，如商业业态优化升级转型、电子商务得到迅猛发展、商业品牌层级不断提升等。商贸业在吸纳就业、引导消费、推进产业结构调整、带动城市更新等方面的支撑作用日益显现，已成为郑州经济发展的重要产业之一。"十三五"时期，郑州着力推动服务业总量扩大、结构优化、布局完善、体制创新，以服务经济为主的产业结构已经形成，为开启国家中心城市现代化建设新征程提供了有力支撑。"郑州服务"引领经济增长的发展格局更加巩固。2022年，全市社会消费品零售总额完成5223.1亿元，进出口总额增长3.1%，成为支撑城市经济增长的重要动力。

为加快服务业发展，促进经济发展方式转变和产业结构优化升级，根据《国家发展改革委关于开展服务业综合改革试点工作的通知》精神，郑州市于2010年编制《郑州市开展国家服务业综合改革试点方案》并报国家批准。在"十三五"时期，《河南省国民经济和社会发展第十三个五年规划纲要（草案）》明确提出，郑州的发展要突出"枢纽建设、产业体系、城市环境"三大核心任务，重点强化国际物流、综合商贸、现代服务业、先进制造业、国际化城市等战略支撑，实施一批具有战略突破作用的重大工程，建设国际商都；全面融入国家"一带一路"倡议，加快航空港经济综合实验区和"米"字形高速铁路网建设，完善现代交通枢纽，打造口岸优势，建设内陆型自由贸易试验区和跨境电子商务综合实验区，形成有全球影响力的内陆开放合作示范区。2020年7月，工业和信息化部等部门联合发布《关于组织申报第二批产融合作试点城市的通知》，将郑州市列入国家产融合作试点城市名单。2022年6月，郑州市人民政府办公厅发布《郑州市"十四五"现代服务业发展规划》，明确全市服务业发展方向和工作重点，全力打造国际化区域服务中心和国家现代服务业中心城市。

同时，《郑州市"十四五"现代服务业发展规划》明确提出，要大力发展经济，加快"1+2+N"的会展业发展格局，推进郑州航空港会展城项目建设，打造集展会、商务、购物、休闲功能于一体的国际会展城；做好郑州国际会展中心的改造提升和中原国际博览中心的资源整合；推进雁鸣湖国际会展小镇、嵩山论坛永久性会址、龙湖国际会议中心等项目的规划建设。2022年8月，河南省人民政府印发《河南省加快推动现代服务业发展实施方案》，明确指出推动河南省现代服务业发展的基本思路，即以习近平新时代中国特色社会主义思想为指导，完整、准确、全面贯彻新发展理念，锚定"两个确保"、实施"十大战略"，顺应技术革命、产业变革、消费升级趋势，以服务业供给侧结构性改革为主线，以建设现代服务业强省为目标，着力在区域引领、产业融合、创新驱动、纵深改革、扩大开放等关键领域实现突破和跃升，努力形成制度更加优化、市场更加活跃、供需更高水平的平衡发展格局，推动现代服务业高质量发展，为现代化河南建设提供坚实支撑。该方案同时指出，要全力打造郑州现代服务业核心增长极，提升国际化城市服务能级；以国际航空、班列、金融、会展等功能性服务业发展为重点，提升郑州国家中心城市国际化水平；重点建设郑州国际物流中心，加快推进郑州新郑国际机场三期、郑州国际陆港航空港新片区、郑州国际邮件枢纽口岸等重大工程建设，畅通国际航空、中欧班列、铁海河海联运等货运直达和中转通道网络，完善境内外货运枢纽、节点和海外仓布局，将郑州建设成为四条"丝绸之路"交汇枢纽；重点建设郑州国家区域性现代金融中心，依托郑州航空港经济综合实验区、河南自贸试验区、郑州龙湖金融中心、中原基金岛等，吸引境内外金融机构设立全国或区域总部，集聚会计师事务所、律师事务所等机构，支持符合条件的企业开展境内外双向人民币融资、融资租赁等业务，支持郑州商品交易所建设清算平台；重点建设郑州国际会展商务中心，做大做强中国（河南）国际投资贸易洽谈会等品牌展会，高效集聚人流、物流、资金流、信息流，将郑州建设成为国际会展名城。

作为现代服务业的会展业，是服务贸易行业的重要领域，是服务城市经济发展的重要抓手。业界一般将服务于经济贸易活动的展览称为经济贸易展览，《经济贸易展览会 术语》（GB/T 26165—2021）将"经济贸易展览会"定义为"以贸易、投资、经济合作等商务活动为主要功能的展览会"。会展活动可以促进城市人口、信息、商品等快速地流动、聚集和循环增长，加速城市平台功能、连接功能、服务功能的搭建。会展业天然具备为"商贸"服务的属性，该属性与郑州"商贸"服务基础有机结合，为加快建设国际会展之都提供发展契机。

（四）汇聚中原文化优势

国际会展之都的建设与形成需要依托城市深厚的文化底蕴、文化稳定性和文化自信，为其会展业的发展提供一个稳定的社会与文化空间。河南古称中原，郑州作为河南省的省会城市，不仅是华夏文明的重要发祥地之一，也是中华文明的轴心区。郑州是中国历史文化名城之一，拥有丰富的文旅资源，其中包括历史文化遗产、自然景观、特色文化街区和文化活动等。这些资源在文化旅游产业和文化传播过程中起着至关重要的作用，不仅为本地居民提供了更加丰富的文化生活，还吸引了大量游客和投资者，这些文化遗产是郑州得以享誉全国的重要原因之一。

中原文化底蕴深厚，博大精深。中国自古就有"二月二，龙抬头；三月三，生轩辕"的说法。中华民族始祖轩辕黄帝生于轩辕之丘，定都于新郑，自春秋战国时期，民间就有了"三月三，拜轩辕"的活动。每年农历三月初三新郑市都有祭拜先祖黄帝的传统活动，该活动2006年起被正式称为"黄帝故里拜祖大典"，2008年被国务院确定为第一批国家级非物质文化遗产。黄帝故里拜祖大典以中华民族寻根拜祖为主题，弘扬中华优秀传统文化。在郑州市下辖的县级市巩义市的河洛镇，流传着"龙马负图出于河，神龟背书出于洛"和伏羲氏"继天而王，受河图而画八卦"的美丽传说。中原文化的历史渊源可以追溯到中国古代的黄河流域，包括黄河文明、殷商文明、周文化等重要阶段。这些历史阶段对中华传统文化的形成和发展产生了重要影响。依托中原文化，郑州市加快推进"黄河战略"落地实施，加快打造黄河历史文化主地标城市，提炼华夏文明内涵，优化黄河文化带、环嵩山文化带、中心城区文化板块"两带一心"布局，加大历史文化遗址保护；加快推进黄河、大运河国家文化公园和黄河国家博物馆、大河村国家考古遗址公园、商代王城遗址保护、"河洛古国"遗址保护、黄帝故里园区等重大文化项目建设；依托沿黄走廊建设历史遗产带、文化带，增强世界级旅游产品供给能力，打造国家黄河历史文化主地标城市，建设具有国内外广泛影响力的国际文化旅游中心，彰显"以文塑城"的国际会展城市发展特色。

（五）集聚特色产业发展优势

城市产业和建设国际会展之都之间存在着密切的关联性。一方面，城市产业的发展水平和产业结构是城市成为国际会展之都的重要前提条件；另一方面，建设国际会展之都也可以带动城市产业的发展和转型升级。要想高质量发展城市会展业，必须将其与城市优势产业深入融合和渗透，与作为城市实体经济基础的制造业相融合更是城市经济以及会展高质量发展的重中之重。

郑州市拥有一批优秀的制造企业，涉及多个领域，包括机械制造、汽车制造、电子信息、新材料、食品加工等，制造业总体发展水平较高。除了传统的机械制造、建材、食品等领域，郑州市也在大力发展新材料、电子信息、生物医药等新兴产业，为制造业的升级和转型提供了新的动力和机会。

2008年，郑州市将汽车产业、先进装备制造业和电子信息产业确立为三大战略支撑产业，将其作为重点发展的产业。同时，郑州市也积极支持新材料、生物及医药两大战略性新兴产业的发展。在纺织、机械、建材、耐火材料、能源、原辅材料、有色金属、食品、煤炭、卷烟等产业上，郑州市都具有明显优势。在此基础上，郑州市还重点培育电子信息、汽车及装备制造、生物及医药、新材料、铝及铝精深加工、现代食品制造、品牌服装及家居制造等产业，将其作为工业主导产业，并优先对现代食品制造、铝及铝精深加工、品牌服装及家居制造三大传统优势产业进行改造提升。航空港区产业体系也快速发展，其中电子信息产业在国内处于领先地位，半导体、新能源、生物医药、航空制造等产业集群也异军突起。

2022年12月，中国信息通信研究院发布了《城市制造业高质量发展评价研究报告(2022年)》，报告从规模速度、发展质效、创新发展、绿色发展、开放发展、数字转型、产业集聚、企业能力和安全稳定9个纬度选取22个指标，首次评出全国制造业高质量发展50强城市。郑州在综合排名中位居全国第20位，地区排名第1位。

郑州产业结构正在不断转型优化，推动产业发展聚链成群，做强产业发展。在"十三五"期间,郑州产业转型升级不断提速,为经济运行稳中向好、稳中求进提供有力支撑。郑州培育形成了包括电子信息工业、汽车及装备制造业、现代食品、铝精深加工等千亿级产业集群,"数字军团"也持续扩容。

2022年6月,郑州市人民政府办公厅发布《关于加快新一代信息技术产业发展的实施意见》和《关于加快软件和信息技术服务业发展的实施意见》,涵盖了对高端装备产业、生物医药产业、新能源及智能网联汽车产业、节能环保产业、新一代信息技术产业、新材料产业6个战略性新兴产业及软件和信息技术服务业的实施意见,进一步明确了7大产业发展方向、工作重点和政策措施,合计制定政策88条,支持力度大、惠企干货多。以先进制造业为支撑、以现代服务业为主导的郑州产业体系基本形成。

郑州围绕建设国家先进制造业高地战略定位,大力实施换道领跑战略,积极培育新技术、新产业、新业态、新模式,工业经济综合实力显著增强,"郑州制造"大步迈向"郑州创造",在全国的影响力不断提升。制造业是经贸展览的立足之本,随着国家《中国制造2025》等相关政策文件的实施和支持,郑州市的制造业呈现出向高端化、智能化转型升级的趋势,例如,郑州市的新能源汽车产业已经形成了一定规模和影响力,国内多家知名的新能源汽车企业纷纷落户郑州。

城市作为制造业高质量发展的重要空间载体,是促进城市产业集群的重要依托。通过发展制造业,可以推动城市产业结构向高端化和智能化方向转型升级。制造业的发展还会带动制造业相关服务业以及会展业发展,形成产业集群和产业链,提高城市的整体竞争力和发展潜力。在未来,城市会展业发展可以与新兴产业相结合,如信息技术、智能制造等,推动会展业向数字化、智能化方向发展,依托产业创新更有价值的会展内容,提高城市会展业的国际化水平。

第四章

国际会展之都建设评价体系

一、构建国际会展之都建设评价体系

在构建国际会展之都建设评价体系的过程中，本研究主要以各城市出台的关于建设国际会展之都的若干重要举措为依据，紧紧围绕国际会展之都核心概念，客观选取和提炼影响其建设及发展的主要影响因素。本研究参照相关研究机构发布的国际会展中心城市评价指标体系和中国城市会展业竞争力指数报告等相关研究，并借鉴了中国会展经济研究会发布的"中国城市会展业竞争力指数排行"以及"中国最具国际影响力城市评价"等相对成熟的指标体系。在此基础上，本研究尝试构建和调整指标体系，以使评价体系能够客观反映出各城市在建设国际会展之都方面的程度、活力与潜力。

基于对国际会展之都建设的重要影响因素和国际会展之都对城市的功能需求的分析，本研究尝试将国际会展之都建设评价体系分为三个层次：第一层次是功能层，包括城市经济综合竞争力、城市综合服务能力、城市会展载体专业服务能力、城市会展产业融合能力、城市会展国际化能力和城市科技创新能力6项；第二层次是维度层，在功能层的基础上进一步细化为20项；第三层次是指标层，选取能够反映国际会展之都建设水平的具体指标[1]，着重针对城市展览业与会议业两大核心领域，对城市会展产业进行评估（见表4-1）。

表4-1 国际会展之都建设评价指标体系

一级指标（功能层）	二级指标（维度层）	三级指标（指标层）	单位	属性
城市经济综合竞争力	C1城市经济活力	地区生产总值	亿元	+
		地区生产总值增长率	%	+
		人均地区生产总值	万元	+
		全年社会消费品零售总额	亿元	+
		年末常住人口数量	万人	+

[1] 孙先科,蒋丽珠,杨东方.国家中心城市建设报告（2022）[M].北京:社会科学文献出版社,2022.

续表

一级指标 （功能层）	二级指标 （维度层）	三级指标 （指标层）	单位	属性
城市经济综合竞争力	C1城市经济活力	城镇化率	%	+
		城镇居民人均可支配收入	元	+
		城镇居民人均生活消费支出	元	+
	C2城市服务业发展水平	第三产业增加值	亿元	+
		第三产业占比	%	+
城市综合服务能力	S1交通运输能力	交通运输业完成年货物周转量	亿吨千米	+
		交通运输业完成年货运量	万吨	+
		交通运输业完成年旅客周转量	亿人千米	+
		交通运输业完成年客运量	万人	+
		民用机场年货邮吞吐量	万吨	+
		民用机场年旅客吞吐量	万人次	+
	S2信息基础设施建设能力	固定宽带互联网用户数	万户	+
		邮电业务总量	亿元	+
	S3公共服务能力	城市星级酒店数量	个	+
		星级酒店平均出租率	%	+
		医疗卫生机构总数	个	+
		医疗卫生机构床位数量	万张	+
		城市轨道交通运营里程	千米	+
		城市博物馆数量	座	+
		公共图书馆数量	个	+
		国家A级以上旅游景区景点数量	个	+
		国家4A级以上旅游景区景点数量	个	+

续表

一级指标（功能层）	二级指标（维度层）	三级指标（指标层）	单位	属性
城市会展载体专业服务能力	E1专业会展场馆	城市专业会展场馆数量	个	+
		城市室内可供展览总面积	万平方米	+
		城市单个场馆室内可供展览面积超过10万平方米的场馆数量	个	+
		城市单个场馆室内可供展览面积超过20万平方米的场馆数量	个	+
		通过UFI认证的场馆数量	个	+
	E2会议型酒店	城市会议型酒店数量	个	+
		城市会议型酒店室内可租用面积※	万平方米	+
		城市会议型酒店室内可容纳人数※	人	+
	E3其他场馆	大型体育场馆数量	个	+
城市会展产业融合能力	F1城市会展组展能力	境内办展主体数量	个	+
		境外办展主体数量	个	+
		会展从业人员数量※	个	+
		当地上市会展公司数量	个	+
	F2城市展览业规模和质量	全年办展数量	场	+
		全年办展总面积	万平方米	+
		线上展览数量	场	+
		单场展览面积3万平方米以上展览数量	场	+
		单场展览面积10万平方米以上展览数量	场	+
		城市展览规模TOP100展览项目数量	场	+

续表

一级指标 （功能层）	二级指标 （维度层）	三级指标 （指标层）	单位	属性
城市会展产业融合能力	F2城市展览业规模和质量	城市展览项目按行业细分列入一类TOP3数量	场	+
	F3城市会议业规模和质量	城市举办会议总数量	场	+
		会议活动总面积※	万平方米	+
		城市举办流动性会议数量	场	+
城市会展国际化能力	G1城市对外经济（国际经贸合作）	全年进出口总额	亿元	+
		新批外资企业数量	个	+
		实际利用外商直接投资总额	万美元	+
	G2城市对外交流	城市使领馆数量	个	+
		国际友好（交流）城市数量	个	+
		开通国内外航线数量※	条	+
		开通国际通航城市数量※	个	+
		开通国际全货机航线数量※	条	+
		接待入境游客数量※	万人次	+
	G3城市展览业国际化	举办国际展览数量※	场	+
		国际展比例※	%	+
		UFI会员数量	个	+
		国际认证（UFI）展会项目数量	个	+
		IAEE会员数量	个	+
		国际展览企业在当地举办一二类行业展览项目TOP3数量	场	+
		出境自主办展数量	场	+
		出境自主办展面积	万平方米	+
		境外观众比例※	%	+

续表

一级指标（功能层）	二级指标（维度层）	三级指标（指标层）	单位	属性
城市会展国际化能力	G4城市会议业国际化	举办国际会议数量	场	+
		拥有ICCA会员数量	个	+
		出境办会数量※	场	+
城市科技创新能力	T1城市会展主管部门	城市会展业管理部门、民间社团、研究机构数量	个	+
		会展专项扶持资金额度※	万元	+
	T2城市开设会展专业高校数量	开设本科会展专业的高等院校数量	个	+
		开设专科会展专业的高等院校数量	个	+
		开设会展相关专业的高等院校数量	个	+
		开设会展专业硕士点的高等院校数量	个	+
	T3城市会展人才支撑	会展专业在校生数量	个	+
		会展专业待毕业生数量	个	+
		"双一流"大学数量	个	+
	T4高层次人才汇聚	两院院士数量	人	+
		引进高层次创新创业人才数量※	人	+
	T5产业创新成果	高新技术企业数量	个	+
		高新技术产业产值※	万亿元	+
		全年专利授权量	件	+

注：※代表由于受到疫情或其他因素影响，该项指标数值波动较大或数据不全，因此未参与实际测评。

二、国际会展之都评价指标释义

(一)城市经济综合竞争力

城市会展业是城市经济、社会、文化发展到高水平阶段才有的产物。从国内外会展业发展的经验来看,会展业发达的城市,一般都是国家或地区经济发展水平相对较高的中心城市。已经建成的国际会展之都,都是公认的国际大都市或世界城市,是国家首都或地区首府,是国家或地区的政治中心、经济中心和文化中心[1]。衡量一个城市会展业的发达程度,对城市经济的考量是首要工作。城市会展业的发展和国际会展之都的建设依赖于城市自身经济,城市的经济实力是建设国际会展之都最主要的物质基础。只有当城市具备强大的经济实力时,才能为国际会展之都建设提供充足的基础、专项投入和资源支持,推动城市会展业的快速发展。其中,城市经济活力和城市服务业发展水平等维度指标是城市经济综合竞争力的重要构成。

1. 城市经济活力

经济活力是指一个国家或城市在一定时期内经济总供给和总需求的增长速度和潜力。一个城市的经济活力不仅体现了该城市在经济发展和经济成长过程中的能力和潜力,同时也显示出该城市引进资本和吸引高素质劳动力的能力。因此,城市经济活力指标是评价城市是否具备建设国际会展之都条件的重要的基础性指标。会展经济的发展活力依赖于城市的经济活力。城市经济活力是通过一系列指标综合反映的,这些指标包括地区生产总值及增长率、人均地区生产总值、全年社会消费品零售总额、年末常住人口数量、城镇化率、城镇居民人均可支配收入和人均生活消费支出等。城市的经济活力为城市加快建设国际会展之都提供物质基础与活力,影响和决定着城市会展业的发展规模、速度和国际化程度。

---

[1]王春才.德国会展中心城市的发展路径与策略研究[J].江苏商论,2010(01).

1) 地区生产总值

地区生产总值是指一个地区所有常住单位在一定时期内（全年内）生产活动的全部最终成果，是用于衡量一个地区经济运行和发展规模的宏观经济指标，在政治、经济、外交、研究等领域具有广泛应用。在一定程度上，城市地区生产总值决定了一个城市在区域内的话语权，以及在该地区所承担的城市义务和享受的优惠待遇，也决定了其在国内外城市中的影响力和知名度。城市地区生产总值还可以用于经济结构分析，反映一个城市的产业结构，即第一、第二、第三产业在经济中所占比重。此外，它还能反映一个城市的需求结构，即最终消费支出、资本形成总额和货物与服务净出口及其具体构成项目在总需求中所占比重。通过对城市产业结构分析、需求结构分析，可以审视该城市的经济结构现状及其发展变化规律。这对于制定、完善、优化该地区的产业发展政策，以及制定消费、投资和进出口政策，具有十分重要的作用[1]。

2) 人均地区生产总值

按照国际展览业协会有关国际会展之都的宏观经济标准，其中一个重要指标就是该城市人均收入达到发达国家的平均水平。城市人均地区生产总值可以通过城市地区生产总值与该城市的人口指标得出，是评估该城市居民生活水平、经济发展水平和富裕程度的重要指标。城市人均地区生产总值决定和影响该城市在居民收入、生活水平以及社会建设方面的投入取向、投入能力与投入水平。如果将人均地区生产总值换算为美元，则可进行国际城市之间的比较。

3) 全年社会消费品零售总额

社会消费品零售总额是指国民经济各行业、各企业（单位）通过交易售给城乡居民个人、社会集团非生产、非经营用的实物商品价格以及提供餐饮服务取得的收入总和，与第三产业（服务业）发展状况密切相关，能够反映地区第三产业发展的活跃程度，也是衡量第三产业运行状况较为直接、灵敏的统计指标。城市社会消费品零售总额受到该地区经济发展程度、财政收入、职工工资、商品零售价格指数、居民消费水平、居民可支配收入、人口等因素的影

---

[1] 国家统计局：什么是国内生产总值（GDP），见 http://www.stats.gov.cn/zs/tjws/tjzb/202301/t20230101_1903699.html?eqid=ea058fa3000051e100000006647d4b32。

响①。城市全年社会消费品零售总额能直接反映该城市消费需求和城市经济景气程度，显示出城市的消费实力和潜力市场，体现城市国际化程度和对外开放程度，以及在政治、经济、文化等方面的周边辐射力和国际影响力。城市会展业可以结合城市优势产业，通过培育和举办一系列消费类主题会展活动，促进和拉动城市消费，从而提升社会消费品零售总额，这不仅有助于国际消费中心城市建设，也有利于国际会展之都的培育和建设。

4）年末常住人口数量

人口是城市发展的基石和决定因素，一个国家的发展离不开人口，城市的发展也离不开人口，城市的会展业更离不开人口。城市人口的集聚为城市带来巨大的消费需求，城市常住人口数量是评估国际会展之都建设能力的关键基础指标。尤其是当城市常住人口规模巨大且保持增长时，这对于促进城市消费以及建设国际会展之都具有至关重要的作用。城市常住人口是国际上进行人口统计、发布人口数据时通用的总人口指标，通常是指经常居住在某一地的人口。在我国的人口统计数据中常住人口是指居住在某地区半年以上的人口。常住人口反映一个地区的人口状况，政府部门通常要基于城市常住人口的状况规划城市经济社会发展，常住人口数量同时影响城市人均生产总值、城市居民人均可支配收入等指标情况。本研究统计的城市常住人口以统计年份全市年末总人口数为统计标准。

5）城镇化率

城镇化率是在城镇发展过程中产生的反映城镇化水平的一个重要指标，基于人口进行计算。常住人口城镇化率是指一个地区城镇地域上的常住人口数量占该地区全部常住人口数量的比重，反映常住人口的城乡分布情况。城镇化是国家或城市现代化的重要标志，城镇化率是衡量城镇化水平的重要指标，能够反映人口在城镇的聚集程度以及城市的消费市场规模。城镇化率提高将带动城市基础设施和服务业的改善，为发展城市会展业提供更好的物质保障。

6）城镇居民人均可支配收入

居民可支配收入的提高将提升城市居民参与会展活动的能力和意愿，进而

---

① 刘睿.社会消费品零售总额与第三产业的关系[J].统计与咨询,2015(02).

为城市会展业的发展提供更多的参与者和更大的消费市场，推动其繁荣发展。根据国家统计局对统计指标的解释，居民可支配收入是指居民可以用于最终消费支出和储蓄的总和，是居民家庭总收入中扣除了缴纳给国家的各项税费和各项社会保险后剩余的收入，即居民可自由支配的收入，既包括现金收入，也包括实物收入。居民人均可支配收入是反映一个国家或地区居民的平均收入情况、实际生活状况和水平的重要指标。在物价上涨的情况下，如果居民人均可支配收入依然在上涨且上涨幅度大于物价上涨幅度，说明居民实际生活水平在提高，反之则在下降。因此，如果想了解一个地区居民的消费能力，可以通过观察居民人均可支配收入这一指标。

7) 城镇居民人均生活消费支出

生活消费支出的增加意味着居民对各种文化、休闲、娱乐等商品和服务方面需求的增加，也代表着他们对品质、服务、体验等方面要求的提高，这进一步推动了城市消费结构的升级和优化，使市场向高品质、高服务和高体验度的方向发展。通过创设能满足居民生活消费需求的场景，可以推动城市经济朝向高质量、高效率和可持续的方向发展。居民生活消费支出是指居民用于满足家庭日常生活消费需要的全部支出，既包括现金消费支出，也包括实物消费支出。生活消费支出可以分为食品烟酒、衣着、居住、生活用品及服务、交通通信、教育文化娱乐、医疗保健以及其他用品及服务八大类。

通过建立以上具体评价指标，衡量城市国际会展之都建设的物质基础是否足够雄厚，以及是否能够支撑起城市会展业高质量发展重任。城市经济综合竞争力是衡量城市经济发展实力的重要指标。经济是城市会展业发展的基石，较高的城市经济综合竞争力指数意味着城市具有较强的经济发展空间和经济发展活力，这对城市经济综合竞争力格局演变以及从城市视角审视中国经济发展路径具有重要影响[1]。只有当城市经济实力和总体规模达到一定程度，城市人均生产总值超出国内生产总值的平均水平，城市人均国民收入达到一定的水平，居民有更大购买需求、意愿和投入时，才能进一步推动城市会展业的发展，城市才具备建设国际会展之都的物质基础。

---

[1] 倪鹏飞,徐海东.中国城市竞争力报告 No.19[M].北京:中国社会科学出版社,2021.

2.城市服务业发展水平

根据国际展览业协会制定的国际会展之都的宏观经济标准,服务业占GDP比重须达到50%。为了衡量这一比重,本研究在指标体系中设立了第三产业增加值和第三产业在三大产业中的占比两项具体指标。第三产业增加值是反映城市第三产业发展程度的核心指标。三大产业是国际上较为常用的产业结构划分标准,但各国的划分略有不同。根据我国的《国民经济行业分类》,国内生产总值(GDP)的统计范围主要包括第一产业、第二产业和第三产业。在我国的三次产业划分中,第一产业是指农、林、牧、渔业(不含农、林、牧、渔专业及辅助性活动);第二产业是指采矿业(不含开采专业及辅助性活动),制造业(不含金属制品、机械和设备修理业),电力、热力、燃气及水生产和供应业,建筑业;第三产业即服务业,是指除第一产业、第二产业以外的其他行业[①]。服务业范围比较广泛,包括批发和零售业,交通运输、仓储和邮政业,住宿和餐饮业,信息传输、软件和信息技术服务业,金融业,房地产业,租赁和商务服务业,科学研究和技术服务业,水利、环境和公共设施管理业,居民服务、修理和其他服务业,教育,卫生和社会工作,文化、体育和娱乐业,公共管理、社会保障和社会组织,国际组织,以及农、林、牧、渔业中的农、林、牧、渔专业及辅助性活动,采矿业中的开采专业及辅助性活动,制造业中的金属制品、机械和设备修理业。

城市服务业具有高附加值、高效益、高就业率等特点,对推动经济增长、促进消费升级、增强城市竞争力和促进就业增加等具有重要作用。随着城镇化进程的加速,城市的服务业发展已经成为衡量城市经济竞争力的重要指标之一。如果一个国家或城市的服务业在国民经济中的占比不断增加,就表明这个国家或城市的经济结构正在不断优化和升级。政府和企业应该共同努力,加强服务业的发展,提升其质量和水平,为城市会展业提供重要的支持和保障,提高城市和国家的竞争力和影响力,从而推动会展业的发展。城市服务业的发展

---

① 国家统计局:三次产业是怎样划分的,见http://www.stats.gov.cn/zs/tjws/tjbz/202301/t20230101_1903768.html?eqid=82bc63d10008bb9c00000003645331ce。

水平与城市会展业的关联性呈正相关关系，对城市会展业的发展具有带动效应。

(二)城市综合服务能力

城市综合服务能力是反映城市会展营商硬环境的重要指标，它体现了城市的竞争力和综合水平。国际会展之都通常都具备健全且成熟的会展管理体制、先进的政务服务理念和水平，以及优越的城市配套设施和环境[1]。城市基础设施和公共服务水平是评价城市会展业承载力的重要依据，对会展经济发展能力具有重要影响[2]。如果说国际会展之都的建设水平依赖于城市产业和经济，那么国际会展之都的发展更依赖于城市的基础设施建设水平和综合服务能力。会展活动的举办会在短时间内汇集大量的参展商、观众，这对城市的承载力提出了严峻挑战。城市综合服务能力通过交通运输能力、信息基础设施建设能力以及公共服务能力等方面进行评价。

1. 交通运输能力

会展活动会吸引众多国内外参展商和观众前来参与，特别是参展商跨区域参与会展活动时，往往需要进行展品和物资运输。如果城市的交通运输能力较差，参展商可能会因为交通不便而选择放弃参加会展活动，从而影响城市会展的规模、质量以及影响力。反之，良好的交通运输能力可以吸引更多的会展活动和参与者，带动相关产业的发展和城市的经济增长，还可以提升城市形象和品牌价值，提高城市会展的吸引力、竞争力和国际化水平。

旅客和货物的运输是城市与外界交流和联系的重要途径。旅客和货物的运输量是评估一个交通枢纽或城市交通运输能力和效率的重要指标，也是衡量城市经济发展和竞争力的重要因素，体现了交通枢纽或城市的国际化水平和与外界的联系程度。

交通运输业的货物周转量是货物运输数量的实物指标，它综合反映一定时

---

[1] 曾燕.成都推进会展国际化的对策研究[J].成都行政学院学报,2019(02).
[2] 胡星,张宛.中西部国家中心城市综合承载力比较研究[J].中国名城,2020(11).

期内国民经济各部门对货物运输的需求，以及运输部门为社会提供的货物运输工作总量，是各种运输工具运送的货物数量与其相应运输距离的乘积之总和，计量单位通常为"吨千米"。货运量是指在一定的时期内，运输企业实际运输的货物总数量，计量单位通常为"吨"。旅客周转量是反映一定时期内旅客运输工作总量的指标，它是运送旅客人数与运送距离的乘积，以"人千米"为计量单位。旅客周转量是旅客运输计划的重要指标之一，也是分析客运劳动生产率和运输成本的主要依据，它的大小受到客运量和旅客平均运程的影响。客运量是指在一定时间内运送旅客的数量，通常以"人"为计量单位。旅客平均运程受到国土面积大小、城市布局、城镇居民的物质文化生活水平、旅客构成、旅客运输方式、旅游业的发展水平等因素影响。

$$货物（旅客）周转量 = \sum 货物（旅客）运输量 \times 运输距离$$

机场吞吐量是衡量机场运输能力的重要核心指标，主要包括旅客吞吐量和货邮吞吐量。旅客吞吐量是指在统计期内机场的进港和出港旅客人数，以"人次"为计量单位；货邮吞吐量是指在统计期内货物和邮件进出港的数量，一般以"吨"为计量单位。机场货邮吞吐量的大小，可以反映出一个城市或地区的贸易活动、产业发展以及国际化程度等因素。机场旅客吞吐量是反映机场客运能力和服务质量的重要指标，它能揭示出一个城市或地区的经济活动、旅游业发展以及国际化程度等。

2. 信息基础设施建设能力

会展业是一个信息密集型的行业，需要进行大量的信息传递和交流。信息基础设施有助于促进会展市场化转型，提高市场化水平和竞争力。会展企业可以通过建立电子商务平台、推行数字化展览、开展在线展览等方式，实现会展服务的线上化和市场化。这不仅有助于提升服务水平和满足客户需求，还有助于帮助会展企业拓展业务领域，实现多元化和全球化发展。

信息基础设施建设能力通过固定宽带互联网用户数和邮电业务总量等指标来反映。固定宽带互联网用户数对城市信息能力建设具有重要意义，是城市科技水平的重要体现，也是衡量城市信息化发展水平的重要指标，反映了城市信息化的程度和发展趋势。固定宽带互联网用户数越多，说明城市信息化发展越快，信息化程度也就越高。固定宽带互联网用户数的增加可以促进城市信息化发展，增强城市的信息能力和竞争力，有助于推动数字技术与传统实体经济深度融合以及会展数字化转型，助力城市经济高质量发展。数字化转型为会展业创新提供了更多的可能性，会展业可以通过数字化技术实现展览形式、展览内容、展览场地等方面的创新变革，满足不同观众的需求，提升观众的参与度和体验感。

随着信息化和数字化的深入发展，邮电业务已经成为城市或国家的信息基础设施之一。邮电业务涉及众多领域，如文化、教育、医疗、金融、政务等，这些信息资源可以被共享和利用，促进数字经济的发展，带动城市或国家产业的转型升级和新型业态的出现，推动城市或国家的经济发展。同时，邮电业务的发展为城市提供了完善的通信基础设施，包括通信网络、宽带接入等。随着邮电业务总量的增加，数据处理和交流的速度和便捷性不断提高，越来越多的会展业务通过电子商务平台进行，为电子商务提供了更为完善的基础设施和支持，为会展业的信息传递和交流提供有力支撑，有助于提高会展业的效率和质量，进一步推动城市经济和信息化建设的发展。

3. 公共服务能力

城市会展业发展依赖当地公共服务供给，其公共承载力也取决于当地公共服务的供给状况。城市公共服务能力反映了城市公共服务主体在满足会展业发展以及提供服务时的水平。公共服务所包含的事务种类较多，在评价指标中，本研究选取了与会展业发展密切相关的因素，同时兼顾了城市应对突发事件的能力。考虑到2020年至2022年疫情对城市会展业公共服务供给的影响，其对城市基础服务韧性以及应急能力提出了考验。因此，在设立指标时，本研究选择了城市星级酒店数量和平均出租率、医疗卫生机构总数和床位数量、城市轨道交通运营里程、城市博物馆数量、公共图书馆数量以及城市国家A级和4A级以上旅游景区景点数量等能反映城市对会展业的公共服务能力的指标。

在城市会展业发展过程中，会展活动短时间内会聚集大量人群，这对城市的基础设施和应急管理能力提出了更高要求。优质的星级酒店可以为参展商和会议代表提供高品质的住宿服务，从而吸引更多的会展活动落地。提高城市的接待水平和服务质量，能够吸引更多的会议和展览活动到城市聚集，进一步提升城市的形象和知名度。本研究对城市星级酒店数量的统计，是根据文化和旅游部发布的《全国星级饭店统计调查报告》整理而来。

医疗卫生机构总数和床位数量是衡量城市韧性水平的重要指标之一，也是衡量城市应对突发公共卫生事件能力的重要指标。特别是在经历了新冠疫情之后，医疗卫生机构的数量和床位数量在突发公共卫生事件发生时，能够直接影响城市应对事件的能力。为患者提供及时、有效的救治措施，是对会展相关利益主体和公众健康与生命安全的保障。

城市轨道交通运营里程是城市公共交通的骨干，是衡量城市交通发展水平的重要指标。充足的轨道交通网络可以为参展商和观众提供便捷、高效的交通运输服务，提高城市会展的参与度和吸引力。城市轨道交通运营里程反映了城市人口流动和经济活动情况。城市轨道交通运营里程大，城市人口流动量大，说明城市经济发展活力强。本研究通过交通运输部发布的《城市轨道交通运营数据速报》获得该指标的测评数据。

城市博物馆和图书馆是城市文化的重要载体和窗口，通过展示和传播城市的文化、历史和科技等方面的信息，可以增强城市的文化软实力和吸引力。这些文化资源可以为会展活动提供更多的展品和主题，提高城市会展活动的品质和水平。如果一个城市拥有得天独厚的自然景观和人文景观，如海滨、山川、美食、历史古迹等，这些旅游资源可以为会展活动提供更多元化的配套服务，吸引更多的游客和参展商前来参加会展活动。同时，这些旅游资源还可以为会展活动提供更多的创意和灵感，促进会展产业的创新和发展。

综上所述，城市应该注重提升城市基础设施的发展水平，为城市会展业提供更完善的配套服务和更好的基础设施支撑。

(三)城市会展载体专业服务能力

城市会展载体专业服务能力是通过承办会展活动的场所来反映的。会展活动的开展多依托专业会展场馆、会议型酒店以及其他场馆。

1. 城市专业会展场馆

会展场馆是城市发展会展业的基础和必备要素，被称为拉动会展业发展的"火车头"和反映会展业发展水平的"晴雨表"。在新形势下，会展活动不断融合新模式、新内容，为会展活动的参与者提供新体验，但无论会展活动形式如何演变，都需要依托一定的地域和空间来实现其价值。会展场馆是会展活动的主要物质载体，其结合城市发展、区域经济、会展产业链、供应链等发挥效能，展示当地会展业基础设施的建设水平和承载力。尤其在当前，"第六代场馆"担负着服务新时代的政治、社会、经济、贸易、科技和文化等责任。

专业会展场馆主要是指能举办会议、展览、节庆活动、赛事、演艺活动等各类活动的场所，包括举办会展活动的建筑物以及配套的设施设备和服务。它由硬件和软件两部分组成，其中硬件包括场馆与设施设备，软件则包括专业人员与服务。专业会展场馆是城市会展业发展的基础设施，通过不断举办展览、会议、节庆活动或庆典、发布会，甚至运动会、演唱会等其他大型活动，场馆运营范围不断扩大，从而提升场馆运营效率和利用率，使其成为集展览、会议、餐饮、商业、服务于一体的超大型会展综合体。

在一个城市中，会展场馆通常分为展览场馆、会议场馆、体育馆、博物馆、美术馆、文化馆等多种类型。专业展览场地举办的经贸类展览会的数量和规模（面积）直接反映了场馆建设对当地展览经济的促进与支撑作用[①]。参照国际展览业协会的分类标准，本研究按照室内可租用面积为5000~19999平方米、20000~49999平方米、50000~99999平方米和100000平方米以上进行分类[②]，分别对应小型、中型、大型和超大型场馆。本研究通过对城市专业场馆数量、待建场馆数量、场馆可租用室内总面积进行综合评价，同时辅以场馆利用率来分析城市场馆的使用和运营情况。场馆利用率计算公式：各项目的面积×项目天数相加总和/（场馆可供展览面积×365天）。项目天数是根据项目

[①] 中国国际贸易促进委员会《2021中国展览经济发展报告》，见 https://exhibition.ccpit.org/articles/421。

[②] 中国国际贸易促进委员会《2021中国展览经济发展报告》，见 https://exhibition.ccpit.org/articles/421。

的实际情况计算，对于专业展览项目，按照3天办展、2天布展的场馆使用时间进行统计计算；对于综合类展览项目和消费类展览项目，按照4天办展、2天布展的场馆使用时间进行统计计算。

在国际会展之都建设中，会展中心室内展馆的使用面积通常都超过20万平方米，会议中心最大无柱式会议厅一般都超过5000平方米[①]。这些数据是衡量城市会展设施是否具备国际化水平很重要的评价指标。本研究中该项指标数据来源于中国会展经济研究会发布的《中国展览数据统计报告》。

2.城市会议型酒店

在城市会议业的发展过程中，会议型酒店同会展场馆一样是城市接待会议的场所。根据2010年至2021年中国会议酒店联盟组织编写的《中国会议蓝皮书》，其中会议举办场地分类的统计显示，我国在会议型酒店举办的会议数量始终在80%左右。由此可见，城市会议型酒店是城市接待会议最主要的场地。

不同于城市中普通的酒店，城市会议型酒店以会议为主营业务，兼具会议场地租赁、运营、服务、住宿和餐饮等功能，具备接待中大型国际会议的能力，受到国内外会议主办方的青睐。会议型酒店是优化城市会议、酒店服务供应链的重要环节，在酒店运营管理服务、会议目的地管理服务、城市配套商业运营管理服务等全产业综合服务体系和生态圈层中发挥重要作用。会议型酒店可分为接待型酒店、专业型酒店和策划型酒店等类型，其定位取决于其在会展产业链中所处的环节和所提供的产品与服务类型。会议型酒店不断创新突破，整合行业资源，助力城市会展业高质量发展。每年中国会展经济研究会会议酒店工作委员会都会发布"年度中国最具竞争力会议酒店"榜单，按照规模体量将全国会议型酒店分为超大型、大型、中型、小型四个类别。该榜单通过建立科学、完善、系统的评价体系，对会议接待数量、年度酒店经营数据、会议室总数量、最大会场面积、客房综述等项目进行综合评定，帮助会议型酒店更好地了解自身价值和在行业中的竞争力水平，鼓励会议型酒店创新经营，提升会议管理与运作的专业化水平。

---

①曾燕.成都推进会展国际化的对策研究[J].成都行政学院学报,2019(02).

3.其他场馆

本研究在对其他场馆的数量统计中，主要对城市大型体育场馆数量进行统计。大型体育场馆通常具备良好的音响和灯光设备，除了可以常规承办各类室内和室外的体育赛事，还可以举办各类音乐会、演唱会、庆典活动、大型文化嘉年华等。大型体育场馆具有较高的场地利用率和多功能性，可以承办多种类型的活动，为城市的文化、体育、旅游等方面的发展提供了重要的场地设施和资源。

(四)城市会展产业融合能力

城市会展产业融合能力是城市会展产业的核心竞争力，是会展产业与各行业领域资源融合、交流和协同发展的结果，也是推动会展产业和其他行业细分领域协作和创新的关键。评价一个城市的会展产业融合能力，可以从城市会展组展能力、会展业发展规模以及质量等方面进行评价。

1.城市会展组展能力

城市会展组展能力是指一个城市在会展组展领域所拥有的组织、管理、协调和执行能力。一个城市的会展组展能力直接影响该城市在国际会展市场的竞争力和地位，它不仅是吸引参展商和观众的重要因素，同时也会影响会展的运营效率、产业链的发展和城市形象塑造等方面。城市会展组展能力的提升需要充分利用城市的资源优势，整合政府、企业、社团、科研机构等多方面的力量，打造高效、专业的会展组织主体和组织体系，从而提高会展市场影响力和参展效益，为会展产业的可持续发展提供有力的支持和保障。本研究主要通过衡量境内外办展主体数量、会展从业人员数量以及当地上市会展公司数量来进行评价。

在全球范围内，知名会展之都往往拥有全球领先的展览和会议组织者。例如，英富曼（Informa Markets）是一家总部位于英国伦敦的全球性展览和会议组织者，自1935年成立以来，已成为全球规模较大、业务范围较广的展览和会议组织者之一。英富曼在全球超过40个国家和地区设有分支机构，覆盖医疗、制造、零售、能源、航空航天、科技等众多行业。通过组织各种规模的展览和会议，英富曼为企业提供了展示产品和服务、拓展业务与交流合作的平台，同时也为专家和学者提供了分享行业知识和技术、探讨市场趋势和发展方向的机会。

英富曼不仅在会展业务方面拥有丰富的经验和资源，还通过数字化、智能化等手段不断提升服务质量和效率，创新和改进服务模式和产品，以满足不同客户的需求和期望。作为全球领先的展览和会议组织者之一，英富曼在推动各行各业的交流、合作和发展方面发挥了重要作用，其专业性、创新性和影响力得到了广泛认可，为会展产业的发展和城市经济的繁荣做出了重要贡献。

除此之外，励展博览集团（RX）、法兰克福展览公司（Messe Frankfurt）、博闻集团（UBM）、汉诺威展览公司（Deutsche Messe AG）等也是全球领先的展览和会议组织者。这些组展商凭借丰富的经验和专业知识，拥有众多知名国际展览品牌，能够提供高水平的展览和会议组织服务，具有较强的国际影响力和号召力，吸引众多的国内外参展商和观众前来参加活动。

2.城市展览业规模和质量

城市展览业的发展优劣主要通过城市展览业发展总量、发展质量、发展经济效益等具体指标体现。城市展览业的发展需要依托产业开发展览项目，展览项目是发展城市展览业的基础和主要元素，是驱动城市展览业发展的重要力量。如果一个城市没有展览项目，城市组展主体将无所依托，展业服务将无所服务，展览业也将无从发展[1]。城市展览业规模和质量是判断展览价值与地位的重要指标之一。本研究通过构建一系列评价指标来反映城市展览业规模和质量，这些指标包括城市全年办展数量和展览总面积、线上展览数量、单场展览面积3万平方米以上展览数量、单场展览面积10万平方米以上展览数量、城市展览规模TOP100展览项目数量、城市展览项目按行业细分列入一类TOP3数量等。这些指标数据通过中国会展经济研究会统计工作专业委员会发布的《中国展览数据统计报告》来获取。

---

[1]张凡,张岚.展览项目管理[M].武汉:华中科技大学出版社,2021.

3.城市会议业规模和质量

城市会议业是城市会展业的重要组成部分，包括国际会议、学术会议、商务会议等。城市举办会议的数量越多、规模越大、层次越高，意味着城市会议业的质量越高。大规模、高质量、高层次的会议活动能够提升城市在国内外的知名度、吸引力、影响力，助力城市形象以及品牌价值的塑造和形成。城市会议业的发展需要依靠会议项目，会议项目是城市会议业发展的基础和驱动城市会议业发展的重要力量。城市会议业规模和质量主要通过城市举办会议总数量、会议活动总面积及城市举办流动性会议数量等具体指标体现。

4.城市其他会展活动

城市其他会展活动包括节庆、赛事、演艺等活动。对于城市会展业大会展的概念而言，在衡量城市会展业时，还应考虑除了展览和会议以外的节庆活动、赛事活动、演艺活动等。但由于数据统计存在一定困难，本研究在对指标数据进行计算时只纳入了展览业与会议业的数据。

(五)城市会展国际化能力

建设国际会展之都是城市会展业生产力、会展业质量以及城市对外开放发展到一定阶段的产物，城市会展国际化是建设国际会展之都的必然趋势。城市会展国际化建设能力是衡量一个城市最终是否有能力建设成为国际会展之都的重要指标。城市会展国际化是指将城市会展业从国内市场延伸到国际市场的过程。在全球化的背景下，会展国际化已经成为城市经济发展和国际交流合作的重要手段之一，其意义在于不断扩大会展市场规模，促进国际贸易和投资，为城市经济增长注入新动力。这一过程是创新城市会展业发展方式、拓展会展业务范围、增强城市的多功能性、塑造城市形象、提升城市国际知名度和竞争力的有效途径和内在需要。

城市会展业要实现高质量发展，必须积极参与全球市场竞争与合作。这不仅需要依托城市本身较好的经济物质条件，还需要建立包容、开放、多元化的社会文化体系。同时，会展国际化也能推动城市国际化进程，即会展国际化既得益于城市国际化,也能够推动城市国际化[①]。

城市会展国际化建立在城市的国际化基础之上。对于全球城市而言,除了经济方面的高速发展,还凭借先进、完善的文化基础设施和充满活力的文化生活成为世界主要的文化中心,如上海、香港、洛杉矶、伦敦等全球城市,它们丰富多样的文化特色不仅增添了城市的韵味,也吸引了大量国际化人才落户,进一步促进了城市会展业的繁荣。

城市会展国际化的实现需要城市具备一定的能力。这一目标可以通过积极开展国际交流与合作、引进国际会议和展览活动到城市举办来实现。城市会展国际化能力可以通过城市对外经济、对外交流、城市展览业国际化、城市会议业国际化等指标来衡量。这些指标不仅可以反映城市国际化建设的基础能力,还能够展现城市在全球范围内综合运用和配置各种资源的能力,以及全面参与全球分工、交流与合作的过程。

1. 城市对外经济

城市对外经济可以为城市带来更多的外部资源和机遇,从而扩大城市的经济规模和产业发展空间。通过开展对外贸易、引进外资、开展国际合作等方式,城市可以与世界上其他城市和地区建立更紧密的联系,提升城市在全球范围内的影响力和竞争力,增强城市的国际化程度和文化软实力。城市对外经济可以为城市带来更多的外部创新和发展机遇,推动城市创新和发展,利用国际市场实现经济资源的优化配置和产业的升级换代。城市的对外经济水平可以通过全年进出口总额、城市新批外资企业数量以及实际利用外商直接投资总额等指标来评价。

全年进出口总额是衡量一个国家或地区经济发展、国际贸易竞争力、外汇收入和国际贸易与投资发展水平的重要指标之一。进出口总额越高,说明该国家或地区的经济发展水平越高,国际贸易活动越活跃,更有利于招商引资,增强国际贸易竞争力。

城市新批外资企业是城市国际化的重要体现之一,不仅可以为城市带来更

[①] 张晓明.中国会展业发展趋势研究动态与前景[M].武汉:华中科技大学出版社,2021.

多的外部经济资源和机遇，还可以扩大城市的经济规模和产业发展空间，促进城市经济的快速发展。城市新批外资企业的引入还可以促进改善城市的投资环境。外资企业通常对投资环境具有较高的要求和标准，为吸引这些企业到城市投资，城市政府和相关部门需要加大对投资环境的改善力度，提高城市的投资吸引力。外资企业通常具有先进的技术和管理经验，可以为城市带来新的产业、技术、管理经验和人才，有助于推动城市会展业的升级和发展。外资企业的引入可以增加城市与世界上其他城市和地区的联系，提高城市在全球范围内的影响力和竞争力，有助于提高城市的国际化程度和城市文化的传播。

实际利用外商直接投资总额是指一个国家或地区在一定时期内实际吸收和使用的外商直接投资总额，包括外国企业在该国或地区设立的独资企业、合资企业和股份有限公司等。实际利用外商直接投资总额可以为一个国家或城市带来外部资本、技术和管理经验等优势资源，为国家或地区带来国际知名企业和品牌，提升国际竞争力和话语权，促进经济的快速和可持续发展。尤其是重大外资企业的落地，可以扩大城市利用外资总规模，发挥其对城市后续投资、招商、产业链的虹吸效应，吸引更多相关产业的外资企业在城市的集聚，推动产业与会展融合，助力打造城市行业展。

2.城市对外交流

城市对外交流是指城市与国外其他城市、地区之间的交流和合作，涉及经济、文化、教育、科技、旅游等多个领域。城市作为国际交往的主体、跨国合作的纽带和全球治理的前沿，其对外交流可以展示城市的文化底蕴、形象和特色产业，促进不同文化之间的交流和学习，丰富城市文化的内涵，促进城市的多元化发展，促进全球经济、文化、社会、会展多领域的国际合作和交流，吸引外部资本和资源，扩大城市的经济规模和贸易往来，推动城市文化的创新和发展。城市对外交流主要通过城市使领馆数量、国际友好（交流）城市数量、开通国内外航线数量、开通国际通航城市数量、开通国际全货机航线数量以及接待入境游客数量等指标来反映。

1）使领馆和国家友好（交流）城市数量

使领馆是一个国家对外开放的重要窗口，城市的使领馆数量越多，说明该城市在国际上的影响力越大、地位越高，对城市建设国际会展之都有着重要推动作用。城市使领馆数量的增加，有助于推动城市与国际上其他国家和地区的互动和交流，为城市举办国际会展提供更便利的外交支持。国际友好（交流）城市，包括国际友好交流城市和国际友好城市。国际友好交流城市是指在正式建立友城关系之前，双方签署友好合作备忘录或意向书的城市。国际友好城市是指双方充分了解信任，拥有扎实稳固的实质性交流合作项目，经双方有关部门审批同意后，正式签署建立友好城市关系协议书的城市。国际友城活动是对外开放的重要平台，是国家外交的重要载体，是我国地方和城市对外交往的重要渠道，是民间对外友好交流合作的重要内容。但是与发达国家相比，我国国际友城活动开展较晚，无论是从友城数量还是质量上看，都还存在巨大的发展空间。本研究关于城市使领馆和国家友好（交流）城市数量的数据均来源于相关城市政府官方网站公开的2021年相关信息以及权威媒体的相关报道。

城市拥有更多的使领馆和国际友好（交流）城市，能够为城市带来更多的国际资源，如国际组织、外国政府、企业等。这些资源可以成为城市会展业的重要支持和参与者，促进城市与国际社会的交流和合作，吸引更多国际性会展活动到城市举办，使得国外企业和个人来本地开展或参加会展活动更加便利，以及国际贸易和经济合作变得更加容易。此外，这也有助于吸引更多的外国游客，为城市会展业的发展提供更多的机遇和动力，提升城市会展在国际上的知名度和美誉度。

2）国内外航线数量、国际通航城市数量以及国际全货机航线数量

我国城市和世界上大部分的跨国城市之间的客货联系主要通过航空和海运完成，铁路和公路因受运输距离和效率的限制，主要用于与欧洲国家之间的跨境联系。因此，在探讨城市的通航能力时，本研究重点探讨航空和航运枢纽的情况。

航空是当今世界重要的交通方式，已经成为许多跨国参展商和观众长距离出行的首选。航空枢纽的国际航线数量是衡量该枢纽国际化水平的重要指标。一个城市的国际航线数量取决于城市的经济发展水平以及该城市机场在全球航线网络中的相对位置。国际航线是城市间经济、社会、文化交流和对外贸易的重要纽带。同时，也可以根据城市的航线数量、不同等级航线的运输量以及客

座率，了解城市对外的联系紧密度和交流程度。城市的国内外客运航线数量是一个动态数据，因此在进行评测时，需要实时更新从当地民航局和所在机场收集来的数据。在这里，需要说明的是，本研究设置这项指标的目的是评测和比较多个城市的通航能力差异，综合反映城市航空交通网络的密集程度和航线覆盖范围。因此，本研究使用城市开通的国内外航线数量作为反映城市通航能力的相对指标。

同时，本研究也需要评估具体一个城市的通航能力。为此，本研究考虑使用国际通航城市数量（包括直达和中转）这一指标，因为它可以反映城市之间的连接性和可达性。在评估城市的通航能力时，本研究将结合开通的国内外航线数量和国际通航城市数量进行综合考虑。通航城市数量的增加可以促进城市与其他城市之间的交流，促进城市之间的社会和经济联系，为城市会展业的发展提供更多机会和动力。开通国际全货机航线有助于促进城市国际物流体系建设，提高城市物流水平，为城市国内外会展业务提供更加高效、便捷的物流服务和保障，提高参展商满意度，助力城市会展国际化的建设和发展。

3）入境游客数量

作为国际城市，其较高的知名度和强大的吸引力使得国际入境游客数量基本都在百万或千万人次以上。入境游客数量是衡量城市国际化程度和旅游业发展水平的重要指标。随着入境游客数量的增加，城市的国际化程度、知名度得以提高，影响力也得以扩大，这有助于城市在国际竞争中取得更大优势，吸引更多的国际性会展活动到该城市举办，为城市会展业的发展带来更多机会和动力，促进城市会展业的国际化发展。

3. 城市会展业的国际化

城市会展业的国际化主要体现在城市展览业和会议业的国际化水平上。衡量城市展览业是否具有国际性，通常以国外或境外参展商或观众数量占全部参展商或观众数量的比例来判断。首先，这里涉及对国际性展会的认定，国内外对于国际性展会的界定标准并不统一。《经济贸易展览会 术语》（GB/T 26165—2021）将"国际展览会"定义为"境外参展商不低于全部参展商的10%，或者境外观众不低于全部观众的5%，或者参展国际品牌不低于总参展品牌的10%的展览会"。2001年，科学技术部、外交部、海关总署、原国家工商行政管理总局联合发布《国际科学技术会议与展览管理暂行办法》，该暂行办法要求国际科技展览会境外参展商在全部参展商中的比例为20%[①]。国际展览业协会（UFI）对国际性展会的认证标准包括：展会最少定期举办过两次；以展览的总净展览面积、国家和国际参展商数量以及观众数量为统计数据；展览举办场馆或场地必须为永久性设施；主办场馆或场地必须符合标准并且配有有效的健康安全保障措施；满足额外两条要求中的任一条，即展会必须保证至少10%的国际参展商或者至少5%的参观者（或参观人次）是来自海外的。

UFI是展览行业的国际性组织，是全球展览业的权威组织之一，代表着全球范围内展览业界的权威和利益。UFI的使命是促进展览业的发展和提高展览业的专业水平，为展览业提供信息、资源和服务，推动全球范围内的展览业合作和发展。展览通过UFI认可，是全球高质量展会的权威标志，可以为参展商和观众的商业决策提供可靠依据，以此选择最佳的展览体验。有学者认为，国际会展之都的建设标准应包括城市内通过UFI认证的展览数量在15个以上，UFI会员数量在10个以上，ICCA认证的国际会议数量在20个以上。

国际化的会展活动中，境外参展商和观众比例较高，参展面积比例一般超过30%，境外观众比例超过10%，平均单个展会展览面积大于等于3万平方米[②]。此外，还要看国际展会数量占全年总展览数量的比例。国际会展之都的建设标准是城市举办国际展会数量占比超过30%[③]。同时，还可参照国际展览企业在城市内举办展会一二类行业展览项目TOP3数量。城市内举办一二类行业展览项目TOP3展会，大多数为高质量且在行业领先展会占有绝对优势的展会，该指标可以反映出该城市会展资源、营商环境等对于国际展览企业的吸引力。

综上所述，城市展览业国际化水平主要依据的指标有：举办的国际性展会数量和面积、城市UFI成员数、获得UFI认证的城市展会项目数量、国际展

---

① 张凡,张岚.展览项目管理[M].武汉:华中科技大学出版社,2021.
② 曾燕.成都推进会展国际化的对策研究[J].成都行政学院学报,2019(02).
③ 曾燕.成都推进会展国际化的对策研究[J].成都行政学院学报,2019(02).

览与项目协会（IAEE）会员数量、国际展览企业在当地举办一二类行业展览项目TOP3的数量、境外参展面积以及参展观众比例。IAEE的会员遍布全球，涵盖了会展业的各个领域，包括展览主办方、展览服务供应商、会展场馆、旅游和公共机构等。通过IAEE，会展业专业人士可以分享行业内的最佳实践和经验，获取最新行业趋势和数据，促进行业内的实践经验分享和交流，有助于提升行业的专业化水平和竞争力。本研究中该项指标的数据来源于中国会展经济研究会发布的《中国展览数据统计报告》。

城市会议业国际化水平则主要以下列具体指标为依据：城市举办国际会议的数量、城市境外办会数量以及城市举办的会议中通过国际大会及会议协会（ICCA）认证的数量等。国内关于国际会议的认定标准基于中共中央办公厅、国务院办公厅印发的《关于在华举办国际会议的管理办法》，该文件规定国际会议是指在我国境内（不含港、澳、台地区）举办的、与会者来自3个或3个以上国家和地区（不含港、澳、台地区）的会议、论坛、研讨会、报告会、交流会等。ICCA规定国际会议的标准是：至少有50个参加者；定期组织会议（不包括一次性会议）；必须至少在3个国家举行过。

（六）城市科技创新能力

科技是第一生产力，在建设国际会展之都的过程中，充分发挥科技要素的多维聚变作用至关重要。积极运用科技有助于构建城市会展业务软实力，推动城市创新建设，促进产业发展，进而吸引高质量、高规格的会展活动在城市中举办，提升城市招商引资的吸引力，为城市会展业赋能，塑造其核心竞争力，推进会展业的国际化和高质量发展。城市的科技创新能力为会展业提供了优越的技术支持和创新环境，支持其进行创新发展和业务模式升级，提升其运作效率和质量，满足会展市场新型需求，增强专业化水平和创新能力，为会展数字化、智能化与可持续化发展等转型升级提供了必要的支持和保障。城市科技创新能力在功能层内涵基础上，可以进一步细化为以下几个方面：城市拥有会展主管部门数量、会展专业学校数量、拥有会展专业高质量发展的学校质量、拥有会展专业人才储备数量、高层次人才汇聚、产业创新成果等具体指标。本研究中该项指标的数据来源于中国会展经济研究会发布的《中国展览数据统计报告》。

1. 会展主管部门

会展主管部门主要包括政府管理部门、事业单位、民间社团组织以及会展研究机构。在城市层面，政府主管部门（行政管理部门）大致分为三种：一是由政府设立会展局、博览局或会展工作办公室；二是由商务局（委）主管；三是由贸促会分会（以会展办或局的名义）主管。政府主管部门的管理职责主要包括制订会展业规划、提出并实施促进政策、协调相关服务等。政府出台的各种支持会展业发展的政策包括会展数字化、会展绿色化、国际型会展企业引入、支持本地会展业等方面。对城市营销环境的评价不能仅依靠定量分析，还要综合考虑城市会展业的综合服务水平、服务标准化的执行、服务管理的流程等因素。

2. 城市高校会展专业数量

城市内拥有会展专业的高校可为城市会展业提效增质提供更加丰富和多元化的会展人才资源供给，为会展业注入新思想和新理念，推动会展业转型升级和创新发展，提升城市会展软实力和国际影响力，从而吸引更多的国际会展活动在城市举办。本研究将通过考察城市高校在不同层次（专科、本科、研究生）拥有会展专业的数量、数模以及教育质量来评估这一指标。

3. 会展专业人才储备

城市充足的会展专业人才储备对于会展业的可持续发展至关重要。城市应当加强对会展专业人才的培养和引进，提升会展专业人才的素质和能力，促进城市会展业人员专业能力和服务质量的提高，增强城市会展业的竞争力和吸引力，为城市会展业发展做出贡献。本研究将通过评估城市会展专业在校生、待毕业生、会展研究机构以及"双一流"大学数量来衡量这一指标。

会展研究机构是研究城市会展业发展的智库机构，为城市会展业提供市场分析、展览评估、行业发展趋势预测、技术创新等专业性研究和服务，从理论和实践两个方面提升会展业的发展水平和服务质量,助力城市会展业高质建设。

"双一流"大学作为地方重要的人才培养和科学研究基地,在国内高等教育中具有高水平和极具竞争力的教育资源。这些大学拥有优秀的师资队伍、优质的教育资源和先进的教学设备,能够培养出具有国际竞争力和社会责任感的高素质人才,推动科学研究和技术创新,为实现科技成果转化和产业升级提供了有力的支持。同时,"双一流"大学也对城市高端人才引进具有一定吸引力。

4. 高层次人才汇聚

城市行业的高质量发展需要人才,尤其是高层次人才。作为一个国际化、现代化的城市,国际会展之都需要高水平的顶尖人才支持。这些人才应具备国际化视野、创新能力、先进或与众不同的思维方式以及丰富的实践经验。高层次人才的融入可为建设国际会展之都带来领先的科技成果、丰富的项目经验和专业知识,将提高城市会展业的智力资本和创新能力,促进城市与国际社会的交流和合作,提升城市的国际影响力和竞争力。高层次人才汇聚的程度可以通过衡量城市引进的院士数量以及引进高层次创业人才的数量来评价。

当前,中国正面临人口向中心城市迅速聚集的趋势。随着人口红利逐渐消失,人才的质量对于城市格局的重新塑造发挥着至关重要的作用。在激烈的市场竞争中,不同城市政府正在制定针对不同行业和领域的高层次人才落户政策、优惠政策和扶持措施,如加大人才的住房保障力度、提供子女入学和就业支持等,以吸引优秀的人才到城市创新、创业,帮助攻克城市主导产业和战略性新兴产业的核心技术难题。一些城市还采取全新的政策措施来加强城市的人才引进动力,提升城市的吸引力和竞争力。例如,各城市都在吸引国内外的院士助力城市科技创新和人才培养,为城市发展和建设提供智力支持。高层次人才汇聚的数据通常来源于各城市政府定期公布的各类高层次人才的引进情况。此外,城市政府也会在官网、媒体等渠道发布有关人才引进的政策和措施。这些信息可以通过网络搜索、媒体报道等方式获取。不同城市统计高层次人才的标准和方式可能会有所不同,测评数据仅供参考。

5. 产业创新成果

城市产业创新成果对于打造国际会展之都具有非常重要的作用。国际会展之都需要具备较高的会展服务水平和创新能力，而城市产业创新成果可以为会展产业提供更多的创新思路和技术支持，改变原有的产业结构和商业模式，促进会展产业创新发展和升级，提升城市科技创新国际影响力，吸引高端人才和创新团队，推动会展服务水平的专业化。同时，城市产业创新成果可以推动城市传统产业向战略性新兴产业、高新技术和服务业方向发展，带动周边的企业和产业形成良性的区域经济发展模式，从而促进产业链和产业集群的汇聚和升级，提高经济效益、附加值、生产力和竞争力，这对城市经济的转型升级和可持续发展具有积极的促进作用。城市的产业创新成果可以通过高新技术产业产值、高新技术企业数量、全年专利授权量来评价。不同城市统计产业创新成果的标准和方式可能会有所不同。

高新技术产业是指以高科技为基础，具有高知识含量、高附加值、高技术含量和高成长性的产业，包括信息技术、生物技术、新材料、新能源、高端装备制造等领域。高新技术产业产值是指高新技术企业在生产经营过程中所创造的所有最终产品和服务的货币价值，是衡量高新技术产业发展水平和贡献度的重要指标。高新技术产业发展到一定规模和水平时，将为国际会展之都的建设提供更多的科技支持和技术手段，提高会展业的科技含量和创新性，从而提升会展服务的质量和水平。同时，高新技术产业的发展还将提升国际会展之都的品牌价值和知名度，吸引更多的国际会展和商务活动进驻，进一步提高城市的国际影响力和竞争力，推动会展服务业升级和转型发展，促进城市会展产业的创新和高质量发展。

国家级高新技术企业数量是衡量一个地区产业转型升级的一个重要指标。国家级高新技术企业具备较高的技术研发能力和创新实力，可以为会展服务业提供更多的技术支持和创新思路，加速推动会展服务业的技术升级和发展，其集聚可以形成良性的产业生态和产业链，提高城市的产业创新能力和市场竞争力，为城市带来更多的创新成果和高端人才，进一步提升城市的知名度和品牌价值，吸引更多的国际会展和商务活动来到城市举办。

全年专利授权量在中国的经济和社会发展中扮演着重要的角色，是推动创新型国家建设的重要保障。它是指一年内国家对专利申请进行审查并最终授权的专利数量总和，是反映一个国家或地区科技创新水平和技术实力的重要指标之一。通常情况下，全年专利授权量越多，说明该国家或地区在科技创新和技术实力方面越具有竞争力，也说明该国家或地区的经济和社会发展越活跃和稳健。全年专利授权量还可以反映出各个产业领域的技术创新能力和发展水平，对于推动各个产业的发展和创新也具有重要的意义，可以为会展业提供更多的技术和创新支持，如VR、AR、AI等技术的使用和推广。

第五章

各城市国际会展之都建设评价与建设经验

一、国际会展之都建设评价方法和数据来源

（一）评价方法

本章采用"熵值法＋TOPSIS法"的研究方法展开实证研究。虽然熵值法存在欠缺指标与指标间的相互影响等问题，但是它是一种相对客观的赋权法，能较为准确地反映指标的区分能力，具有较高的可信度和精确度。因此，在利用前文所构建的评价指标体系进行客观评价时，本章采用熵值法得出综合评价排名。

首先，由于国际会展之都建设评价体系中各指标数据单位不统一，无法直接进行计算，因此需要对所收集的基础数据进行标准化处理，即无量纲化处理。同时，鉴于评价指标中存在正向影响指标和负向影响指标，我们将采用max-min标准化方法对基础数据进行标准化处理。

其次，对于选取的国际会展之都各评价对象，我们设定有 n 个评价对象（城市），m 项为具体评价指标，从而构造如下原始矩阵：

$$A=(x_{ij})_{nm} \tag{5-1}$$

其中，x_{ij} 表示第 i 个评价对象（城市）的第 j 个评价指标的初始指标值。

第一步：对指标体系中的各项指标进行极差标准法无量纲化处理，即对数据进行标准化处理。

$$y_{ij}=\begin{cases}\dfrac{x_{ij}-\min(x_{ij})}{\max(x_{ij})-\min(x_{ij})} & (\text{正向指标}) \\ \dfrac{\max(x_{ij})-x_{ij}}{\max(x_{ij})-\min(x_{ij})} & (\text{逆向指标})\end{cases} \quad (i=1,2,\cdots,n;j=1,2,\cdots,m) \tag{5-2}$$

在式（5-2）中，i 表示参与评价的第 i 个城市，j 表示第 j 个评价指标，x_{ij} 表示第 i 个城市第 j 个评价指标的初始指标值，y_{ij} 表示第 i 个城市第 j 个评价指标经过标准化处理后的指标值。$\max(x_{ij})$ 为 x_{ij} 的最大值，$\min(x_{ij})$ 为 x_{ij} 的最小值，x_{ij}、y_{ij} 是同一指标无量纲化前和无量纲化后的指标值。

为了数据运算处理有意义，必须消除零和负值，否则会出现null值，因此

需要对无量纲化后的数据采用非负平移进行处理，即如果某指标数据小于或等于0，则让该列数据同时加上一个"平移值"（该值为某列数据最小值的绝对值+0.01），以便数据全部大于0。

为了降低主观因素对赋权产生的影响，指标权重的计算采用能够客观反映各个评价指标数据变异程度的熵值法。

第二步：求各评价对象在各指标下的比值，对指标进行归一化处理，即求得第i个评价对象（城市）关于第j个指标值的比重。

$$P_{ij} = \frac{y_{ij}}{\sum_{i=1}^{n} y_{ij}} \quad (i=1,2,\cdots,n; j=1,2,\cdots,m) \tag{5-3}$$

第三步：求第j个评价指标的熵值E_j。

$$E_j = -\frac{1}{\ln n} \cdot \sum_{i=1}^{n}(P_{ij} \cdot \ln P_{ij})(0 \leqslant E_j \leqslant 1) \tag{5-4}$$

第四步：通过熵值计算各指标的权重W_j。

先计算各项指标熵值的冗余度d_j：

$$d_j = 1 - E_j (j=1,2,\cdots,m) \tag{5-5}$$

再计算各项指标的权重值：

$$W_j = \frac{d_j}{\sum_{j=1}^{m} d_j} (j=1,2,\cdots,m) \tag{5-6}$$

式（5-3）到式（5-6）中，n代表参与评价的城市数，m代表参与评价的具体指标数，P_{ij}表示第i个评价对象（城市）关于第j个指标值的比重，E_j表示第j个指标的熵值，W_j表示第j个指标的权重值。

第五步：通过线性加权，计算各评价对象（城市）的综合评分和排序。综合评分越高，表明评价对象越优。

$$S_i = \sum_{j=1}^{m} W_j \cdot P_{ij} \tag{5-7}$$

最后，对上述指数计算结果采用TOPSIS法进行计算，即在熵值计算得到的各指标的权重W_j基础上，计算评价对象（城市）与最优向量和最劣向量的差异，以此来测度评价对象（城市）的差异，从而更客观地评价各城市国际会展之都建设发展指数。

第六步：构建标准化矩阵。Z_{ij}表示第i个评价对象（城市）关于第j个指标的对应数据。

$$Z_{ij} = \frac{y_{ij}}{\sqrt{\sum_{i=1}^{n} y_{ij}^2}} \tag{5-8}$$

第七步：计算各评价指标与最优及最劣向量之间的差距。Z_j^+表示第j个指标最优方案数据，Z_j^-表示第j个指标最劣方案数据，则可得到每个参与评价的城市各指标值到理想解的距离D_i^+和D_i^-。

$$D_i^+ = \sqrt{\sum_{j=1}^{m} W_j (Z_j^+ - Z_{ij})^2} \tag{5-9}$$

$$D_i^- = \sqrt{\sum_{j=1}^{m} W_j (Z_j^- - Z_{ij})^2} \tag{5-10}$$

第八步：测度各评价对象（城市）与最优方案的接近程度C_i。

$$C_i = \frac{D_i^-}{D_i^+ + D_i^-} \tag{5-11}$$

D_i^+值和D_i^-值分别代表评价对象与最优或最劣解的距离，数值越大说明距离越远。研究对象D_i^+值越大，说明与最优解距离越远；D_i^-值越大，说明与最劣解距离越远。最优的评价对象是D_i^+值越小的同时D_i^-值越大。综合得分C_i值越大，说明评价对象越优。

（二）数据来源

本研究查阅了国际展览业协会（UFI）、国际大会及会议协会（ICCA）、国际展览与项目协会（IAEE）等国际权威专业机构发布的研究报告，以及国家统计局和10个样本城市当地统计局公布的各个年度《国民经济和社会发展统计公报》和其他相关数据。此外，还参考了中国国际贸易促进委员会发布的《中国展览经济发展报告》《中国博览会和展览会》，中国会展经济研究会发布的《中国展览数据统计报告》《中国城市会展业竞争力指数报告》，北辰会展研究院发布的《中国展览指数报告》，中国社会科学院财经战略研究院发布的

《中国城市竞争力报告》，以及高德地图发布的《2021年度中国主要城市交通分析报告》等权威专业机构发布的相关研究报告，进行文献研究和深入分析。

另外需要说明的是，在评价各城市国际会展之都建设指数时，本研究采用的是2021年及以前的数据。首先，2022年个别样本城市受疫情影响较为严重，导致某些数值，如展会活动数量等指标不太符合常态表现，参考价值和意义相对较小。其次，本课题在进行实证研究时正值2022年，2022年度的个别指标数据缺失。最后，虽然2021年各城市因受到疫情影响不同，会展业的停摆程度和时间也有所差异，但相较于2020年，2021年各城市会展市场有所回暖，部分城市展会规模恢复至2019年同期水平或七成左右，甚至有个别城市在2021年的会展业发展中仍然不乏亮点和特色。因此，本研究认为2021年的整体数据有一定的研究价值和意义。同时，在进行各样本城市的国际会展之都建设指数评价分析时，本研究也会结合已更新的2022年数据进行补充说明。另外，本次数据的收集与整理尽量保持同一指标的统计口径一致性，但有些数据来源于各个城市官方机构或媒体发布的相关报告和新闻，可能会有一定偏差，具有一定局限性。

二、样本城市国际会展之都建设概况

目前，我国的上海、北京、广州、深圳、成都、杭州、武汉、南京、西安等城市在会展业的发展中起着引领和辐射带动作用，相继掀起了建设国际会展之都的改革浪潮，并出台了促进与加快当地国际会展之都建设的规划，进一步引发了各地对建设国际会展之都的思考。尤其是在"十四五"时期，以加快城市国际会展之都建设为抓手，实现我国会展业高质量发展成为这一时期的主旋律。因此，本研究在进行国际会展之都建设评价对象的选取过程中，考虑到国外国际会展之都（如法兰克福、芝加哥）的宏观经济发展水平、会展业发展基础和历程等大环境的差异，只选取了国内的上海、北京、广州、深圳、成都、杭州、武汉、南京、西安、郑州10个城市的国际会展之都建设指数进行评价分析。具体选取原因如下。

第一，上海、北京、广州、深圳同属国内一线会展城市，被视为国内城市会展业发展的第一梯队，虽然不及国际上汉诺威、法兰克福等国际会展之都，但是这些城市的自身实力较强，处于国内重要的战略地位，是国内外重要的交通枢纽。这些城市的会展业作为城市的重要产业，其发展处于全国领先地位，在所在区域以及国内外发挥着重要作用。这些城市明确提出了"国际会展之都"的战略目标，并制定了一系列具体行动纲领，用实际行动助力国际会展之都建设。因此，对这些城市国际会展之都建设现状的评价对于郑州国际会展之都建设具有借鉴价值。

第二，成都、杭州、武汉、南京、西安等城市大多属于中西部会展城市，这些城市在区域或国内城市会展业发展中属于较好的一类。虽然与上海、北京、深圳和广州等城市相比还存在一定差距，但它们与郑州具有可比性，同样具有借鉴和参考价值。

（一）上海

上海位于中国东部长江三角洲地区，东临东海，是中国重要的沿海城市和国际性大都市。上海得益于长江的通航和交通网络的发达，具有得天独厚的区位优势。它不仅是中国重要的铁路和公路交通枢纽，方便与周边地区和全国其他城市交通联通，而且拥有浦东国际机场和虹桥国际机场以及丰富的港口资源，是连接中国与全球的重要枢纽城市。

上海是中国经济发展最快的城市之一，多年保持较高的经济增长率。以其为中心的长三角城市群是我国经济活跃的地区，上海已基本建成与我国经济实力和国际地位相适应且具有全球资源配置能力的国际经济、金融、贸易和航运中心。汽车制造业、电子信息制造业及金融业是上海三大支柱产业，其中2021年电子信息和汽车制造总产值占全市规模以上工业总产值的21%，金融业增加值占全市地区生产总值的18.5%。据知名品牌价值评估机构Gybrand编制的2022年度世界城市500强排行榜，上海已经位居世界第八。这得益于城市具有庞大的经济规模以及强大的第三产业。上海"十四五"规划，提出以推动高质量发展、创造高品质生活、实现高效能治理为目标导向，加快形成国内大循环的中心节点和国内国际双循环的战略链接，加快建设具有世界影响力的社会主义现代化国际大都市。

"世界展览看中国，中国展览看上海"。近年来，上海已跻身国际会展城市行列。上海市政府正在全力建设发展国际会展产业，并以"发展""提升"和"规范"为主要任务，推进国际会展之都建设进程。上海逐步建设上海新国际博览中心、国家会展中心（上海）等大型智能化场馆以及配套设施，满足不断增长的国际会展和商务活动的需求。同时，上海以中国国际进口博览会为抓手，遵循"办好一次会，搞活一座城"的指示精神，持续放大会展对城市经济的溢出和带动效应。上海会展的专业化、品牌化、国际化、信息化程度，均已达到国内外极高水平。上海作为国际知名会展城市，其影响力持续提升，进一步加速了国际会展之都建设步伐。2016年，上海明确提出加快建设国际会展之都。2018年11月，上海举办第一届中国国际进口博览会，为上海会展业注入新动能，极大地提升了其国际影响力，上海成为全球会展业成长极快的城市。"十三五"末期，上海已实现了"基本建成国际会展之都"的目标。2021年是"十四五"开局之年，上海会展业积极服务浦东和虹桥国际开放枢纽建设，持续放大进博会的溢出带动效应，进一步发挥城市会展业对投资的促进作用，不断优化会展营商环境，提高行业的核心竞争力。此外，上海会展业还充分发挥会展业资源配置、创新策源、产业引领的平台功能，努力提升会展业的专业化、品牌化和国际化水平。在这一过程中，上海扎实、平稳、有序地推进国际会展之都建设[①]。

长期以来，上海市一直保持全年办展数量全国第一。即使在疫情影响下，国际展的总面积仍占全市展览总面积的80%左右，国际化、品牌化成效显著。2020年，上海共举办国际展181场，占全市展览总数量的32.9%；展览面积达874万平方米，占全市展览总面积的78.9%。2020年《进出口经理人》杂志发布的世界百强商展名单中，上海入榜的展会数量达到14场，举办面积高达324万平方米，同比增加了16.8%，入榜展会数量和规模在全球主要会展城市中位列第一。2021年，上海举办国际展142场，占全市展览总数量的26.2%；展览面积达到932.84万平方米，占全市展览总面积的85.9%。这一举办规模基本达

[①]陈先进,桑敬民,屠建卿.上海会展业发展报告（2022）[M].上海:上海科学技术文献出版社,2022.

到了国际会展之都标准中对于国际展举办数量的第一级指标值（150场国际展）[①]，或基本达到国际展至少占全年展会数量的30%的标准[②]。此外，2021年全市规模超过10万平方米的展览数量31场，展览面积达594.45万平方米，同比增加25.46%，占全市展览总面积的58.30%。其中，规模超过30万平方米以上的展览数量6场，展出面积达208.91万平方米，同比增加205.46%，占全市展览总面积的20.49%。自2010年上海成功举办第41届世界博览会后，上海会展业开始进入发展"快车道"，在国际舞台上展现出越发显著的地位和作用，上海市政府出台一系列促进国际会展之都建设的政策（见表5-1）。

表5-1　上海关于促进国际会展之都建设的主要政策梳理

出台时间	政策文件	重点内容
2016年1月	《上海市国民经济和社会发展第十三个五年规划纲要》	明确提出提升会展业的规模和水平，打造若干具有国际影响力的综合性和专业性品牌展会，推动会展业与商业、旅游、文化、体育等产业联动发展
2018年8月	《上海市建设国际会展之都专项行动计划（2018—2020年）》	上海将从品牌展会、品牌主体、营商环境以及经济社会效益四方面发力会展业
2020年3月	《上海市会展业条例》	为推动上海建设国际会展之都，上海出台全国首个会展业地方性法规，并增设"进博会"专章规定，围绕建设国际会展之都制定专项行动计划推动国际会展之都建设，将固化提升成功举办进博会的成熟经验和创新突破相结合，对上海会展业优化营商环境、赋能行业发展、加强服务保障、办好进博会等方面进行了全面规划设计

①王先庆,戴诗华,武亮.国际会展之都研究[M].北京:中国社会科学出版社,2014.
②曾燕.成都推进会展国际化的对策研究[J].成都行政学院学报,2019(02).

续表

出台时间	政策文件	重点内容
2021年4月	《"十四五"时期提升上海国际贸易中心能级规划》	明确指出将提升会展业配置全球资源的能力，打造国际化城市会展促进体系，创新展会服务模式，培育展会发展新动能，力争在"十四五"时期全面建成国际会展之都。上海将继续贯彻新发展理念，对接国际化会展服务与会展标准化体系，与长三角合作协同发展，实现区域内会展业聚能、聚势发展，促进上海会展业转型升
2021年6月	《上海市服务业发展"十四五"规划》	规划中提出要提升会展贸易平台竞争力，打造2～3家具有国际竞争力的上海会展企业，进一步做强做优会展旅体服务市场，大力发展会展、旅游、体育产业，深化国际会展之都、世界著名旅游城市、全球著名体育城市建设，进一步提升会展旅体服务的辐射力和带动力。以推动消费升级、贸易升级和开放升级为手段，打造国际化、多层次商贸会展体系，提升会展业质量水平。充分发挥中国国际进口博览会的溢出带动效应，引入国际优质品牌、产品和服务，构建覆盖全球的进口网络。吸引集聚一批具有国际影响力的会展业主体，培育具有国际竞争力的本市会展企业。引进若干行业影响力强、带动效应显著的国际知名品牌展会，继续办好中国国际进口博览会、中国国际工业博览会、中国（上海）国际技术进出口交易会、中国自主品牌博览会等重大会展活动。推动会展模式创新，探索线上线下融合发展新路径
2021年12月	《上海市服务贸易促进指导目录（2021年版）》	为推动本市传统服务贸易领域提升能级，促进新型服务贸易业态增长，指导目录明确指出要通过扶持、引进和合作方式打造一批国际化水平较高的专业办展企业和会展项目，支持办展企业积极引进国内外品牌展会，积极推动企业海外办展，培育一批具有核心竞争力的中小型国际专业展会，大力推进网上会展业发展，打造全国领先、功能齐全、服务水平一流的网上会展平台，努力将上海打造成为国际会展之都

续表

出台时间	政策文件	重点内容
2022年2月	《上海建设世界一流"设计之都"的若干意见》	深化产业服务，推动数字化转型，提升会展业策划设计、数字化和绿色化水平

（二）北京

北京是中国的首都、直辖市、国家中心城市、超大城市，是经国务院批复确定的中国政治中心、文化中心、国际交流中心和中国历史文化名城。金融、总部经济和科技创新是北京的三大名片。根据2022年中国总部经济国际高峰论坛的数据，北京拥有54家世界500强企业，连续10年居全球城市榜首。北京处于全国交通运输网络中枢位置，是全国陆路和空中交通中心，在全国综合交通网络枢纽中的地位突出，已率先实现了国家立体交通网中提出的"全国123出行交通圈"（都市区1小时通勤、城市群2小时通达、主要城市3小时覆盖）和"全球123快货物流圈"（国内1天送达、周边国家2天送达、全球主要城市3天送达）发展目标，基本建成国际性综合交通的枢纽城市。北京"十四五"规划明确了北京全国政治中心、文化中心、国际交往中心、科技创新中心的战略城市定位，未来将建成更高水平的大国首都、国际一流的和谐之都。

北京是我国会展业起步较早、发展较快的城市。1950年，中华人民共和国合同法第一个专业展览——农业机械展在北京举办。1952年，中国国际贸易促进委员会成立，专门负责国内展团出境办展参展工作。1978年，"十二国农业机械展览会"在北京举办，这是1949年后我国首次举办的国际博览会。1985年，北京建成中国国际展览中心（朝阳馆），其地理位置优越，配套设施齐全，被评为北京20世纪80年代的十大建筑之一，是北京乃至中国开展国际贸易和技术交流活动的重要场所。2008年，中国国际展览中心（新馆）一期展馆在北京顺义区落成并投入使用，此外，国家会议中心、北京雁栖湖国际会展中心等一系列现代化的会展场馆相继建成并投入使用，进一步完善了北京作为国际交流和交往平台的功能，提升了北京会展业的综合承载能力。

1990年北京承办亚运会，会展业开始崭露头角，先后又承办了2008年北京奥运会、2022年北京冬奥会，北京会展业迎来新的发展机遇，在国际上中国大国形象和北京这座城市的国际影响力不断提升。在北京市委十届七次全会上，北京市委市政府提出建设世界城市的目标，从建设世界城市的高度，提出了把北京打造成为国际会展之都的任务。经过多年发展，北京会展业已经逐步显现其国际影响力，从中国国际服务贸易交易会、中关村论坛到金融街论坛等一系列国际会展，北京积极建设国际会展之都。特别是自2020年中国国际服务贸易交易会开始市场化运营以来，北京会展业的聚集、培育、引领作用进一步凸显。

"十三五"期间，北京市出台了一系列旨在促进会展业发展的政策。在此时期，北京会展业保持稳定增长，会展业总收入达1265.1亿元；年均举办展览835场左右，年均展览规模760万平方米左右；新增首钢园展馆、北京亦创国际会展中心等展览场馆；会议业发展平稳，举办会议总数102.3万场，接待会议观众8375.2万人次[①]。

作为中国特色外交的核心地，北京充分发挥首都城市战略定位，满足了举办重大国事活动的常态化需求。在服务国家总体外交能力方面，北京承办了中非合作论坛、"一带一路"国际合作高峰论坛、亚太经合组织第二十二次领导人非正式会议等国家主场外交活动，成为中国举办国际会议最多的城市。根据国际大会及会议协会（ICCA）统计，北京市2019年举办的国际协会会议数量为91场，在亚太地区城市中排名第7位，在国内城市排名中位列榜首。国际大会及会议协会（ICCA）发布的《2022全球会议目的地竞争力指数报告》显示，北京位列全球排名第18位，已经成为名副其实的"国际会议之都"。据北京市统计局2021年数据，北京市接待场所有会议室5276个，相比2020年增长了0.4%，接待场所会议室使用面积84.1万平方米，相比2020年增长了1.3%。2021年北京接待展览290场，相比2020年增长了16%，展览总面积712.2万平方米，相比2020年增长了106.5%；接待会议14.5万场，接待会议人数868.2

---

① 北京市"十四五"时期会展业发展规划，见 https://sw.beijing.gov.cn/phone/zwxx/fzgh/ndgh/202204/t20220429_2698269.html。

万人次，与2020年相比分别增长24.4%和14.3%。2021年北京会展收入194.9亿元，相比2020年增长26.7%。其中，会议收入95.4亿元，相比2020年增长17.9%；展览收入97.8亿元，同比增长36.2%[①]。可见，即便是疫情防控常态下，展览总供应量依然呈现持续增长的态势。北京关于促进国际会展之都建设的主要政策见表5-2。

表5-2　北京关于促进国际会展之都建设的主要政策梳理

出台时间	政策文件	重点内容
2011年11月	《北京市"十二五"时期会展业发展规划》	明确要将北京建设成为亚洲会展之都、全球国际会议五强举办地之一、亚洲领先的会议奖励旅游目的地
2019年6月	《关于促进我市商业会展业高质量发展的若干措施(暂行)》	推动会展业专业化、品牌化、国际化、信息化高质量发展，发挥会展经济带动效应，扩大消费规模
2021年9月	《北京市"十四五"时期商业服务业发展规划》	提出要优化会展设施空间，立足北京四个中心建设和北京会展业未来发展需求，并利用航空枢纽优势，在城市北部北京首都国际机场周边，依托新国展一期、二期及配套设施项目，打造功能完善的组团式会展综合体。在城市南部大兴国际机场周边，打造配套齐全、设施一流、业态融合、区域辐射带动作用强的会展产业集聚区。进一步提升奥体、北展、国展、农展馆、亦庄等会展片区原有设施功能，形成功能完善、服务优良、充满活力的会展发展新格局
2021年9月	《北京培育建设国际消费中心城市实施方案(2021—2025年)》	建设引领创新生态的数字消费和新型消费的标杆城市，形成具有全球竞争力的体育、教育、医疗、会展等一系列"城市名片"，将会展消费扩容提质作为重点工作任务

①中国国际贸易促进委员会北京市分会,北京市统计局.北京会展业发展报告(2022)[M].北京:中国商务出版社,2022.

续表

出台时间	政策文件	重点内容
2022年4月	《北京市"十四五"时期会展业发展规划》	明确提出要实现会展及配套设施布局优化、有效改善供给，会展促进服务机制完善、营商环境良好，形成一批具有国际影响力市场主体和会展品牌，服务"四个中心"建设，承载力显著提升，到2025年，基本建成具有全球影响力的国际会展之都的总体目标

（三）广州

广州位于中国南部珠江三角洲地区，不仅是国家中心城市，也是珠江三角洲地区的核心城市，其重要的地理区位和经济地位使其成为中国南方经济、交通、文化以及商贸中心。作为南方的门户，广州是中国最早实行对外开放的城市之一，是中国对外贸易的重要口岸，与我国的港澳地区以及东南亚国家的联系非常紧密。广州拥有广州白云国际机场、广州火车站等交通枢纽，连接了中国与世界各地的航空、铁路、公路和水路交通。广州坚持"制造业"立市，坚持产业第一，汽车、电子产品和石油化工制造业是广州的支柱产业，新一代信息技术产业、生物医药与健康产业等新兴产业也发展迅速。广州携手粤港澳大湾区各城市，积极参与全球分工与合作，建设活力全球城市。

广州基于链接全球的枢纽网络、千年商都的文化底蕴、现代会展产业集群、优质高效的政务服务以及两大展馆群体等优势，其会展业发展迅速，在全国名列前茅。广州会展业起步较早，1933年广州第一届展览会成功举办，会展业逐步走向正规化。1957年，中国进出口商品交易会（简称广交会）落户广州，这代表着广州会展业的发展，广交会成为中国与世界贸易往来的重要桥梁。2008年，广交会迁至琶洲，琶洲成为全国首个会展产业知名品牌创建示范区。从2007年开始，广州市举办的规模展和知名展的数量开始增长，以广州为中心的珠江三角洲会展经济带成为中国会展经济较繁忙的地区，培育了发博会、家具展、建材展等品牌展会。2016年以来，广州连续荣获"中国最具竞争力会展城市"称号。

作为广州现代会展业"链长制"牵头单位，广州市贸促会注重发挥广州独特优势，运用展览展会平台帮助企业抓订单、拓市场。广州会展产业化初步形成，包括三大支柱产业、八大战略性新兴产业以及五大未来产业，"产业＋会展"的发展模式已逐渐形成。"十三五"期间，广州市重点场馆共举办展览3070场，展览面积4351.6万平方米，举办会议场次年均增长7.4%，2019年达10014场，广州重点场馆展览面积连续9年居全国第二，举办展览场次自2017年起稳居全国第二，4个展览项目入围世界商展100大排行榜，5个展览项目居全国单展规模前十。2022年展会面积达302.82万平方米，展会规模首次跃居全国首位，展现了广州作为国际会展之都的强大韧性和活力。广州积极打造品牌化、国际化、专业化展会，推动会展业与制造业的深度融合，优化会展产业生态的同时，服务制造业高质量发展，朝着建成具有较强国际影响力和辐射力的国际消费中心、全球贸易枢纽、国际会展之都和国际商贸服务中心努力。广州关于促进国际会展之都建设的主要政策见表5-3。

表5-3 广州关于促进国际会展之都建设的主要政策梳理

出台时间	政策文件	重点内容
2019年11月	《广州市建设国际会展之都三年行动计划（2020—2022年）》	围绕推进广州会展业高质量发展、加快建设具有全球影响力的会展之都的任务，提出了九项重点工作，推进广州会展业高质量发展，加快建设具有全球影响力的会展之都。广州将利用广交会全方位对外开放，加强与国际商贸领域合作共赢，强化国际影响力，强化产业融合，改善营商环境
2021年4月	《广州市关于促进会展业高质量发展的若干措施》	提出将通过提升会展业品牌化、数字化和国际化，增强会展业服务全市经济和社会发展的功能，巩固和提升作为国际会展之都的竞争力和影响力
2021年4月	《广州市国民经济和社会发展第十四个五年规划和2035年远景目标纲要》	对广州会展业提出了新的要求，"十四五"期间，广州将着力提高中国进出口商品交易会的辐射面和影响力，加强高水平展会场馆供给和高质量展会培育，优化会展业的空间布局，积极探索"新业态＋会展"，办好广州博览会、广州国际汽车展览会、中国（广州）国际茶业博览会、中国国际老龄产业博览会等专业展会，努力建设具有国际影响力的会展之都

续表

出台时间	政策文件	重点内容
2021年9月	《广州市服务业发展"十四五"规划》	明确提出支持中国进出口商品交易会优化提升，高水平建成广州空港国际会展中心、国际金融论坛永久会址等会展场馆，规划建设粤港澳大湾区科学论坛永久会址等展会场馆布局和供给，高质量展会培育，提升广州会展业国际化、专业化、数字化水平，积极克服新冠疫情后续影响，持续增强会展业服务经济社会发展的能力，建设具有国际影响力的会展之都
2021年11月	《广州市加快培育建设国际消费中心城市实施方案》	明确打造全球会展之都的建设目标，全力做好广交会和珠江国际贸易发展论坛服务保障工作，进一步扩大广交会影响力、辐射面，做大粤港澳大湾区知识产权交易博览会，做强汽车、家具、美容美发、建材、家电、餐饮等一批传统消费类展会，大力培育新型消费类展会，提升国际化、品质化水平，形成10个左右亚洲乃至全球规模第一展会，带动产业投资和高端消费

（四）深圳

1980年，深圳经国务院批复成为中国第一个经济特区。深圳是副省级市、国家计划单列市和粤港澳大湾区四大中心城市之一，也是全国性经济中心城市和国际化城市，还是国家物流枢纽、国际性综合交通枢纽、国际科技产业创新中心、中国金融中心、综合性国家科学中心、创新创意之都和全球海洋中心城市。深圳有着优越的外贸发展环境，作为中国最大的新兴移民城市，大量外来人口涌入也为深圳会展业带来了更充足的行业相关人才。深圳以数字经济、高端装备制造等战略性新兴产业为支柱产业。基于此，中国（深圳）国际物流与供应链博览会、中国国际高新技术成果交易会、中国国际光电博览会等相关行业类展会抓住机遇，发展成为深圳的代表性展会。为了提升会展业水平，深圳市高质量培育了三大会展集聚区：利用深圳会展中心区位优势，布局重大会议、论坛和展览；以深圳国际会展中心为核心，引进培育一批具有国际影响力的展会项目；依托深圳科技博览中心，打造集高科技成果发布、信息交流、展示交易、要素融合服务及科技体验等多功能的高端平台。三大会展集聚区合作助力深圳国际会展之都建设。

1999年,被誉为"中国科技第一展"的中国国际高新技术成果交易会诞生,从此拉开了深圳会展业发展的序幕。2016年至2018年,深圳主要展馆的展览总面积平均增长率超过6%;2019年因深圳国际会展中心投入使用,增长率高达12.9%。2019年的办展面积为395万平方米,2020年达到408万平方米,2021年为503万平方米,两年复合增长率达12.85%。全市展馆面积居全国前列,深圳会展中心场馆使用率常年居全国第一。经过二十多年的发展,深圳会展业与产业不断融合发展,使深圳成为国内外知名的会展城市。2021年4月,深圳市第七次党代会报告提出,鼓励支持展览业市场化发展,增强高交会、文博会、慈展会、海博会、全球招商大会、人才交流大会等展会的国际影响力,吹响了深圳市打造国际会展之都的号角。深圳关于促进国际会展之都建设的主要政策如表5-4所示。

表5-4 深圳关于促进国际会展之都建设的主要政策梳理

出台时间	政策文件	重点内容
2019年8月	《中共中央 国务院关于支持深圳建设中国特色社会主义先行示范区的意见》	提出"用好香港、澳门会展资源和行业优势,组织举办大型文创展览"的发展要求
2021年6月	《深圳市国民经济和社会发展第十四个五年规划和二〇三五年远景目标纲要》	提出在"十四五"期间,深圳要提升场馆运营服务水平,探索"互联网+会展"线上线下结合新模式,推进会展业国际化、专业化、品牌化发展;扩大国际性展览规模,增强高交会、文博会、慈展会等展会影响力,引进一批国际知名办展主体,培育一批会展领军企业,构建国家级、国际性、综合型大规模展览和交易平台;引进国际性和国家级重要会议,打造全球知名国际会议目的地

续表

出台时间	政策文件	重点内容
2022年2月	《深圳市关于建设国际会展之都的若干措施》	明确提出从高标准建设会展基础设施、高质量培育三大会展集聚区等方面建设国际一流会展业发展空间；从汇聚国内外高端会议展览、培育一批高水平专业展会、推进展会高质量品牌化发展、培育国际一流的会展领军企业、鼓励会展业创新发展、创建绿色会展引领区、支持会展业国际化发展等方面打造国际知名的会展业发展高地。出台该措施是构建商贸发展政策支撑体系"1+1+9"的重要组成部分，是推动深圳市会展业高质量发展建设国际会展之都的重要抓手
2023年5月	《深圳市商务局〈关于建设国际会展之都的若干措施〉实施细则（修订）》	指出将从支持新引进国际知名品牌展会、支持培育专业展会、支持本地展会做大做强等方面对项目申报单位进行扶持和奖励

（五）成都

成都是四川省的省会城市，是国家批复的国家中心城市之一，不仅是中国重要的经济、科技、金融、文创和对外交往中心，还是国际上重要的综合交通和通信枢纽城市，位居世界城市体系Beta级，仅次于北京、上海、广州、深圳、香港等地。截至目前，成都会展业全球竞争新优势持续扩大，在全球城市排名位列第59位，在全球会议目的地竞争力排行中排名第38位，会展业竞争力指数排名连续四年位列全国第4位。在对外合作方面，2021年，在成都设立领事机构的国家21个，国际友城和国际友好合作关系城市104个，世界500强企业312家，新设立外商投资企业713家，外商投资实际到位504.5亿元，新设或新增1000万美元以上的重大外资企业138个。成都的交通网络也日益完善，2021年有国内航线335条，国际及地区航线131条，免签国家53个。此外，蓉欧班列全年开行 1591 列，国际铁路通道 7 条，国际铁海联运通道 5 条，成都已逐渐成为国际门户枢纽。

成都会展业的蓬勃发展离不开多方面的支持。首先，成都会展业有专门负责会展的政府机构保驾护航，并制定有清晰的产业发展规划。其次，中国西部国际博览城和成都世纪城新国际会展中心等大型专业化的场馆错位布局，为成都会展业的特色发展提供了有力载体，城市完善的配套设施则满足了各方参展需求。此外，成都会展市场活跃，市场主体活力十足。会展业与其他产业融合发展，同时也在形式上进行了创新，线上线下相结合，进一步推动了会展业发展。这些因素使得成都会展业在中西部地区具备明显的领先优势。

成都积极搭建高端会展平台，其在国内的影响力与日俱增，在打造具有全球影响力的国际会展之都中取得了阶段性成果。自 2012 年起，成都市政府将会展业发展规划纳入市重点专项规划领域，通过战略性、引领性政府文件明确了成都会展业发展思路、发展方向和目标任务等。2017 年，成都提出了建设国际会展之都。"十三五"期间，成都会展业坚持站位全局、服务大局，会展业品牌建设富有成效、场馆载体建设实现突破、市场主体不断壮大、招商环境持续优化等使得成都会展业综合实力不断提升。"十三五"期间，成都会展业总收入 5240.3 亿元，直接收入 533.3 亿元、带动收入 4707 亿元，其中直接收入同比增长 81.1%；累计举办重大会展活动 3572 场，展览和会议总面积 4943.7 万平方米。成都会展产业链重点企业近 700 家，在成渝地区双城经济圈建设和成德眉资同城化建设的战略机遇下，成都不断发挥政府引育功能，会展产业链不断延伸。

2021 年，成都共举办重大会展活动 955 场，线上线下参与人数 10079.3 万人次，展出总面积 1105.1 万平方米，会展业总收入 1231.6 亿元；培育产业功能区主导方向展会项目 73 个，举办契合现代产业体系的重点专业展会项目 200 余个，重大展会经济价值溢出效应显著。近年来，成都会展业以及服务业的快速发展，加上独具魅力的城市文化推动，使得成都在打造国际会展之都的战略目标下，朝着市场化、国际化的方向不断努力。成都积极建设"一带一路"会展门户城市，正逐步成为中国国际重大会展活动的主要举办城市，同时也成为具有全球影响力的国际会展之都。成都关于促进国际会展之都建设的主要政策如表5-5所示。

表5-5　成都关于促进国际会展之都建设的主要政策梳理

出台时间	政策文件	重点内容
2019年2月	《成都市建设国际会展之都三年行动计划（2018—2020年）》	力争通过3年的努力，到2020年，年举办重大展会活动1000场；展出面积1100万平方米；在蓉注册的UFI认证展会项目10个，在蓉举办符合ICCA标准的国际会议项目25个；会展业总收入达1530亿元，国际会展之都雏形初现。力争到2030年建成"一带一路"会展门户城市以及具有全球影响力的国际会展之都
2020年12月	《成都市会展业发展专项资金管理办法》	为促进成都会展业发展，充分发挥财政资金的导向和激励作用，加快建设国际会展名城，为进一步规范会展业发展专项资金的使用和管理，提高资金使用效益，制订本办法
2021年6月	《成都市会展业促进条例》	标志着成都会展业进入了法治化建设新阶段，为培育国际会展之都核心竞争力提供强大了法治保障，为规范会展产业和谐发展、提高政府效能、激活市场主体、培育增长动能发挥积极作用
2022年8月	《成都市"十四五"国际会展之都建设规划》	将以"名展、名馆、名企、名业"为抓手，探索推进数字会展和绿色会展，提升会展业专业化、国际化、品牌化、信息化水平，构建体系完善、市场活跃、品牌集聚、效益优良的会展经济新格局，将成都建设成为具有全球影响力的国际会展之都，助力世界文化名城建设，为打造中国西部具有全球影响力和美誉度的现代化国际大都市贡献会展力量。预计到2025年建成具有全球影响力的国际会展之都，助力打造带动全国会展业高质量发展的重要增长极和动力源
2022年12月	《成都市服务业扩大开放综合试点总体方案》	明确支持成都建设国际会展之都，打造四川天府新区会展中心，举办国家级、国际化机制性博览会，推动展览业国际认证等

(六) 杭州

杭州是浙江省省会和经济、文化、科教中心，是长江三角洲城市群中心城市之一，也是中国重要的电子商务中心之一，是中国东部地区的交通枢纽，拥有发达的陆路、水路、航空运输网络。杭州是一座历史悠久的文化名城，具有丰富的历史文化遗产和独特的文化特色。在历史上，杭州得益于京杭运河和通商口岸的便利，以及自身发达的丝绸和粮食产业，成为重要的商业集散中心。作为古代丝绸之路的起点和中国江南文化的代表，杭州拥有众多历史遗迹和文化景观。此外，传统文化、茶文化、美食文化等也使得杭州成为国内外游客的热门旅游目的地之一。杭州已形成文化、旅游休闲、金融服务、生命健康、高端装备制造五大都市支柱产业。在"十四五"规划中，杭州提出了要大幅度提升城市的综合能级、核心竞争力和国际美誉度，同时也要大幅度提升城市治理的现代化水平，最终实现建成社会主义现代化国际大都市的目标。

杭州也是会展业发展较早的城市。1929年，杭州为"争促物产之改良，谋实业之发达"，举办了历时137天的首届西湖博览会，首开中国现代博览会先河。2000年，杭州恢复举办西博会，自此杭州会展业发展进入了全新的时期。2006年，杭州成功举办"2006杭州世界休闲博览会"，进一步助力会展业发展。2011年，《杭州市"十二五"会展业发展规划》发布，规划明确提出会展业要坚持走"专业化、品牌化、市场化、国际化"路线，以"文化、休闲、创意生活"为特色，以西博会、休博会两大龙头会展为引领，着力打造最具潜力的全国展览中心城市、最具魅力的国际会议目的地。2016年，杭州承办G20峰会，世界目光聚焦杭州，展示了杭州作为国际城市的形象。自G20杭州峰会之后，杭州举办了越来越多大规模、高层次、专业化、国际化的展会，杭州会展业迎来难得的历史机遇，逐步走在全国的前列。

"十三五"期间，杭州共举办各类会议61751场，年均增长20.01%，其中国际会议1834场；积极对标巴黎、纽约、伦敦等国际会议目的地城市，成立全国首个国际会议竞标服务中心，吸引高端国际会议落户杭州，成功举办了

APEC工商领导人中国论坛及APEC工商咨询理事会会议、中国与中东欧16国文化部长会议等大型国际会议；电气和电子工程学术会议、生物医药学术会议、标准化会议、化学学术会议等四大领域学术会议落户杭州。"十三五"期末，杭州共有会展相关企业80000余家，其中从事会展服务的企业超过7000家。2019—2021年，杭州共举办会议53860场，其中国际性会议211场；在专业场馆举办展览547场，展览面积达473.91万平方米。2022年，根据全球会议界权威研究机构Gaining Edge发布的《全球最具竞争力会议目的地城市》榜单，杭州排名全球第33位。一系列重大国内外会展项目的入驻，如云栖大会、中国国际动漫节、世界工业设计大会等，为杭州赢得了强大的品牌号召力和影响力，对带动杭州产业发展和创新起到了重要拉动作用。英富曼、国际展览与项目协会（IAEE）等国际会展企业和机构纷纷到杭州布局，为提升杭州会展业的国际化水平提供了有效助力。

杭州已拥有西湖、湖滨、钱江新城、西溪、千岛湖等9个会议酒店集群和杭州国际博览中心等6个大型专业会展中心，此外，以杭州国际博览中心二期、杭州大会展中心为代表的一批新的会展设施正在加快建设，极大地提升了杭州大型会展项目的承载能力。同时，由杭州市商贸旅游集团有限公司和东浩兰生会展集团股份有限公司合资组建成立的杭州市国际会展博览集团有限公司致力于成为杭州会展的主力军、产业会展的联结器、行业变革的创新体。

在"十四五"新发展格局下，杭州市政府一直致力于加强杭州的会展业建设和发展，推动会展业与文化、旅游、科技等领域的深度融合，打造"文化、创新、品质、服务"四大特色，努力将杭州建设成为国际一流的会展城市。以"互联网+"为基础，以"国际化主线、市场化转型、品牌化提升、智慧化应用、生态化发展"为主要方向，杭州会展业正在不断升级，具有数据化、平台化、智能化特质的虚拟会展正在加速发展，加速构建具有国际水准的会展产业体系，有效推动当地技术、信息、资本、人才等要素的流动。杭州正处于"亚运会、大都市、现代化"的重要窗口期，积极打造国际会展之都。杭州关于促进国际会展之都建设的主要政策见表5-6。

表5-6　杭州关于促进国际会展之都建设的主要政策梳理

出台时间	政策文件	重点内容
2016年7月	《中共杭州市委关于全面提升杭州城市国际化水平的若干意见》	明确提出杭州城市"三步走"时间表，加快建设"国际会议目的地城市"，打造具有国际影响力的"会展之都""赛事之城"
2017年5月	《杭州市会展业发展"十三五"规划》	提出把握杭州作为G20峰会、亚运会等国际重要会议、赛事举办地的契机，积极发挥杭州的城市地位优势、区位优势、产业优势和政策优势，坚持以会带展、以展促会，突出会展业国际化主线，全面推进会展业专业化运营、市场化转型、品牌化提升、智慧化应用、生态化发展，推动会展业与城市定位协调、与城市品牌互动、与产业特色融合，在杭州市打造"三城一样本"、推进世界名城建设中体现出独特的地位和发挥重要的窗口作用
2017年10月	《杭州市会展业促进条例》	积极发挥城市地位优势、产业优势和营商环境优势，坚持国际化、市场化、专业化、品牌化、智慧化、生态化方向，助力国际会议目的地城市、会展之都、赛事之城建设
2018年8月	《杭州市加快推进会展业发展三年行动计划（2018—2020年）》	围绕加大会展设施建设力度、提升会展国际化水平和加快会展业市场化转型三部分内容，加快构建具有国际竞争力的大会展产业体系，着力将杭州市打造成为具有世界水准的国际会议目的地城市、会展之都、赛事之城
2021年8月	《杭州市会展业发展"十四五"规划》	对会展业发展提出了新要求。把握亚运会举办契机，坚持产业协同化、品牌国际化、办展数字化、运营标准化、发展生态化方向，发挥杭州特色产业优势，加强会展与文化、体育赛事的融合，以会展赋能实体经济，通过体制机制创新，引进优秀会展人才，培育壮大市场主体，推进办会办展模式转型升级，实现全域联动发展，努力把杭州打造成为全球知名的会展之都、赛事之城。到2025年，形成品牌丰富、主体强大、设施完善、数智引领的现代会展产业体系，数智会展引领全国，国际会议目的地城市地位进一步提升，全球知名的会展之都、赛事之城打造取得重要成果

续表

出台时间	政策文件	重点内容
2022年4月	《杭州市会展业发展扶持政策实施办法》	为促进杭州会展业高质量发展，持续打造会展之都、赛事之城，更好地发挥财政资金的导向和激励作用，对杭州市会展业发展扶持资金的使用范围和扶持标准等做了规定

（七）武汉

武汉是湖北省省会和国家历史文化名城，同时也是国务院批准的国家中心城市之一。武汉地处中国中部，交通十分便利，因其"九省通衢"的地理位置而获得广泛的赞誉。作为全国重要的水陆空综合交通枢纽，武汉也是中国经济地理中心和全国四大铁路枢纽之一，更是长江经济带核心城市群的超大城市和中部地区崛起的重要战略支点城市。在2017年联合国教科文组织的全球创意城市网络"设计之都"评选中，武汉正式获选，成为继深圳、上海、北京之后的中国第四座"设计之都"，显示出其在城市创新和发展方面的成就。武汉作为中国近代工业发源地之一，具备雄厚的产业基础，是全国重要的科研教育基地和工业基地，其钢铁及深加工、汽车、化工、纺织、制造、医药等工业体系完整。通过举办重点展会，如世界大健康博览会、"中国光谷"国际光电子博览会暨论坛、中国5G+工业互联网大会等，促进优势产业集群的形成。武汉还成功举办了世界军人运动会、世界集邮展览、中国国际农业机械展览会、高等教育国际论坛年会、国际汽车零部件博览会、生活用纸国际科技展览会、中国畜牧业展览会、中国国际友好城市大会等一大批国际知名展会，极大地增强了武汉市的城市影响力。武汉连续多年获得中国会展名城"金海豚"奖和"中国会展最具办展幸福感城市"大奖。

武汉是中国中西部地区重要的会展城市，也是中国会展业的发源地之一。晚清时期的"洋务运动"中，1909年在武昌举办的武汉劝业奖进会是国内最早、较为正规的地方商品博览会。长期以来，武汉市委、市政府高度重视会展业，将会展行业高质量发展和打造国家级乃至世界级会展中心作为城市发展的新引擎。1995年以来，武汉支持民营资本建设大型展馆与会议型酒店设施，设立主管机关及专项资金扶持发展，吸引知名项目及其主办方落地，曾被评为"中国会展十大会展名城"。武汉先后建成了武汉国际博览中心、东湖国际会议中心，还有正在建设的武汉天河国际会展中心等大型场馆，有力促进了武汉会展业的国际化发展。

"十三五"期间，武汉践行创新、协调、绿色、开放、共享的新发展理念，通过全面深化改革、加快创新发展，以转型升级和提质增效为主线，累计举办展会和节事活动超过3300场，2016—2019年年均举办展会和节事活动超过750场，基本已建设成为国家重要会展中心城市，并逐步建设成为国家商贸中心城市、国家会展名城、中部时尚购物中心和内陆对外开放新高地。为加快推动武汉高质量发展，助力武汉全面建成国家中心城市，打造"五个中心"、世界级会展名城，武汉城投集团在2021年9月整合旗下会展资源，联合全国会展业头部企业东浩兰生会展集团股份有限公司，共同组建了武汉国际会展集团股份有限公司。该公司业务涵盖展会组织、展馆运营、赛事等行业全产业链资源，目标是到2025年，武汉拥有1~2个国家级旗舰大展，引入一批全球知名品牌展，打造一批具有影响力的本地展，推动实施武汉市会展品牌发展计划[①]，助力武汉建设国际会展之都。武汉关于促进国际会展之都建设的主要政策见表5-7。

表5-7　武汉关于促进国际会展之都建设的主要政策梳理

出台时间	政策文件	重点内容
2021年9月	《武汉市商务发展"十四五"规划》	提出实施会展品牌"四个10"发展计划，营造优质办展环境，培育壮大会展市场主体，聚力品牌建设，提升硬件设施水平，助力将武汉建设成为国家会展中心城市

[①] 武汉国际会展集团成立 力争二〇二五年武汉拥有国家级旗舰大展，见 http://www.wuhan.gov.cn/sy/whyw/202109/t20210918_1780199.shtml。

续表

出台时间	政策文件	重点内容
2021年11月	《武汉市现代服务业发展"十四五"规划》	提出建设国家会展中心,做大做强健博会、机博会、光博会、农博会、食博会、华创会、国际汽车展、食材节、设计双年展等品牌展会,积极引进具有国际国内影响力的知名展会,擦亮"武汉会展"名片
2023年2月	《武汉市会展业发展专项资金管理办法(试行)》	为进一步鼓励和促进会展业发展,培育本地的会展企业,吸引国内外企业落户办展,该办法首次将大中型消费展纳入补贴范畴,助力国际消费中心城市和国家会展名城建设

(八)南京

南京位于中国长江下游地区,是江苏省省会,也是南京都市圈的核心城市和中国东部地区重要的中心城市之一。南京地理位置重要,不仅是长三角地区的门户城市,也是东部沿海经济带和长江经济带的重要节点城市。南京曾是六朝古都,是首批被列入国家历史文化名城的城市之一,也是国家级的科教中心。随着经济的快速发展,南京正逐步成为中国东部地区重要的经济、文化和科技中心。南京坚持以先进制造业为主的工业发展战略,拥有汽车、钢铁、电子、石化等支柱产业,同时大力发展服务业。

随着经济的快速发展,南京会展业也逐渐兴起,成为南京市的重要产业之一。在"一带一路"倡议、长三角一体化等国家战略的叠加作用下,会展业将成为南京经济发展的新增长点。南京拥有两座室内展览面积达15万平方米的展览场馆,举办大型、国际性展会的能力较强。"十三五"时期,南京共举办规模以上展会2187场,年均增速达20%以上。南京会展业坚持国际标准、品牌塑造、市场导向、专业发展、信息化融合五大基本原则,加快推进南京会展业国际化、品牌化、市场化、专业化、信息化、规模化、标准化建设。南京市委、市政府非常重视会展业的发展,出台了多项支持会展业发展的具体政策,加大资金扶持会展业发展的力度;同时成立了南京网上会展联盟,促进创新线上南京展会服务模式,实现南京会展线上线下联动发展,进一步提升了南京会展行业在全国的竞争力。南京关于促进国际会展之都建设的主要政策见表5-8。

表5-8 南京关于促进国际会展之都建设的主要政策梳理

出台时间	政策文件	重点内容
2018年1月	《关于推进改革创新打造会展品牌的实施意见》	围绕"城市中心会展经济核心区、江北新区特色会展区、南京综合保税区与禄口空港特色会展区、南部新城特色会展区"全市城市会展业新布局,积极推进会展业新旧动能转换,加快品牌展会培育。到2020年,重点打造具有一定国际影响力的会展品牌7个,具有较大区域影响力的展会15~20个,高端国际会议项目2~3个,新增国际展览业协会(UFI)等国际组织认证的展会项目1~3个,引进和培育规模较大、办展办会能力强、国际化程度高的会展服务主体5家,引进境内外知名会展企业2~3家,进一步提升南京会展业国际化水平和核心竞争力,努力把南京打造成为"国内领先、国际知名"的会展名城
2018年1月	《关于建设具有全球影响力创新名城的若干政策措施》	实施创新驱动"121"战略、推动高质量发展的部署,培育和集聚一批名校名所名企名家名园区,打造综合性科学中心和科技产业创新中心,构建一流创新生态体系,推动具有全球影响力的创新名城建设
2018年2月	《加快南京会展业发展2018—2020年行动计划》	围绕"两聚一高"和"一个高水平建成、六个显著"的目标要求,以国际化、品牌化、市场化、专业化、信息化为发展方向,深化改革、开拓创新,创设一流环境、配套一流设施、培育一流品牌、集聚一流企业、招引一流人才、构建一流服务,加快推进会展业健康发展,打造一批覆盖全省、辐射全国、具有世界影响的会展品牌项目,全面提升南京会展业核心竞争力
2021年7月	《南京市"十四五"会展业发展规划》	为顺应全球数字经济发展大势,"十四五"期间,南京会展业将做好两方面:一方面,围绕聚焦数字经济促进会展业突破与变革,运用5G、VR、AR、大数据技术手段打造"云上展厅",形成成熟的线上线下融合的展会模式;另一方面,推进"智慧场馆"数字化改造升级,利用"业务中台"和"数据中台"提高场馆运营效率、服务水平和安全能级

续表

出台时间	政策文件	重点内容
2021年9月	《南京市"十四五"现代服务业发展规划》	依托南京会展资源，着力引进一批高端国际展览展会，培育一批具有国际影响力的特色品牌展会。以国际化、时尚性、高端化为发展方向，建设全国重要文化创意中心城市、历史文化名城，高标准打造国际消费中心城市，建设"国际知名、国内一流"会展名城，打造具有消费活力、文化魅力和高端人才吸引力的高品质生活服务示范城市
2021年10月	《南京市会展发展专项资金管理办法》	进一步加快和促进南京会展业高质量发展，充分体现专业化、国际化、市场化要求，切实加强专项资金管理，发挥会展专项资金的引导和激励作用，提高财政资金使用效益

（九）西安

西安是陕西省省会，也是中国特大城市和国家中心城市，拥有重要的科研、教育和工业基地。西安是丝绸之路的重要节点城市，是西北地区通往中原、华北和华东地区的必经之地，同时也是中亚资源和欧洲货物输入以及我国商品出口的最佳集散地之一，具备显著的地理区位优势。西安是助推"一带一路"沿线国家文化、金融、商贸、信息交流的重要枢纽城市。作为历史文化名城，西安汇聚了"一带一路"倡议、国家中心城市建设等众多战略机遇，运用大唐西市文化遗产功能展示区、绿地笔克高新技术产业展览区、临潼高端会议及奖励旅游特色会展区等会展聚集平台，实现优势互补和错位发展。

西安是一个充满活力的城市，具有多重优势。2014年，《西安市会展业促进条例》正式实施，这是西安乃至全国会展行业的第一部地方性法规。2018年，西安市明确提出建设"一带一路"会展名城的战略目标。21世纪以来，西安在举办高端会议方面独树一帜，借助西部大开发的机遇，西安以欧亚经济论坛、世界文化旅游大会、丝绸之路国际旅游博览会、丝绸之路国际电影节、全球硬科技创新大会、全球创投峰会、中国国际通用航空大会、中国西部国际投资贸易洽谈会等一系列具有西安特色和国际影响力的会展活动为依托，夯实了打造国际会展名城的基础，为创造一个跨越地理经纬、实现交流合作的全新平台，建设会展经济的高地起到了关键作用。2021年，西安市举办了332场规模以上展会，创造了460亿元的社会综合经济效益，成为中国城市排名第五和全球100强会议目的地城市。

西安的会展业发展步伐日益加快，声誉不断提升，正持续迈向产业化、高端化和国际化方向。西安的定位是成为"一带一路"国际会展名城，曾荣获"中国十大会展名城""中国最佳会展目的地城市"和"中国最具影响力会展名城"等荣誉称号。2021年，西安相继出台《西安市国民经济和社会发展第十四个五年规划和二〇三五年远景目标纲要》《西安市"十四五"文化和旅游发展规划》《西安市"十四五"服务业发展规划》，均提及会展业相关内容。通过提升会展国际化水平、优化会展产业营商环境、支持会展产业专业化发展，西安依托临空会展中心和西安国际会展中心等大型场馆，围绕建设"一带一路"国际会展名城的总体要求，响应西安市政府推动"全域会展"建设，形成"一核四区"城市会展的新格局，为沿线地区、城市和国家提供了一个举办展览、会议、交易的大型综合性平台。西安关于促进国际会展之都建设的主要政策见表5-9。

表5-9　西安关于促进国际会展之都建设的主要政策梳理

出台时间	政策文件	重点内容
2013年11月	《西安市会展业促进条例》	优化会展业市场环境，规范会展活动行为，促进经济和社会发展
2019年6月	《西安国际消费中心城市创建实施方案》	提出在5~7年内将西安打造成为历史文化和现代时尚相融合的国际性消费城市。预计到2025年，西安将全面建设历史文化和现代时尚为一体的国际性消费城市，成为全国知名和国际通行的国际时尚之都、国际美食之都、丝绸之路电子商务之都、"一带一路"国际会展之都以及彰显中华文明的世界旅游文化之都

续表

出台时间	政策文件	重点内容
2021年3月	《西安市会议会展产业三年行动计划（2021—2023年）》	明确指出要加快西安国际会展中心周边住宿、餐饮、娱乐、休闲、交通等基础配套设施建设，完成西安国际会展中心二期项目建设并投入运营，将浐灞生态区打造成为西安会展业发展的核心区。到2023年场馆建成后，西安展馆总面积将超过70万平方米，西安会展场馆的承载能力将进一步提升。其附件中公布了《西安市会议会展产业扶持政策》，从七大层面提出针对西安市会议会展发展的补贴政策。符合相关量化要求的扶持补贴金额最高可达300万元，"真金白银"助力西安市会展业的发展
2021年12月	《西安市"十四五"服务业发展规划》	以建设西安国际化大都市会展及文化旅游服务业先导区为目标，加快构建形成以大会议会展为核心、以文化（生态）旅游与现代（绿色）金融为重点、以数字经济为融合加速器的现代服务业发展体系。抢抓西安国际化进程全面提速历史机遇，大力发展会展经济，以西安国际会展中心为核心，优化会展空间布局，推动会展服务模式创新，支持绿色会展发展，努力将西安建设成为"一带一路"国际会展名城

三、各样本城市国际会展之都建设指数评价

（一）各样本城市国际会展之都建设指数综合排序

1. 各样本城市建设指数权重

样本城市国际会展之都建设权重见表5-10。

表5-10 样本城市国际会展之都建设权重计算

具体指标	信息熵值 e	信息效用值 d	权重/（%）
C1地区生产总值/亿元	0.844	0.156	0.958
C1地区生产总值增长率/（%）	0.903	0.097	0.599

续表

具体指标	信息熵值 e	信息效用值 d	权重/(%)
C1人均地区生产总值/万元	0.892	0.108	0.665
C1全年社会消费品零售总额/亿元	0.825	0.175	1.078
C1年末常住人口数量/万人	0.886	0.114	0.702
C1城镇化率/(%)	0.814	0.186	1.147
C1城镇居民人均可支配收入/元	0.873	0.127	0.781
C1城镇居民人居生活消费支出/元	0.864	0.136	0.835
C2第三产业增加值/亿元	0.720	0.280	1.722
C2第三产业占比/(%)	0.863	0.137	0.842
S1交通运输业完成年货物周转量/亿吨千米	0.540	0.460	2.830
S1交通运输业完成年货运量/万吨	0.753	0.247	1.52
S1交通运输业完成年旅客周转量/亿人千米	0.857	0.143	0.88
S1交通运输业完成年客运量/万人	0.420	0.580	3.572
S1民用机场年货邮吞吐量/万吨	0.738	0.262	1.61
S1民用机场年旅客吞吐量/万人次	0.844	0.156	0.96
S2固定宽带互联网用户数/万户	0.857	0.143	0.882
S2邮电业务总量/亿元	0.842	0.158	0.976
S3城市星级酒店数量/个	0.805	0.195	1.198
S3星级酒店平均出租率/(%)	0.871	0.129	0.792
S3医疗卫生机构总数/个	0.879	0.121	0.742
S3医疗卫生机构床位数量/万张	0.844	0.156	0.963
S3城市轨道交通运营里程/千米	0.876	0.124	0.762
S3城市博物馆数量/座	0.850	0.150	0.921
S3公共图书馆数量/个	0.098	0.902	5.554

续表

具体指标	信息熵值 e	信息效用值 d	权重/(%)
S3国家A级以上旅游景区景点数量/个	0.881	0.119	0.735
S3国家4A级以上旅游景区景点数量/个	0.904	0.096	0.592
E1城市专业会展场馆数量/个	0.858	0.142	0.872
E1城市室内可供展览总面积/万平方米	0.842	0.158	0.972
E1城市单个场馆室内可供展览面积超过10万平方米的场馆数量/个	0.802	0.198	1.22
E1城市单个场馆室内可供展览面积超过20万平方米的场馆数量/个	0.579	0.421	2.592
E1通过UFI认证的场馆数量/个	0.870	0.130	0.801
E2城市会议型酒店数量/个	0.819	0.181	1.112
E3大型体育场馆数量/个	0.915	0.085	0.524
F1境内办展主体数量/个	0.737	0.263	1.622
F1境外办展主体数量/个	0.218	0.782	4.815
F1当地上市会展公司数量/个	0.640	0.360	2.218
F2全年办展数量/场	0.832	0.168	1.033
F2全年办展总面积/万平方米	0.786	0.214	1.319
F2线上展览数量/场	0.817	0.183	1.128
F2单场展览面积3万平方米以上展览数量/场	0.740	0.260	1.601
F2单场展览面积10万平方米以上展览数量/场	0.696	0.304	1.874
F2城市展览规模TOP100展览项目数量/场	0.688	0.312	1.919
F2城市展览项目按行业细分列入一类TOP3数量/场	0.686	0.314	1.932
F3城市举办会议总数量/场	0.788	0.212	1.308
F3城市举办流动性会议数量/场	0.738	0.262	1.611
G1全年进出口总额/亿元	0.733	0.267	1.647

续表

具体指标	信息熵值 e	信息效用值 d	权重/(%)
G1 新批外资企业数量/个	0.722	0.278	1.709
G1 实际利用外商直接投资总额/亿美元	0.814	0.186	1.143
G2 城市使领馆数量/个	0.545	0.455	2.801
G2 国际友好（交流）城市数量/个	0.929	0.071	0.437
G3 UFI 会员数量/个	0.837	0.163	1.004
G3 国际认证（UFI）展会项目数量/个	0.776	0.224	1.382
G3 IAEE 会员数量/个	0.751	0.249	1.536
G3 国际展览企业在当地举办一二类行业展览项目TOP3数量/场	0.596	0.404	2.489
G3 出境自主办展数量/场	0.487	0.513	3.158
G3 出境自主办展面积/万平方米	0.478	0.522	3.211
G4 举办国际会议数量/场	0.867	0.133	0.818
G4 拥有 ICCA 会员数量/个	0.916	0.084	0.516
T1 城市会展业管理部门、民间社团、研究机构数量/个	0.913	0.087	0.535
T2 开设本科会展专业的高等院校数量/个	0.863	0.137	0.842
T2 开设专科会展专业的高等院校数量/个	0.889	0.111	0.683
T2 开设会展相关专业的高等院校数量/个	0.879	0.121	0.743
T2 开设会展专业硕士点的高等院校数量/个	0.687	0.313	1.929
T3 会展专业在校生数量/个	0.781	0.219	1.347
T3 会展专业待毕业生数量/个	0.790	0.210	1.293
T3 "双一流"大学数量/个	0.783	0.217	1.336
T4 两院院士数量/人	0.606	0.394	2.428
T5 高新技术企业数量/个	0.818	0.182	1.118

续表

具体指标	信息熵值 e	信息效用值 d	权重/(%)
T5全年专利授权量/件	0.901	0.099	0.607

2.建设指数综合排序

样本城市国际会展之都建设指数综合排序见表5-11。

表5-11 样本城市国际会展之都建设指数综合排序

城市	正理想解距离(D^+)	负理想解距离(D^-)	综合得分指数(C)	排序
上海	0.5332	0.7558	0.5863	1
北京	0.6057	0.6273	0.5088	2
广州	0.6854	0.4518	0.3973	3
深圳	0.7549	0.4640	0.3807	4
成都	0.8002	0.4167	0.3424	6
杭州	0.7807	0.4248	0.3524	5
武汉	0.8817	0.2390	0.2132	8
南京	0.8838	0.2688	0.2332	7
西安	0.9276	0.1543	0.1426	10
郑州	0.9328	0.1943	0.1724	9

根据2021年的数据测算结果（见表5-11），上海（0.5863）、北京（0.5088）这两个城市是国际会展之都建设进程较快、离建成国际会展之都的目标较近，以及在国际会展之都建设方面更具优势的城市。这两个城市也分别是国内会展业发展排名第一、第二的城市，位列国际会展之都建设第一梯队，是建设国际会展之都的"领头羊"。广州（0.3973）、深圳（0.3807）、杭州（0.3524）、成都（0.3424）位列第二梯队，紧随上海与北京建设国际会展之都的步伐，但与其仍有一定差距。南京（0.2332）、武汉（0.2132）位列第三梯

队,郑州(0.1724)、西安(0.1426)位列第四梯队,这4个城市在多数指标上与其他城市国际会展之都建设相比,仍存在较大差距,拥有较大的提升空间。

(二)各样本城市六大功能层建设指数对比

对各样本城市的六大功能层进行分析,北京和上海相对比较稳定,在各功能层的建设指数上均居于第一梯队,广州和深圳的建设指数排名有上下浮动,但基本也居于第二梯队,其他各城市的发展水平与整体发展水平还存在差异性,排序有一定浮动。

1.各样本城市经济综合竞争力对比

1)具体指标的权重计算

样本城市经济综合竞争力建设权重见表5-12。

表5-12 样本城市经济综合竞争力建设权重计算

具体指标	信息熵值e	信息效用值d	权重/(%)
C1地区生产总值/亿元	0.844	0.156	10.929
C1地区生产总值增长率/(%)	0.903	0.097	6.835
C1人均地区生产总值/万元	0.892	0.108	7.586
C1全年社会消费品零售总额/亿元	0.825	0.175	12.302
C1年末常住人口数量/万人	0.886	0.114	8.008
C1城镇化率/(%)	0.814	0.186	13.084
C1城镇居民人均可支配收入/元	0.873	0.127	8.910
C1城镇居民人均生活消费支出/元	0.864	0.136	9.520
C2第三产业增加值/亿元	0.720	0.280	13.206
C2第三产业占比/(%)	0.863	0.137	9.620

2)第一功能层建设指数排序

样本城市经济综合竞争力建设指数排序见表5-13。

表5-13 样本城市经济综合竞争力建设指数排序

城市	正理想解距离（D^+）	负理想解距离（D^-）	综合得分指数（C）	排序
上海	0.2556	0.8743	0.7737	1
北京	0.2796	0.8338	0.7488	2
广州	0.4640	0.5890	0.5593	4
深圳	0.4795	0.6523	0.5763	3
成都	0.7492	0.3380	0.3108	8
杭州	0.6705	0.4271	0.3891	6
武汉	0.7291	0.3720	0.3378	7
南京	0.6992	0.4501	0.3916	5
西安	0.9574	0.0946	0.0899	9
郑州	0.9533	0.0820	0.0792	10

综合来看，在2021年各样本城市经济综合竞争力水平测评中，上海和北京的经济竞争力位列前两位，其他城市的排序分别是深圳、广州、南京、杭州、武汉、成都、西安、郑州。西安和郑州的经济竞争力在样本城市中属于末尾，有待提高。

3）维度层主要指标分析

首先看各城市的经济活力。各城市的地区生产总值反映该城市的综合生产能力和创造水平以及为国际会展之都建设提供的物质丰厚程度。这一维度层的建设指数排序依次为上海（0.7734）、北京（0.7096）、深圳（0.6358）、广州（0.5660）、南京（0.4415）、杭州（0.4109）、武汉（0.3740）、成都（0.3174）、郑州（0.0895）、郑州（0.0895）。同时，根据各城市公布的2022年地区生产总值数据，按照经济总量从高到低以及在全国的排名依次是上海（44652.8亿元）排名第一、北京（41610.9亿元）排名第二、深圳（32387.7亿元）排名第三、广州（28839.0亿元）排名第四、成都（20817.5亿元）排名第七、武汉（18866.4亿元）排名第八、杭州（18753亿元）排名第九、南京（16907.9亿元）排名第十、郑州（12934.7亿元）排名第十六、西安（11486.5亿元）排名第二十二。除郑州和西安外,其余测评的八个城市的经济总量都位居全国前十。值得注意的是,尽管上海和北京的地区生产总值都在4万亿元以上,但上海超过北京3041.9亿元,突显了上海在经济上的明显优势。深圳独处3万亿元档位,广州接近3万亿元,成都跨越2万亿元台阶,武汉实现了对杭州的超越。这些城市都具有较强的经济竞争力,在引领所在区域城市群中具有强劲的带动和辐射作用。然而,郑州和西安两座城市的经济总量虽然突破了万亿元大关,但与其他样本城市相比,经济发展水平还存在较大差距,具有较大的提升空间。根据2022年全球各大城市地区生产总值排名,上海和北京分别位居全球第6位和第7位,城市庞大的经济总量增长为建设国际会展之都提供了雄厚的物质基础。

城市人口数量与经济发展密切相关[①]。新发展的城市人口要素能为社会经济发展提供高质量劳动力资本、创新动能和消费支撑,已成为影响经济发展水平和质量的重要基础变量[②],人口的增长可以带动城市内的消费需求、创新创业活动等,进而促进城市经济的增长和发展。随着城市人口数量的增加,城市规模也会逐渐扩大,从而形成更大的市场规模,吸引更多的投资和企业落户,形成产业聚集效应。反过来,城市经济发展也会影响城市人口数量的增长,城市经济发展必须与城市人口数量的增长相协调,以实现城市经济、社会和环境的和谐发展。

根据对各样本城市2021年末常住人口数量的统计,除南京外,其他城市的人口数量都已突破千万。如果按照城区常住人口数量来分类,上海、北京、深圳、广州、成都、武汉属于超大型城市(城区常住人口1000万以上),西安、杭州、郑州、南京属于特大型城市(城区常住人口500万以上1000万以下)。这些城市的人口数量和人口集聚能力的差异,影响着城市的生产力、消费力、创新力和城市经济的差距。

城镇居民人均可支配收入代表了城市的富裕程度和民富水平,也反映了城市的经济活力和发展速度。与人均地区生产总值不同,城镇居民人均可支配收

[①] 倪鹏飞,徐海东.中国城市竞争力报告No.19[M].北京:中国社会科学出版社,2021.
[②] 贺丹.科学看待人口发展新特征和新机遇[N].人民政协报,2021-5-20.

入更能准确地反映当地居民的生活水平、购买力和消费能力，更有利于刺激城市消费和经济增长。对比2021年城镇居民人均可支配收入可以看出，上海和北京的城镇居民人均可支配收入已超过8万元，广州、深圳、南京的城镇居民人均可支配收入均已超过7万元，杭州接近7万元，其他样本城市的城镇居民人均可支配收入为4万~6万元。结合2022年各城市的城镇居民人均可支配收入数据，各样本城市城镇居民人均可支配收入均有一定增长，上海、北京、杭州、广州、南京五地进入全国城市城镇居民人均可支配收入前十名，其他城市排序依次为深圳、武汉、成都、西安、郑州。从全国范围看，长三角地区的城市城镇居民人均可支配收入较高。这表明上海、北京、杭州、广州等城市具有较强的经济实力，居民消费能力和消费需求也更强，从而带动城市消费需求的增长，进一步促进城市经济发展和产业升级，推动城市经济的结构优化和转型。这也将带动相关产业发展，如商贸会展、餐饮、旅游、文化等服务业，从而创造更多的城市经济效益。同时，当城市举办国内外大型会展和商务活动时，这些城市能够更好地为国内外大型会展和商务活动提供高质量的服务、支持和投入，有利于国际会展之都的建设。

其次，城市服务业发展水平也是影响城市经济综合竞争力的一个关键因素。在经济发展过程中，城市制造业往往是城市经济增长的引擎和主力军。但随着科技进步、经济全球化和消费升级的加速，服务业开始逐渐成为城市经济发展的新动力。服务业是城市地区生产总值的重要组成部分，城市的服务业强大也将促进地区生产总值维持在较高水平。结合2022年城市第三产业增加值，样本城市按照第三产业增加值总量从高到低依次是北京（34894.3亿元）、上海（33097.4亿元）、广州（20611.4亿元）、深圳（19956.2亿元）、成都（13825.0亿元）、杭州（12787.0亿元）、武汉（11674.0亿元）、南京（10522.7亿元）、郑州（7574.5亿元）、西安（7091.37亿元）。总体来看，仅有郑州和西安第三产业增加值未超过万亿水平。同时，参照城市的不同发展阶段，城市之间存在成熟度的差异性。从国际经验来看，一般把城镇化分为三个发展阶段，即起步阶段（城镇化率低于30%）、加速阶段（城镇化率为30%~70%）和成熟阶段（城镇化率超过70%）。在城镇化的不同阶段，产业结构表现出的特点也不同①。据统计数据，这10个样本城市的城镇化率都在70%以上，说明各城市均已处于成熟阶段，城市的产业趋于高端化和服务业化，且正在发挥扩散效应。尤其是北京、上海、广州、深圳、杭州等城市，其产业结构逐渐升级演变为第三产业占主导位置。

根据学者们较为一致的理论研究结果，国际会展之都的建设需要城市的第三产业得到充分发展，其产值至少要占地区生产总值的50%以上。从这条标准来看，各样本城市的第三产业占比均已超过50%。上海、北京、广州这三个城市的第三产业占比已超过70%，说明这些城市的服务业更为发达，城市的经济结构已从过去单纯依赖传统制造业逐渐转向了依靠服务业经济，且制造业与服务业深度融合。

同时，第三产业占比也反映了城市经济的产业结构特征。上海、北京、广州作为中国乃至全球的金融、商贸和文化中心，具有更加多元化和创新化的产业结构。深圳、成都、杭州、武汉、南京、西安等城市的第三产业占比也超过了60%，郑州的第三产业占比接近60%。

2. 各样本城市综合服务能力对比

1) 具体指标的权重计算

样本城市综合服务能力建设权重见表5-14。

表5-14 样本城市综合服务能力建设权重计算

具体指标	信息熵值e	信息效用值d	权重/(%)
S1交通运输业完成年货物周转量/亿吨千米	0.540	0.460	11.104
S1交通运输业完成年货运量/万吨	0.753	0.247	5.960
S1交通运输业完成年旅客周转量/亿人千米	0.857	0.143	3.454
S1交通运输业完成年客运量/万人	0.420	0.580	14.014

---

①倪鹏飞,徐海东.中国城市竞争力报告No.19[M].北京:中国社会科学出版社,2021.

续表

具体指标	信息熵值 e	信息效用值 d	权重/(%)
S1民用机场年货邮吞吐量/万吨	0.738	0.262	6.317
S1民用机场年旅客吞吐量/万人次	0.844	0.156	3.768
S2固定宽带互联网用户数/万户	0.857	0.143	3.459
S2邮电业务总量/亿元	0.842	0.158	3.829
S3城市星级酒店数量/个	0.805	0.195	4.701
S3星级酒店平均出租率/（%）	0.871	0.129	3.107
S3医疗卫生机构总数量/个	0.879	0.121	2.912
S3医疗卫生机构床位数量/万张	0.844	0.156	3.777
S3城市轨道交通运营里程/千米	0.876	0.124	2.989
S3城市博物馆数量/座	0.850	0.150	3.612
S3公共图书馆数量/个	0.098	0.902	21.790
S3国家A级以上旅游景区景点数量/个	0.881	0.119	2.885
S3国家4A级以上旅游景区景点数量/个	0.904	0.096	2.322

2）第二功能层建设指数排序

样本城市综合服务能力建设指数排序见表5-15。

表5-15 样本城市综合服务能力建设指数排序

城市	正理想解距离（D^+）	负理想解距离（D^-）	综合得分指数（C）	排序
上海	0.6346	0.6998	0.5244	1
北京	0.7480	0.5201	0.4101	4
广州	0.7132	0.4303	0.3762	5

续表

城市	正理想解距离（D^+）	负理想解距离（D^-）	综合得分指数（C）	排序
深圳	0.7292	0.5508	0.4303	2
成都	0.7490	0.5236	0.4114	3
杭州	0.8685	0.2284	0.2082	7
武汉	0.8789	0.2428	0.2164	6
南京	0.9197	0.1766	0.1611	9
西安	0.9176	0.1798	0.1638	8
郑州	0.9286	0.1615	0.1481	10

综合来看，2021年各样本城市综合服务能力水平存在差异，个别城市的指标稳定性因受到疫情影响，相较于往年数据有较大浮动。基于2021年的数据，各样本城市的综合服务能力排序依次为上海、深圳、成都、北京、广州、武汉、杭州、西安、南京、郑州。

3）维度层主要指标分析

首先，交通运输能力方面，根据2021年数据，新冠疫情对城市交通运输产生的影响的深度和持续性均超出预期。各样本城市交通运输能力指数排序依次为上海、成都、广州、北京、深圳、武汉、杭州、西安、南京、郑州。在样本城市间的对比中，上海、成都、广州、北京等城市的交通运输能力较强，城市交通运输网络发达，能满足城市国内外大规模会展活动的需要。这不仅夯实了这些城市建设国际会展之都的实力基础，也为促进国际交流和合作创造了坚实的硬件条件，使这些城市具备建设国际会展之都的潜力。西安、南京、郑州的城市交通运输能力则相对较弱，有待进一步提升。

同时，与国内外的知名会展城市对比可知，全球国际航线最为密集的地区主要分布在欧洲。汉诺威、法兰克福等城市的年货运量与年客运量都较大。较好的城市运输能力是保证城市会展活动顺利举行的基本条件。我国航线较多的城市有上海、成都、广州、北京等地。从国内外国际会展城市的全球国际航线数量来看，全球国际航线数量排名前二十的城市主要分布在欧洲，少量分布在美洲和亚洲。其中，伦敦位居首位，其次是巴黎和法兰克福，这些城市为会展业的发展铸造了航空交通优势。中国国际航线数量较多的城市是上海和北京，这两座城市是国内极为重要的国际航空枢纽，其航线以通往发达城市为主。成都位于中西部地区，但其航线数量超过了深圳。

交通运输能力的强弱，决定了物流、供应链和参展商的流通速度，影响城市运输的可达性、可连通性，以及城市内外各个区域之间的紧密程度和便捷性，进而影响城市会展业的效率和经济效益。拥有强大交通运输能力的城市，通常更能吸引国际会展组织者、参展商和观众以及国内外游客。通过提升他们的参展体验以及参展效益，可以增强城市会展业的竞争力和发展潜力。尤其是货邮吞吐量较高的城市，其周边往往聚集了大量的先进制造业和相关产业集群。

其次，信息基础设施建设能力方面，根据2021年的统计数据，样本城市的信息基础设施建设能力指数排序依次是上海、广州、北京、深圳、成都、郑州、杭州、西安、南京、武汉。上海、广州、北京、深圳等地具有较强的信息基础设施建设能力，为智慧会展城市建设以及国际会展之都建设提供了有力支持。为了提升城市管理水平，不少城市提出了智慧城市建设规划，而智慧城市的发展则促进了智慧会展的兴起。我国"十三五"规划就提出要"以智能基础设施、公共服务便利化、社会治理精细化为重点，充分利用现代信息技术和大数据，建设一批新型示范性智慧城市"。2016年于北京召开的中国"新型智慧城市"峰会上，发布了《新空间、新生活、新治理——中国新型智慧城市·蚂蚁模式》白皮书，白皮书指出，科技进步是城市"智慧"的最大驱动力，"互联网＋"正在为城市提升服务打开巨大空间，而基础设施是智慧城市建设的基础。

从全国范围看，除了北京、上海、广州、深圳等城市，南京、武汉、长沙、郑州、成都等区域龙头城市也成为新的增长极。智慧城市的建设依赖于城市底层的基础通信网络建设以及通信网络的宽带和覆盖率。一个城市若在信息基础设施建设方面具备强大能力，将更有利于智慧城市的发展，为城市提高公共服务水平提供充足动力。智慧会展已成为城市会展业发展的必然趋势，也是产业转型升级的必要之举。与传统会展相比，智慧会展最显著的区别就是引入了物联网技术、移动互联网技术以及大数据分析和服务。信息基础设施的建设水平直接影响城市会展业的数字化、网络化和智能化程度，以及城市会展服务的质量和效率，进而影响城市的会展品牌形象和国际竞争力。

最后，公共服务能力方面，城市公共服务能力是城市韧性基础设施建设的重要组成部分，也是城市会展业发展的重要支撑。公共服务能力的高低影响着城市国际会展之都建设的承载力和包容力大小，反映了城市韧性基础设施的建设进程。根据2021年各样本城市的统计数据，各样本城市的公共服务能力指数排序依次是深圳、北京、上海、成都、广州、武汉、杭州、西安、南京、郑州。会展活动的成功举办需要良好的城市环境、完善的基础设施以及高水平的公共服务支持。如果一个城市想要成为国际会展之都，就必须基于人本、安全、绿色、公平、包容和可持续发展的理念，构建高效、安全、便捷的交通运输网络，提供优质的酒店和餐饮服务，建设强大的医疗卫生体系，拥有较为丰富的旅游资源。这样城市在举办会展活动时才能够抵御各种不确定性风险，保持城市的抵抗力、适应力和恢复力，从而有效提升城市在应对和防范会展活动风险时的能力和水平。

深圳、北京、上海、成都等地具有较强的公共服务能力，在举办国内外大型会展活动时可提供良好的基础设施、服务保障和会展体验。星级酒店作为城市服务业的重要组成部分，是考验城市会展活动接待设施水平的重要标志，其设施、产品、服务是提升会展体验的关键环节，对地区会展业发展起到重要的支撑作用。根据交通运输部2022年中国城市轨道交通运营里程统计，上海、北京、广州、深圳、成都、杭州以及武汉等城市轨道交通运营里程均已超过500千米，而南京、西安、郑州等城市还没有实现500千米的突破。城市轨道交通的建设和运营可以减少交通拥堵和交通事故的发生，提高城市居民以及会展活动参与者的出行效率和舒适度。

3. 各样本城市会展载体专业服务能力对比

1) 具体指标的权重计算

样本城市会展载体专业服务能力建设权重见表5-16。

表5-16 样本城市会展载体专业服务能力建设权重计算

具体指标	信息熵值 e	信息效用值 d	权重/(%)
E1城市专业会展场馆数量/个	0.858	0.142	10.778
E1城市室内可供展览总面积/万平方米	0.842	0.158	12.010
E1城市单个场馆室内可供展览面积超过10万方平米的场馆数量/个	0.802	0.198	15.071
E1城市单个场馆室内可供展览面积超过20万方平米的场馆数量/个	0.579	0.421	32.026
E1通过UFI认证的场馆数量/个	0.870	0.130	9.901
E2城市会议型酒店数量/个	0.819	0.181	13.74
E3大型体育场馆数量/个	0.915	0.085	6.474

2) 第三功能层建设指数排序

样本城市会展载体专业服务能力建设指数排序见表5-17。

表5-17 样本城市会展载体专业服务能力建设指数排序

城市	正理想解距离（D^+）	负理想解距离（D^-）	综合得分指数（C）	排序
上海	0.0848	0.9817	0.9204	1
北京	0.6940	0.5430	0.4389	2
广州	0.6005	0.4343	0.4197	3
深圳	0.6360	0.4527	0.4158	4
成都	0.6818	0.4065	0.3735	5
杭州	0.8485	0.2848	0.2513	6
武汉	0.8258	0.2725	0.2481	7

续表

城市	正理想解距离（D$^+$）	负理想解距离（D$^-$）	综合得分指数（C）	排序
南京	0.8372	0.2322	0.2171	8
西安	0.9198	0.1446	0.1358	9
郑州	0.9485	0.1155	0.1085	10

综合来看，2021年各样本城市会展载体专业服务能力的差异较大。上海最高，居于第一位，远高于北京、广州、深圳，更高于成都、杭州、武汉、南京、西安、郑州等城市，说明上海城市会展载体对城市会展业的支撑力最强。

3）维度层主要指标分析

首先，专业会展场馆方面，作为拉动城市会展经济发展的"火车头"，会展场馆在城市会展业发展和国际会展之都建设中发挥着重要作用。依据各样本城市2021年的数据，各城市专业会展场馆建设指数排序依次是上海、深圳、广州、成都、北京、杭州、武汉、南京、西安、郑州。可将国内专业会展场馆情况与国外已建成国际会展之都的城市会展场馆情况进行对比。例如，法兰克福展览中心是欧洲重要的展览中心之一，每年举办超过百余场国际性展览和会议，包括法兰克福国际汽车展、法兰克福书展、欧洲航空航天展等。该展览中心具有先进的展览设施和完善的服务设施，吸引了来自全球的企业和机构前来展示和推广产品与服务。

国际会展之都通常拥有大型会展设施与较强的会展接待服务能力，并且一般要求城市室内可供展览总面积超过20万平方米。根据这一标准，上海场馆室内可供展览总面积达到97.7万平方米，位居第一，深圳以60.5万平方米位居第二，广州以54.2万平方米位居第三（见表5-18）。这些城市已具备建设国际会展之都的要求，拥有现代化、国际化和智能化的场馆设施和设备，具备举办和承接国内外会展活动的能力。除南京和郑州外，其他城市的场馆室内可供展览总面积均超过20万平方米。郑州位于样本城市最末尾的位置，郑州场馆室内可供展览总面积不足10万平方米。在单个场馆室内可供展览面积超过20万平方米的城市中，深圳国际会展中心以50.0万平方米位居全国展览场馆首位，上海国家会展中心以40.0万平方米位居第二，中国进出口商品交易会展馆以33.8万平方米位居第三（见表5-19）。

表5-18　2021年各样本城市的场馆情况

城市	城市会展专业场馆数量/个	城市室内可供展览总面积/万平方米	城市单个场馆室内可供展览面积超过10万平方米的场馆数量/个	城市单个场馆室内可供展览面积超过20万平方米的场馆数量/个	通过UFI认证的场馆数量/个
上海	9	97.7	3	2	5
北京	9	35.2	1	0	3
广州	5	54.2	1	1	1
深圳	2	60.5	2	1	1
成都	3	32.5	2	1	1
杭州	7	29.9	0	0	1
武汉	4	22.0	1	0	2
南京	2	15.2	1	0	2
西安	4	24.0	0	0	0
郑州	2	8.8	0	0	1

数据来源：中国会展经济研究会《2021年度中国展览数据统计报告》。

表5-19　2021年各城市室内可供展览面积1万平方米以上展览场馆情况

（单位：万平方米）

城市	室内展览面积大于20万平方米的场馆	室内展览面积大于10万平方米的场馆	室内展览面积小于10万平方米的场馆
上海	上海国家会展中心（40.0）、上海新国际博览中心（20.0）	上海世贸商城展览馆（19.0）	上海世博展览馆（8.0）、上海光大会展中心（3.4）、上海展览中心（3.0）、上海跨国采购会展中心（1.6）、上海汽车会展中心（1.5）、上海国际展览中心（1.2）

续表

城市	室内展览面积大于20万平方米的场馆	室内展览面积大于10万平方米的场馆	室内展览面积小于10万平方米的场馆
北京	—	中国国际展览中心新馆（10.0）	中国国际展览中心老馆（6.0）、北京世园会展馆（4.5）、北京国际会议中心（4.2）、北京亦创国际会展中心（3.5）、北京全国农业展览馆（2.1）、中国国贸国际会展中心（2.0）、金海湖国际会展中心（1.4）、北京雁栖湖国际会展中心（1.5）
广州	中国进出口商品交易会展馆（33.8）	—	广州国际采购中心展馆（7.9）、广州市保利世贸博览馆（7.8）、南丰国际会展中心（2.5）、广州东宝国际展览中心（2.2）
深圳	深圳国际会展中心（50.0）	深圳会展中心（10.5）	—
成都	中国西部国际博览城国际展览中心（20.0）	成都世纪城新国际会展中心（11）	成都非遗博览园展馆（1.5）
杭州	—	—	杭州国际博览中心（8.8）、杭州白马湖国际会展中心（6.5）、杭州市国际会议展览中心（6.0）、杭州和平国际会展会展中心（3.3）、新农都会展中心（2.5）、杭州海外海国际会议展览中心（1.5）、浙江世贸国际展览中心（1.3）
武汉	—	武汉国际博览中心（15.0）	中国（武汉）文化博览中心（2.5）、武汉国际会展中心（2.4）、武汉光谷科技会展中心（2.1）
南京	—	南京国际博览中心（11.0）	南京国际展览中心（4.2）

续表

城市	室内展览面积大于20万平方米的场馆	室内展览面积大于10万平方米的场馆	室内展览面积小于10万平方米的场馆
西安	—	—	西安曲江国际会展中心（7.6）、曲江国际会议中心（7.4）、西安丝路国际会展中心一期（7.0）、西安绿地笔克国际会展中心（2.0）
郑州	—	—	郑州国际会展中心（6.5）、中原国际博览中心（2.3）

数据来源：中国会展经济研究会《2021年度中国展览数据统计报告》。

目前，武汉天河国际会展中心正在建设中，预计室内可供展览面积达45万平方米，位列全球已披露的室内净展面积第一。该项目的规划与建设对标的是拉斯维加斯会展中心、上海国家会展中心等世界会展场馆。该会展中心可以集展览、会议、演艺及赛事于一体，建成后将成为中部最大以及全国前三的会展中心，并将成为武汉会展业的新标杆以及世界级的会展新高地。该会展中心的建成将助力武汉会展产业的新发展格局，是武汉会展业发展的又一里程碑，将加速武汉打造国际会展之都的步伐。

此外，其他城市也在建设大型会展中心。例如，杭州大会展中心（一期）预计室内可供展览面积达30万平方米，郑州新国际会展中心预计室内可供展览面积为18万平方米，西安丝路国际会展中心（二期）预计室内可供展览面积为5万平方米。这些新的会展中心项目的建设将为各城市的会展业提供更大的空间和更多的设施，有助于吸引更多的会展活动举办，并进一步提升城市的会展业影响力。

其次，会议型酒店的服务能力方面，城市会议型酒店是建设国际会展之都的重要组成部分，是举办会议和商务活动的重要场所。根据我国会议蓝皮书的统计，我国在会议型酒店举办会议的比例始终在80%左右。在进行会议型酒店的数据收集时，鉴于统计口径的差异性，本研究中使用的数据由文化和旅游部统计的城市五星级以上酒店数据替代得出。在该维度层建设指数的对比中，上海、北京等地的会议型酒店的基础设施能力更突出。国际大会及会议协会

(ICCA)发布的《2022全球会议目的地竞争力指数报告》,从目的地整体环境竞争力、会议配套支撑竞争力、会议专业竞争力与会议形象感知竞争力四大维度入手,衡量150个城市的全球会议目的地竞争力发展状况与发展潜力。尤其在会议配套支撑竞争力这一维度中,需要考量会议场馆的数量、规模、设施、组织、管理以及服务能力等因素。在这方面,北京、上海、成都位列内地城市前三。

最后,城市其他场馆的服务能力方面,这里主要以各样本城市所拥有的大型体育场馆作为评价依据。北京、上海拥有的大型体育场馆数量较多,其他城市均有1~2座,差异性不大。按照大会展的概念和范畴,大型体育场馆是城市举办重大体育赛事、节事活动、文艺演出等的重要场所,也是市民体育娱乐活动的主要场所。同时,这些场馆是城市形象的重要组成部分,展示了城市的文化和体育风采。2008年北京奥运会在国家体育场(鸟巢)、国家游泳中心(水立方)、国家速滑馆(冰丝带)、首都体育馆等体育场馆进行,可见北京的大型体育场馆数量较多。

4.各样本城市会展产业融合能力对比

1)具体指标的权重计算

样本城市会展产业融合能力建设权重见表5-20。

表5-20 样本城市会展产业融合能力建设权重计算

具体指标	信息熵值e	信息效用值d	权重/(%)
F1境内办展主体数量/个	0.737	0.263	7.249
F1境外办展主体数量/个	0.218	0.782	21.515
F1当地上市会展公司数量/个	0.640	0.360	9.911
F2全年办展数量/场	0.832	0.168	4.616
F2全年办展总面积/万平方米	0.786	0.214	5.893
F2线上展览数量/场	0.817	0.183	5.040
F2单场展览面积3万平方米以上展览数量/场	0.740	0.260	7.152

续表

具体指标	信息熵值e	信息效用值d	权重/（%）
F2 单场展览面积10万平方米以上展览数量/场	0.696	0.304	8.373
F2 城市展览规模TOP100展览项目数量/场	0.688	0.312	8.576
F2 城市展览项目按行业细分列入一类TOP3数量/场	0.686	0.314	8.632
F3 城市举办会议总数量/场	0.788	0.212	5.845
F3 城市举办流动性会议数量/场	0.738	0.262	7.198

2) 第四功能层建设指数排序

样本城市会展产业融合能力建设指数排序见表5-21。

表5-21　样本城市会展产业融合能力建设指数排序

城市	正理想解距离（D^+）	负理想解距离（D^-）	综合得分指数（C）	排序
上海	0.5832	0.7571	0.5648	1
北京	0.6352	0.4800	0.4304	2
广州	0.7309	0.3935	0.3499	4
深圳	0.8173	0.3046	0.2714	6
成都	0.8928	0.1730	0.1623	7
杭州	0.7456	0.5319	0.4163	3
武汉	0.9369	0.1210	0.1144	9
南京	0.8845	0.3730	0.2966	5
西安	0.9441	0.1275	0.1189	8
郑州	0.9690	0.0598	0.0581	10

各样本城市会展产业融合建设指数，是城市发展会展业和国际会展之都建设的核心指标。在该项指数排名中，上海位居第一，紧随其后的依次是北京、

杭州、广州、南京、深圳、成都、西安、武汉、郑州。上海和北京两地的会展业组展能力、城市展览业和会议业规模和质量较高。在国际会展之都建设中，会展业与城市制造业、新兴产业、商贸业，以及文化、旅游、体育等产业的融合度更高，城市会展业的溢出带动效应更强。会展业只有依托强大的产业和商贸基础才能有更大、更广的发展空间，即城市产业的壮大推动城市会展产业的发展。同时，城市会展业也为城市优势产业发展提供平台，连接资源，搭建会展平台服务体系。因此，加强兴贸促产、产城融合，可以为城市会展业发展带来更多机遇与潜力，提升城市和产业的知名度和影响力。

3) 维度层主要指标分析

首先，城市会展组展能力建设方面，依据各样本城市场馆2021年的数据，在这一维度层中建设指数排序依次为杭州、北京、上海、广州、深圳、南京、武汉、郑州、成都、西安。虽然上海、北京、广州等城市的境内办展主体数量位居前三，远超其他城市，但是杭州基于当年境外办展主体数量上的优势，其组展能力建设指数排在了第一位。纵观国内外知名会展城市的组展主体和组展能力，这些城市通常有全球知名展览公司和众多展会组织者，因而城市会展业具备了较高的会展创新能力、专业水平、服务质量和组织能力，为城市国际会展之都建设做出了巨大贡献。例如，法兰克福的法兰克福展览公司、汉诺威的汉诺威展览公司、杜塞尔多夫的杜塞尔多夫展览公司、科隆的科隆展览公司等展览公司综合实力强、营收高，具有全球的知名度和影响力，其所承办的展会数量、质量以及展览级别通常都较高，为城市产业搭建了广阔的经济贸易平台，助力城市产业走向全球。

其次，城市展览业规模和质量方面，根据各样本城市场馆2021年的数据，上海在该维度层建设指数中的综合得分指数为1，排名第一位。这表明上海在这个维度上的表现最优，具体表现为：城市举办的展览数量、单场展览面积3万平方米以上展会数量、单场展览面积10万平方米以上展会数量、展览规模TOP100展览项目数量以及展览项目按行业细分列入一类TOP3数量均最多（见表5-22），全年办展总面积最大，可与国外知名会展城市展会的规模和质量相媲美。其他城市在该维度层中的建设指数排序依次为广州（0.5019）、深圳（0.4003）、北京（0.2902）、成都（0.2393）、南京（0.1117）、杭州（0.0963）、郑州（0.0685）、武汉（0.0480）、西安（0.0405）。

表5-22 各城市2021年城市展览业规模和质量

城市	办展数量/场	办展总面积/万平方米	线上展览数量/场	单场展览面积3万平方米以上展览数量/场	单场展览面积10万平方米以上展览数量/场	展览规模TOP100展览项目数量/场	展览项目按行业细分列入一类TOP3数量/场
上海	542	1086	126	177	52	33	23
北京	124	533.4	40	73	13	9	6
广州	388	684	90	81	17	13	14
深圳	105	503	51	59	16	14	16
成都	245	427	46	41	7	6	5
杭州	172	137.29	24	26	4	1	0
武汉	100	91.8	6	33	2	1	0
南京	200	163.1	25	21	4	0	1
西安	42	162.1	12	27	2	1	1
郑州	107	168.5	19	36	1	0	0

数据来源：中国会展经济研究会《2021年度中国展览数据统计报告》。

在全国举办的展览项目规模前100名中，排名第一的展览总面积为67.6万平方米，排名第100的展览总面积为11.5万平方米。在展览规模TOP100中，上海举办的展览项目约占三分之一（33场），显示了上海展览业的高综合质量。在广州，第47届中国（广州）国际家具博览会（67.6万平方米）、第130届中国进出口商品交易会（秋季）（40.0万平方米）分别位居全国展览规模第一和第二。在这项测评中，郑州无一展会上榜，对比其他样本城市，郑州的展览项目规模较小。

专业性展览是展览业的核心。根据对展览项目所服务的一类行业细分的30个类别中前三名的举办城市地的统计，上海举办的一类行业展览项目达到23个，城市"产业＋会展"效能凸显。专业性展览通常具有更强的针对性，更容易吸引高质量的专业观众，展会成交额更高，参展效果更好，因此更能反映城市展览行业整体状况。

业内认为城市可按展览业规模来划分，张凡老师在其《展览一线城市 标准几何？》一文中，对展览一线城市的标准进行了探讨。他认为展览一线城市要达到以下标准：一是城市可供展览面积达到40万平方米；二是城市年经贸展览总面积在500万平方米以上；三是城市展览数量在300场以上且展览面积5万平方米以上的大型展会占城市年展览面积总额的三分之一以上；四是城市展会销售价格平均在每平方米1000元左右；五是城市展会主办方超过200家；六是进驻城市的跨国展览公司不少于5家（不含中外合资公司）；七是城市设立会展专业的大专院校在5所以上。北京、上海、广州三座城市基本可以达到这个标准。基于此，将各样本城市大于2万平方米的经贸展展览面积进行分类，对其单场展览面积进行统计。从表5-23中可以看出，上海市展览面积在5万平方米以上的大型展会数量占城市年展览数量的47.7%。

表5-23 各样本城市2021年经贸展单场展览面积大于2万平方米的数量统计

(单位：场)

城市	2万~3万平方米	3万~5万平方米	5万~10万平方米	10万~15万平方米	15万~20万平方米	20万~25万平方米	25万~30万平方米	30万~40万平方米	40万平方米以上	合计
上海	45	71	54	22	16	8	2	2	2	222
北京	34	34	26	10	2	—	1	—	—	107
广州	37	38	26	6	2	3	2	2	2	118
深圳	20	27	16	12	—	2	—	1	1	79
成都	15	16	18	3	2	2	—	—	—	56
杭州	12	11	11	4	—	—	—	—	—	38
武汉	19	18	13	1	1	—	—	—	—	52
南京	20	10	7	4	—	—	—	—	—	41
西安	14	13	12	2	—	—	—	—	—	41
郑州	22	23	12	1	—	—	—	—	—	58

续表

城市	2万~3万平方米	3万~5万平方米	5万~10万平方米	10万~15万平方米	15万~20万平方米	20万~25万平方米	25万~30万平方米	30万~40万平方米	40万平方米以上	合计
合计	238	261	195	65	23	15	5	5	5	812
累计求和	238	499	694	759	782	797	802	807	812	

数据来源：中国国际贸易促进委员会《2021中国展览经济发展报告》。

最后，城市会议业规模和质量方面，该项指标的测评数据来源于中国会议酒店联盟发布的《2021年中国会议统计分析报告》。样本城市中，2021年举办会议数量最多的城市是南京（837场），其次是北京（502场）、杭州（358场）、武汉（336场）、广州（318场）、西安（250场）、上海（133场）。对截至2021年的数据的对比发现，北京是举办会议数量连续9年进入前三的城市，南京是连续11年进入前四的城市，这些城市是中国最重要的会议城市。

5.各样本城市会展国际化建设能力对比

1）具体指标的权重计算

样本城市会展国际化能力建设权重见表5-24。

表5-24 样本城市会展国际化能力建设权重计算

具体指标	信息熵值 e	信息效用值 d	权重/(%)
G1全年进出口总额/亿元	0.733	0.267	7.535
G1新批外资企业数量/个	0.722	0.278	7.822
G1实际利用外商直接投资总额/亿美元	0.814	0.186	5.229
G2城市领事馆数量/个	0.545	0.455	12.821
G2国际友好（交流）城市数量/个	0.929	0.071	1.999
G3 UFI会员数量/个	0.837	0.163	4.593
G3国际认证（UFI）展会项目数量/个	0.776	0.224	6.324

续表

具体指标	信息熵值 e	信息效用值 d	权重/(%)
G3 IAEE 会员数量/个	0.751	0.249	7.03
G3 国际展览企业在当地举办一二类行业展览项目 TOP3 数量/场	0.596	0.404	11.393
G3 城市出境自主办展数量/场	0.487	0.513	14.451
G3 出境自主办展面积/万平方米	0.478	0.522	14.697
G4 举办国际会议数量/场	0.867	0.133	3.743
G4 城市拥有 ICCA 会员数量/个	0.916	0.084	2.362

2) 第五功能层建设指数排序

样本城市会展国际化能力建设指数排序见表5-25。

表5-25 样本城市会展国际化能力建设指数排序

城市	正理想解距离（D^+）	负理想解距离（D^-）	综合得分指数（C）	排序
上海	0.5384	0.7423	0.5795	2
北京	0.4763	0.7789	0.6205	1
广州	0.7152	0.3449	0.3253	5
深圳	0.7209	0.5016	0.4103	3
成都	0.8625	0.3419	0.2839	6
杭州	0.7531	0.4773	0.3879	4
武汉	0.9287	0.2026	0.1790	7
南京	0.9421	0.1569	0.1427	9
西安	0.9261	0.1769	0.1604	8
郑州	0.9837	0.0430	0.0419	10

国际化是城市发展会展业的必然趋势。综合来看，2021年各样本城市会展国际化建设能力指数排序依次是北京、上海、深圳、杭州、广州、成都、武汉、西安、南京、郑州。北京、上海、深圳等城市会展业正在"走出去""链接世界"，适应我国推进高水平对外开放以及培育国际化竞争新优势的要求，加强与国际各国城市的经贸合作，推动会展国际化发展。具体体现在，这些城市会展业加强与国际知名展览公司和专业机构的合作，开展了一系列国际性的展览和会议，为国际品牌和国际投资提供了平台和机会；积极拓展对外经贸合作，与各国的城市、企业和机构开展合作，推动了各方之间的经济和文化交流，为城市会展业在国际市场上的竞争提供了有力支持。

3）维度层主要指标分析

第一，城市对外经济方面，在该维度层中各城市对外经济建设指数排序依次为上海（1）、深圳（0.6913）、北京（0.5060）、广州（0.3655）、武汉（0.2066）、杭州（0.1394）、西安（0.1066）、成都（0.1062）、南京（0.0707）、郑州（0.0405）。

上海在这一维度上表现出色，具有较高的经贸活动水平和对外开放程度，在国际市场上具有强大的竞争力，经济发展水平也较高，国际影响力显著。上海吸引来自不同国家和地区的企业、机构和人才，从而丰富城市的文化内涵，提高城市的国际化程度。尤其是新批外资企业的大量进入，不仅可以为上海带来新的投资和技术，还可以为上海的国际交流和贸易合作提供平台，促进城市会展业的国际化发展。外资企业通常拥有丰富的国际资源和渠道，能助推城市产业建圈强链，为城市会展业的国际交流和合作提供支持和保障。城市会展业可借助外资企业的资源和平台，拓展会展国际市场，提升会展国际化水平，有利于早日实现国际会展之都建设目标。

第二，城市对外交流方面，城市使领馆和国际友好（交流）城市是城市对外交流的重要桥梁。该项数据来源于10个城市政府官方网站、权威媒体相关报道以及中国国际友好城市联合会发布的《友好城市统计手册》等权威渠道。在该维度层中，各城市对外交流建设指数排序依次为北京（1）、上海（0.4747）、广州（0.4423）、武汉（0.2817）、西安（0.2583）、南京（0.2418）、杭州（0.2206）、深圳（0.1496）、成都（0.0854）、郑州（0.0834）。

北京的城市对外交流水平较高。通过加强与国际组织、政府、企业和行业协会等进行交流和合作，北京获取了更多的市场信息、行业动态和市场需求，获得更多举办国际会议和展览活动的机会，提高了城市的知名度和美誉度，加速城市的国际化进程和影响力提升。2022年，南京在国际友城交流周中推出"LINK南京"国际友城交流云平台，主要聚焦于对外宣传、招商引资、经验分享和政策咨询四大功能，为国际伙伴提供最佳的服务。活动期间，南京市举办了35场系列活动，围绕"产业对接与经贸合作""协同创新与智力合作""人文交流与民心相通""营商环境与城市国际化"四大主题，为国家总体外交和经济社会发展提供全力支持。这些交流活动有助于南京壮大国际"朋友圈"，有效推动文化、经贸、科技等多领域广泛交流与合作。

第三，城市展览业国际化方面，城市展览业国际化是国际会展之都建设的重要引擎，也是重要方向和目标。因2021年受新冠疫情影响，个别城市举办的国际展项目数量以及国际展在全年总展览的占比暂无法进行统计。在该维度层中各城市展览业国际化建设指数排序依次为北京（0.5853）、上海（0.5072）、杭州（0.4705）、深圳（0.3616）、成都（0.3120）、广州（0.2847）、西安（0.0963）、南京（0.0700）、武汉（0.0637）、郑州（0.0241）。

北京、上海两座城市的展览业国际化水平较高，在全球的交流与合作更广泛，国际影响力和竞争力更强，能更好地服务于城市的开放型经济发展。

2021年，北京接待国际展览64场，与2020年相比增长了106.5%，国际展览面积累计234.3万平方米，与2020年相比增长了330.8%，国际展览数量占全年展览总数（124场）的51.6%，显示出北京在国际会展方面具备坚实的基础和较大发展潜力[1]。

按照学者曾燕[2]的观点，国际会展之都的国际展会数量占比应超过30%。根据2019—2021年的数据，上海2019年举办的国际展数量为310场，占全年展览总数（806场）的38.5%；上海2020年举办的国际展数量为181场，占全

---

[1]中国国际贸易促进委员会北京市分会,北京市统计局.北京会展业发展报告（2022）[M].北京:中国商务出版社,2022.

[2]曾燕.成都推进会展国际化的对策研究[J].成都行政学院学报,2019(02).

年展览总数（439场）的41.2%；2021年，受疫情客观原因影响，上海举办的国际展的数量（142场）占全年展览总数（483场）的29.4%，比例有所下降，但非常接近国际展占比30%的标准。综合来看，上海的国际展数量占比已达到国际会展之都的水准要求。由此可见，上海在会展国际化方面成绩显著。

根据中国会展经济研究会的统计，2021年中国境内和境外自主办展共有174个展会项目通过UFI认证。其中，境内通过UFI认证的项目160个，境外通过UFI认证的项目14个。在境内通过UFI认证的项目中，样本城市中，上海（29个）、深圳（18个）两个城市居前两位。

同时，参照国际展览企业在当地举办一二类行业展览项目TOP3数量这项指标的统计，从全国范围来看，在展览所服务的一类行业和二类行业中，2021年国际展览企业举办展览数量分别为15场和52场。虽然整体上国际展览企业在中国境内举办展会的总数相对较少，但是在高质量展会和行业领先的展会中占有绝对优势。国际展览企业在国内办展规模通常比较大。根据对展览规模前100名展览项目的数据统计，国际展览企业举办的展览数量占比为32%，说明国际展览企业在中国会展市场有很大的市场占有率。但是国际展览企业更倾向于在上海（28场）、深圳（19场）、广州（12场）三地举办高质量展会。

作为中西部城市的成都，尽管其会展业的国际化水平不及北京、上海、广州等城市，但相对于同地区的其他城市，成都在会展业国际化方面取得了一定成绩。成都积极与国际会展机构合作，与国际大会及会议协会（ICCA）、国际展览业协会（UFI）、国际展览和项目协会（IAEE）等国际机构建立了深入的合作关系。截至2021年底，成都拥有UFI认证项目13个、会员13家、认证场馆2个，在内地城市中排名第五；ICCA会员11个，在内地城市中排名第一；IAEE会员8个，在内地城市中排名第二；国际合作驻馆展会项目21个，国际领先知名会展企业6家。成都与会展国际组织也保持密切联系，首次推荐并促成两名成都会展行业代表人士担任IAEE中国区委员会委员，积极参与会展国际组织工作，提升了国际话语权。成都还积极构建会展市场主体和项目国际化体系，制定了《成都市会展国际化工作实施方案》，明确以招引展会企业和项目目标为重点，与杜塞尔多夫展览集团、科诺莱恩会展集团、东浩兰生（集团）有限公司等210家国内外知名会展主办单位进行了合作对接，积极推动英国塔苏斯会展集团、意大利博罗那展览集团在蓉设立分支机构①。

第四，城市会议业国际化方面，由于新冠疫情的影响，2021年国际会议数量数据存在不符合发展规律的现象。因此，我们在收集2021年举办的国际会议数量相关资料时，采用了2019年ICCA的统计结果进行分析。该项数据可以更好地反映全球范围内城市会议目的地的相关表现。在该维度层中各样本城市会议业国际化建设指数排序依次为北京（1）、上海（0.8744）、成都（0.5551）、深圳（0.4482）、杭州（0.3739）、西安（0.3576）、武汉（0.3524）、南京（0.3448）、广州（0.2351）、郑州（0）。

根据2019年中国举办的539场国际会议统计数据，举办国际会议数量超过10场的城市有13个，其中排名前十的有北京、上海、成都、西安、南京、深圳、广州、武汉等城市。这些城市是中国举办国际会议较集中的地区。本研究同时参考了中国会议酒店联盟发布的《中国会议统计分析报告》中关于各城市2019年（疫情前）举办国际会议数量的统计数据。在这项指标测评中，北京和上海连续10年位居前两位，成为举办国际会议的热门选择，体现了这两座城市在国际会议领域的优势。此外，南京也连续10年进入我国举办国际会议数量前十名城市之列。这一成就得益于这些城市政府的大力支持，以及完善的会议设施、雄厚的产业基础、便捷的交通优势、丰富的旅游资源，以及浓厚的社会、文化、经济、科技资源。参照ICCA2019年公布的数据，样本城市中进入举办国际会议数量前十名的城市有北京、上海、杭州、成都、西安、南京、深圳、广州、武汉，而郑州在该排名中并未出现。

2022年12月，ICCA发布《2022全球会议目的地竞争力指数报告》，该报告围绕会议目的地整体环境竞争力、会议目的地配套支撑竞争力、会议目的地专业竞争力与会议目的地形象感知竞争力四大维度对全球150个城市展开评估与分析。报告显示，维也纳、新加坡、伦敦、巴塞罗那、首尔与里斯本位列全球会议目的地第一梯队。排名前五的中国城市是台北（全球排名13）、北京（全球排名18）、上海（全球排名19）、香港（全球排名23）与成都（全球排名

---

①资料来源：中国国际贸易促进委员会《2021中国展览经济发展报告》。

48)。其他样本城市中，杭州（全球排名52）、广州（全球排名53）、深圳（全球排名59）、南京（全球排名第74）、西安（全球排名91）、武汉（全球排名112）也榜上有名。然而，郑州未在榜单。

综上所述，北京、上海、成都等地举办世界级大型专业会议的实力较强。这些城市的国际会议规模、质量和专业化水平都得到了显著提升，并且对城市国际化水平与经济效益产生了显著的拉动作用。

6.各样本城市科技创新能力对比

1) 具体指标的权重计算

样本城市科技创新能力权重见表5-26。

表5-26 样本城市科技创新能力权重计算

具体指标	信息熵值e	信息效用值d	权重/(%)
T1城市会展业管理部门、民间社团、研究机构数量/个	0.913	0.087	4.162
T2开设本科会展专业的高等院校数量/个	0.863	0.137	6.547
T2开设专科会展专业的高等院校数量/个	0.889	0.111	5.314
T2开设会展相关专业的高等院校数量/个	0.879	0.121	5.776
T2开设会展专业硕士点的高等院校数量/个	0.687	0.313	15.001
T3会展专业在校生数量/个	0.781	0.219	10.472
T3会展专业待毕业生数量/个	0.790	0.210	10.052
T3"双一流"大学数量/个	0.783	0.217	10.389
T4两院院士数量/人	0.606	0.394	18.88
T5高新技术企业数量/个	0.818	0.182	8.691
T5全年专利授权量/件	0.901	0.099	4.717

2）第六功能层建设指数排序

样本城市科技创新能力建设指数排序见表5-27。

表5-27　样本城市科技创新能力建设指数排序

城市	正理想解距离（D^+）	负理想解距离（D^-）	综合得分指数（C）	排序
上海	0.4804	0.6861	0.5881	1
北京	0.5044	0.7063	0.5833	2
广州	0.7020	0.5319	0.4310	4
深圳	0.9267	0.2827	0.2337	8
成都	0.6957	0.6148	0.4691	3
杭州	0.7059	0.4978	0.4135	5
武汉	0.8217	0.3042	0.2702	7
南京	0.8374	0.2125	0.2024	9
西安	0.9009	0.1426	0.1367	10
郑州	0.7393	0.4686	0.3879	6

综合来看，各样本城市科技创新能力建设指数排序依次是上海、北京、成都、广州、杭州、郑州、武汉、深圳、南京、西安。上海、北京等城市具备完善的科技创新体系，包括高水平的大学、研究机构、创新孵化器等，不仅有利于企业加大研发投入和创新力度，而且吸引了更多的高新技术企业和人才落户，形成了良性循环。

3）维度层主要指标分析

第一，城市会展主管部门方面，根据2021年的统计数据，广州、杭州的会展业管理部门、民间社团、研究机构的总数量均超过10个，北京和上海各拥有9个，成都、郑州各拥有8个，武汉7个，西安6个，南京6个。在城市发展会展业以及国际会展之都建设中，政府相关机构和部门发挥着至关重要的作用。在城市层面，统一领导、管理和顶层设计是推动城市会展业发展和实现国际会展之都建设制度化的关键。各城市在"十四五"规划中，均提到会展业发展的相关内容,强调了城市会展业在城市经济中的重要作用,并对国际会展之都建设进行了系统规划。

在这项指标测评中,秉持"大会展"理念发展会展业,需要城市政府跨部门整合相关资源,营造有利的发展环境,并提供必要的公共服务。设立会展业的行政主管机构已成为国内外许多城市政府促进会展业发展的有效策略。这些机构强化了专业管理职能,优化了公共服务。举例来说,成都市政府早在1987年就设立了商品交易办公室,专门负责"糖酒会"的引进与对口服务工作。2003年,商品交易办公室更名为成都市会展业发展办公室,并与市贸促会合署办公,共同推动会展业发展。成都是全国第一个成立也是目前唯一一个保留博览局的副省级城市,博览局发挥政府职能部门作用,坚持从实际出发,牢固树立市场主体意识,尊重市场规律,强化专业引导,自成立以来不断优化提升会展产业对城市发展的驱动能力与会展产业组织协调管理能力,形成了一站式、专业化、人性化、标准化的国际会展服务"成都模式"。

第二,城市开设会展专业高校数量与城市会展人才支撑方面,人力资源是第一资源,城市之间会展业竞争的实质也是会展人才的竞争。

在各样本城市中,上海、广州等地设置本科和专科会展专业的高等院校数量较多,为城市会展业的发展和国际会展之都建设提供了充足的人才储备。这些城市依托高校开展会展复合型人才综合素养和专业技能的培养,为行业输送高素质人才,以满足会展行业需求,为行业不断输入新鲜的活力,提升会展专业化服务水平,带动会展行业发展。建设国际会展之都需要高素质、专业化以及具有国际视野的人才支撑,只有拥有高水平、多元化、创新性的人才队伍,才能促进城市会展业的国际化、专业化和标准化发展,增强国际会展之都建设的核心竞争力和影响力。尤其"双一流"大学不仅可以为人才提供支持,也可以吸引人才落户城市。

第三,城市高层次人才汇聚和产业创新成果方面,北京的两院院士数量最多,高新技术企业数量也最多。"人随产业走,人往高处走",北京、上海等地的经济越繁荣,产业越兴盛,越能在激烈的人才竞争中保持着强劲的人才吸引力。高层次人才的汇聚为城市产业提供智力支持,不仅有助于推进城市高质量发展,还有助于产业从中低端向中高端转化,实现以人才集群衍生产业集群,瞄准优势细分领域产业，实现"会展搭台，产业唱戏"的新局面。这有利于城市引会引展，吸引产业链上下游企业落户，为城市凝聚更多资源，壮大会展规模，提升会展品质。此外，深圳也全面实施创新驱动发展战略，市场主体发明创新活跃，其2021年的专利授权量超越北京领跑全国城市，为城市创新驱动发展持续注入新动能。

根据智联招聘发布的《中国城市人才吸引力排名：2022》，各样本城市的排名依次是北京、上海、深圳、广州、杭州、成都、南京、武汉、西安、郑州。除了西安和郑州两座城市外，其他样本城市人才吸引力指数都位于前10行列，在人才吸引方面表现出色。城市高层次人才的流向取决于城市的经济模式、产业结构以及城市综合实力。从2017年至2021年人才净流入占比数据来看，"高精尖缺"人才不断流向杭州，其人才的净流入占比始终为正且逐年攀升；成都得益于经济发展活跃以及创新产业发达，人才净流入呈现出由负转正的趋势；南京得益于高技术产业发展迅速，人才净流入始终为正且较为稳定；武汉因"学子留汉"政策实施效果较好，落户门槛宽松，人才净流入占比呈现上升趋势。

四、国际会展之都建设经验

借鉴国际范例，如法兰克福、汉诺威、拉斯维加斯、巴黎、杜塞尔多夫、科隆、米兰、慕尼黑等全球一流的国际会展之都，同时对国内不同阶段的国际会展之都，如北京、上海、广州、深圳、成都、杭州、南京、武汉、西安等进行综合测评和对比研究，发现这些城市在国际会展之都的建设与发展过程中具有一些共性特征和建设经验，对于郑州以及其他城市建设国际会展之都具有启发与借鉴作用。

（一）城市拥有雄厚的经济总量

已成为国际会展之都的城市都属于世界城市或世界上较大的城市经济体。这些城市的综合经济实力雄厚，对所在区域乃至世界的经济产生重要影响，其庞大的经济体量通常与城市内高附加值、高技术的高端产业以及在产业和职能分工基础上形成的聚集优势相对应。国际会展之都通常位于世界经济中心,融入发达的世界经济网络,吸引大量跨国企业总部、金融机构和人才资源。这些城市是全球贸易和商业活动的重要枢纽,贸易总量较高。例如,德国的法兰克福是欧洲重要的金融中心之一,许多国际知名的银行和金融机构都在法兰克福设有总部或分支机构。法兰克福的经济总量庞大,产业结构多元,主要以金融、物流、信息技术和服务业为主,这些产业在德国和欧洲其他国家的经济中都占有重要地位,为法兰克福的经济和社会发展做出了巨大的贡献。

(二）城市有发达且优良的产业基础

这些城市产业基础雄厚,产业结构高端,城市产业链完整,为国际会展之都建设提供了雄厚的产业支撑。会展业在城市经济的发展中与城市产业紧密融合,形成了"产业＋会展"模式。会展业作为城市经济发展的支柱产业或主导产业,在城市经济发展中发挥着重要引领和辐射带动作用。例如,汉诺威以其高度发达的制造业为基础,聚集了德国汽车、机械和电子等领域的产业中心。该城市每年都会举办的汉诺威工业博览会,是世界领先的工业技术展,被视为连接全球技术领域和商业领域的重要国际活动,被誉为世界工业贸易的"晴雨表"和全球工业技术发展的风向标,对国际参展商和观众具有极强的号召力。

在信息产业领域,汉诺威基于其丰富的资源,每年春季举办汉诺威国际信息及通信技术博览会。该展会以信息技术和信息工程为主题,已发展成为全世界最大的信息技术展览,展览净面积已经超过40万平方米。

德国的杜塞尔多夫是另一典型案例,其主要产业涵盖化工、机械制造、服务业和文化创意产业等领域。其中,化工产业是杜塞尔多夫的主导产业之一。该城市拥有众多的化工企业和研究机构,为城市经济发展做出了巨大的贡献。此外,杜塞尔多夫还拥有许多制造企业,机械制造业同样是该城市的重要产业之一,这些企业在全球范围内具有很大的影响力。

(三）城市是重要的交通枢纽

通过对比研究发现,这些已建设成国际会展之都的城市都是世界交通的重要枢纽。它们往往位于航空等运输网络的重要节点，担任洲际或区域性交通枢纽，为满足日益增长的商业交易和需求，逐步提升贸易与客货运输，实现了与世界各国的深入经贸往来和交流。例如，德国汉诺威地处德国中北部，位于莱茵河和易北河之间，不仅是德国交通体系的中心，还是欧洲交通的重要枢纽。汉诺威毗邻德国其他城市及欧洲其他国家，其先进的铁路系统确保了与德国境内外各城市的高效连接。汉诺威机场作为德国较大的机场之一，紧密联系着世界各地的航空交通网络，为汉诺威的国际和国内参展商提供了便捷快速的交通方式，使他们能够轻松抵达城市和会场，并在展览期间享受便捷的交通服务。汉诺威卓越的交通优势为其会展业的繁荣发展提供了重要的支持，提高了其在国际会展市场上的竞争力，促进了汉诺威国际会展之都形象和国际影响力的提升。

（四）城市拥有顶流会展领军企业

通过对比可以发现，成为国际会展之都的城市大都拥有层级高、数量多的跨国公司总部，世界500强企业的总部大多集中在这些城市。例如，根据2022年全球城市变迁研究报告，巴黎是欧洲的第一大城市经济体，世界上第六大城市经济体，总共有33家财富世界500强企业的总部设立在巴黎都会区，是欧洲最集中的地区①。北京也是世界500强企业总部数量较多的城市，上海也拥有众多跨国公司以及国内企业总部。

在会展业领域，这些城市拥有世界领先的知名会展企业，如励展、英富曼等，这些企业凭借其成熟的管理体制和丰富的运营经验，组展实力雄厚，在全球范围内拥有丰富资源，在全球会展业中占据主导地位、绝对优势和较高国际影响力，为全球客户提供覆盖各行业、各类型的展览和会议，并提供综合性会展服务。这些企业通过国际化并购或合资等方式实现全球资本扩张，不断拓展会展业务范围，提升专业服务质量，在各国区域内拥有多个分支机构，通过有效收购、兼并或新推高质量展会，满足市场需求，助推全球展览业和会议业发

---

①2022年全球城市变迁研究报告，见http://k.sina.com.cn/article_5386581639_14110b68700100vbiy.html。

展。如今，励展集团大中华区已有多家服务12个专业领域的成员公司及合资企业，广泛分布在京津冀、长三角、珠三角以及其他城市群落，每年举办70多场展会，吸引来自国内外3万多个的参展商和上百万名专业观众参与①。知名的会展企业还包括汉诺威展览公司、杜塞尔多夫展览公司、科隆国际展览有限公司、法兰克福展览有限公司、慕尼黑国际博览集团等，国内有北京首都会展集团、武汉国际会展集团、杭州会展集团等。各城市积极引进和培育国际一流的会展组展主体，支持会展主办单位通过并购重组等方式组建具有国际竞争力的大型会展集团，这也是推进国际会展之都建设的有力手段。

（五）城市内拥有国际知名会展品牌

国内外国际会展之都借助品牌展会营销城市，促进城市国际化发展。这些城市都拥有高品质的品牌化展会项目。国外有汉诺威的工业博览会、法兰克福的国际车展、拉斯维加斯的国际消费类电子产品展览会，这些展会在全球产业展中具有很强的国际号召力和影响力。国内上海、北京、广州等城市的品牌展会在国际上也具有较强的影响力，如上海的中国国际进口博览会、北京的中国国际服务贸易交易会、广州的中国进出口商品交易会、深圳的中国国际高新技术成果交易会。因此，对于正在建设国际会展之都的城市而言，必须打造和培育高水平、高规格、高质量的国际化、品牌化展会，或聚焦引进国内外知名展会到当地举办，在全球形成相关主题产业展会的影响力。

（六）城市拥有世界一流场馆设施

无论是德国的法兰克福、汉诺威，还是中国的上海、北京、广州、深圳，这些知名会展城市都拥有一座或多座室内可供展览面积超过10万平方米甚至20万平方米的超大型场馆。这些场馆设施齐全，服务一流，智慧化水平高，并践行会展绿色化和标准化，如汉诺威展览中心、法兰克福展览中心、深圳国际会展中心、上海国家会展中心等。根据UFI公布的《2022年全球展览场馆

---

① 华西证券研究所：他山之石，深度解析全球会展龙头崛起之路，见 http://field.10jqka.com.cn/20230306/c645287574.shtml。

地图》，德国的汉诺威、法兰克福以及杜塞尔多夫都是知名国际会展之都，其中汉诺威展览中心拥有39.24万平方米的室内可供展览总面积和5.8万平方米的露天空间，位居欧洲第一位。即便如此，汉诺威展览中心还不断投入大量的资金，用于改造和扩建新展览馆。法兰克福展览中心拥有室内可供展览总面积37.20万平方米，室外展厅9万平方米，位居欧洲第二位。杜塞尔多夫场馆拥有室内可供展览总面积26.27万平方米，位居欧洲第六位。

第六章

郑州国际会展之都建设现状与挑战

一、郑州国际会展之都建设现状

在国家中心城市和国际会展之都的建设目标下，郑州市成功跻身国家高质量发展区域增长极城市的行列，在中原城市群以及中部地区崛起中发挥着重要带动作用。郑州市在经济、社会、文化方面取得了显著成就，城市的影响力、辐射力以及国际化水平正在逐步扩大和提升。在会展业方面，郑州坚持"稳增长、重质量、全业态"的发展原则，其会展业综合实力不断增强。

面对错综复杂的外部环境，郑州主要经济指标保持平稳增长，经济总量平稳增长，产业结构不断优化调整，经济增长动能得以增强，整体上保持了良好的发展势头。在新形势、新环境和新格局下，郑州会展业不断孕育新机遇，融入经济社会发展大局。

"十三五"期间，郑州专业展馆共举办规模以上展览1040场，展览总面积1219万平方米，分别较"十二五"增长8.9%和27%，其中展览面积达3万平方米以上的展会数量增长43.9%，经贸类展会占比达62%。总体来看，在这一时期，郑州展览业发展势头强劲，稳步前进的展览项目和持续增长的展览总面积成为促进郑州会展业稳定发展的主要动力。

2020年，受到新冠疫情的影响，郑州会展业积极推进复工复展，从6月10日开始逐步有序地恢复举办展会活动。在扩大内需、促进消费、推进经济内循环等方面，郑州的会展业发挥了显著作用，整体水平在全国范围内处于领先地位。2020年，郑州专业展馆共举办88场展览活动，展览总面积140.1万平方米，参展商约2.5万家，采购商及观众约230万人次，现场成交额约400亿元，拉动社会消费约150亿元，有力促进了经济复苏和社会发展。2021年3月8日，郑州全面复展，成为全国第四个恢复会展活动的城市，复展仅一个月的展览数量和面积已经完全恢复到2019年同期的水平，3月份展馆出租率达到39%，4月份更是高达71%，处于高效、高位运行状态，名列全国前列。2021年，在疫情和"7·20特大暴雨"的双重影响下，全市专业展馆共举办展览107场，展会总面积168.5万平方米，举办国际性展会11场，吸引参展商29247家，采购商及观众324.66万人次，有效带动住宿、餐饮、交通、物流、广告等行业消费约205.31亿元,在建材家居、医疗健康、装备制造、节能环保、农业食品、数字科技等行业展会累计达成意向成交额约565.07亿元,有效推动了灾后重建工作,对促进消费、拉动经济回暖贡献突出[①]。郑州会展业不断得到业界的广泛认可,郑州先后被评为"全国优秀会展城市""中国会展名城""中国最佳会展目的地城市"等,并入选"中国最具竞争力会展城市"和"中国最具办展幸福感城市"。

(一)城市经济综合竞争力

1. 郑州城市经济活力

2011年郑州经济跻身全国前20名以来,城市综合经济实力不断增强,经济稳中向好,稳中提质。"十三五"期间,郑州经济综合实力逐步上升,生产总值年平均增长率达到6.8%,比全国平均水平高出1.1个百分点。2018年,郑州城市综合水平实现重大突破,全市生产总值首破万亿,常住人口破千万,人均生产总值突破10万元,郑州正式跨入超大城市行列。2022年,郑州生产总值为12934.7亿元。2022年是受新冠疫情影响较为严重的一年,郑州全年生产总值仍在逐步递增,位居全国"万亿之城"第16位,省会城市第7位。郑州展现了较好的城市经济韧性和活力,但其生产总值依然低于上海(44652.8亿元)、北京(41610.9亿元)、深圳(32387.68亿元)、广州(28839亿元)、成都(20817.5亿元)、武汉(18866.43亿元)、杭州(18753亿元)、南京(16907.85亿元)等地区,在样本城市中仅高于西安(11486.51亿元)。与位列国际会展之都第一梯队的上海和北京两座城市相比,其地区生产总值是郑州的3倍多。2021年,郑州的全年社会消费品零售总额逐步提升,占全省四分之一,说明其消费需求加快释放,有利于催生城市新型消费和拓展现有消费规模。郑州社会消费品零售总额得到提升,从行业看主要是由于新能源汽车持续热销以及网络消费保持快速增长。根据国际货币基金组织(IMF)公布的数据,2021年世界各国人均GDP的平均数为12517美元,郑州2021年人均GDP(10.01万

---

①2021年郑州会展发展概述,见http://www.zzhzw.net/web/front/news/detail.php?newsid=16553。

人民币）超出世界平均水平。

人口是经济社会活动的基础，通常在大城市和各大都市圈中聚集。数据显示，2022年郑州市常住人口继续增长，总量达到1282.8万人，较2021年末增加了8.6万人。郑州晋升特大城市行列，庞大的人口规模为经济发展提供了动力，也使经济形式更加多样化。人口聚集为城市发展带来经济增长活力，有利于在区域内集聚更多生产要素，从而降低生产成本。城镇化率的持续稳步提高则有利于提升郑州以人为核心的新型城镇化建设水平和经济效益。2017—2021年郑州市地区综合经济实力见表6-1。

表6-1 2017—2021年郑州市地区综合经济实力

	指标	单位	2017年	2018年	2019年	2020年	2021年
城市经济活力	地区生产总值	亿元	9130.2	10143.3	11589.7	12003.0	12691.0
	地区生产总值增长率	%	8.2	8.1	6.5	3.0	4.7
	人均生产总值	元	93143	101349	113139	94911	100092
	全年社会消费品零售总额	亿元	4057.2	4268.1	5324.4	5076.3	5389.2
城市常住人口	年末城市人口数量	万人	998.1	1013.6	1035.2	1261.7	1274.2
	城镇化率	%	72.2	73.4	74.6	78.4	79.1
城镇居民收支	人均可支配收入	元	36050	39042	42087	42887	45246
	人均可支配收入增长率	±（%）	8.5	8.3	7.8	1.9	5.5
	生活消费支出	元	24973	26256	27290	25450	28710
	生活消费支出增长率	±（%）	7.6	5.1	3.9	−6.4	12.8
	恩格尔系数	%	27.8	22.1	23.3	25.0	24.8
城市服务业	第三产业增加值	亿元	4724.1	5545.5	6831.8	7086.6	7470.0
	第三产业在三产业占比	±（%）	51.7	54.7	59.0	59.0	58.9

数据来源：郑州市国民经济和社会发展统计公报。

2022年，郑州全市居民人均可支配收入为41049元，比上年增长3.9%，超过了全国居民人均可支配收入。其中，城镇居民人均可支配收入46287元，增长2.3%；农村居民人均可支配收入28237元，增长5.4%。2022年，全国居民人均生活消费支出为24538元，郑州居民人均生活消费支出为26484元，超出全国人均消费水平。根据2021年数据，与其他建设国际会展之都的城市相比，郑州的城镇率为79.1%，远低于深圳（城镇化率99.8%）、上海（城镇化率89.3%）、北京（城镇化率87.5%）、南京（城镇化率86.9%）、广州（城镇化率86.5）、武汉（城镇化率84.6%）、杭州（83.6%）等城市，也低于成都（城镇化率79.5%）和西安（城镇化率79.5%）等地。造成郑州城镇化率偏低的主要原因是郑州下属的区（县、市）的城镇化水平发展不够均衡，个别区（县、市）的城镇化水平较低，如荥阳市等。

根据中国社会科学院城市与竞争力研究中心发布的《中国城市竞争力报告No.19》，在2021年城市综合经济竞争力排名中，上海、深圳、北京、广州、南京、武汉6座建设国际会展之都的城市进入前10名，杭州排在第11位，成都排在第12位，郑州未进入前20名。整体上，郑州经济运行平稳，在城市经济规模、经济结构等方面具备带动河南省经济发展的潜力、竞争力和物质基础，为郑州建设国家中心城市、国际消费中心城市以及国际会展之都提供了支持，但是与上海、北京、广州、深圳等城市的经济综合实力相比还存在差距。

2. 城市服务业发展水平

根据国际展览业协会(UFI)关于国际会展之都的标准，国际会展之都的服务业比重需占地区生产总值的50%以上。郑州服务业占全市生产总值比重超过了50%，已达到国际会展之都建设标准。郑州持续落实和推进促进服务业发展的各项政策措施，市场消费活跃，新型消费发展迅速。从传统的单一购物消费理念逐渐向集购物、餐饮、文化和娱乐等多元体验消费于一体的商业模式过渡，商圈数量增多、覆盖面变广，消费水平逐年提高。郑州服务业发展规模、质量和效益稳步提升，呈现出发展提速、比重提高、水平提升的良好发展态势，成为城市经济增长的新动能。尽管郑州在服务业发展方面已经取得了显著进展，但与位于国际会展之都建设第一梯队的北京（2021年服务业占比81.67%）与上海（2021年服务业占比73.27%）相比还存在一定差距。

2022年，郑州的三次产业增加值同比都有一定的增长，但第三产业增加值相较于2021年的增长幅度较小，仅有0.2%，对经济增长的贡献率为

14.6%。郑州重点发展金融、物流、商贸、商务会展、科技服务、文化创意旅游、健康产业七大服务业支柱产业，合理布局服务业，着力优化营商环境，创新发展服务业新兴业态，扩大服务消费供给，重点培育特色鲜明、配套完善的服务业集群，实现核心区统领、功能区支撑、点面协同发展的服务业发展格局，为郑州建设国家中心城市、打造国家消费城市以及国际会展之都建设提供重要的服务产业支撑。

3. 城市产业支撑

郑州国际会展之都建设紧密结合当地产业发展，与产业深度融合，依托产业搭建会展平台，初步形成"会展搭台，产业唱戏"的良好模式。郑州坚持"制造强市"战略目标，以创新驱动为引领，以创新激发活力，加速构建现代产业体系，推动制造业转型升级和高质量发展，助力国家先进制造业高地建设，站稳国家队，实现国际化，一大批产业和产品迈出国门，走向世界。郑州明泰铝业、宇通集团、郑煤机集团等多家制造业头部企业在高端制造、智能制造、制造业优化升级等方面不断创新。宇通客车已成为全球最大客车生产企业。截至2022年，宇通客车已在全球累计销售超17万辆新能源客车，新能源客车累计全球销量第一，产品远销至澳大利亚、智利、丹麦、法国、英国等国家和地区。宇通集团的大中型客车在全球市场的占有率超过10%。在2022年卡塔尔举办的世界杯赛中，888辆崭新的宇通纯电动客车一展中国制造风采，这是继2018年俄罗斯世界杯后，顶级绿茵赛事再次锁定宇通客车①。

2021年，郑州市规模以上工业整体增长稳中趋缓，总体运行平稳。第一，规模以上工业增加值同比增长10.4%，占全市生产总值比重达26.8%；工业六大主导产业增加值同比增长13.3%，对全市工业增加值的贡献率高达103%，其中电子信息工业、铝及铝精深加工产业对全市工业的贡献率分别为71.3%、17.1%；高技术制造业增加值同比增长26.5%，高于全市工业平均增速16.1个百分点，贡献率达76.6%；战略性新兴产业增加值同比增长22.1%，高于全市

---

① 建设先进制造业高地，郑州在路上，见 https://www.sohu.com/a/624096886_348738。

工业平均增速11.7个百分点,贡献率达84.8%[①]。第二,从产业类型来看,近五成产业、过半数产品实现增长,汽车及装备制造、电子信息、现代食品制造、生物医药、新型材料以及铝加工制品六大主导产业对经济贡献突出,新兴产业增速加快,部分重点产业高速增长,贡献提高。

整体上,郑州产业结构转型升级速度变快,产业结构也逐渐转向中高端发展,高技术产业保持良好发展势头,战略性新兴产业规模不断扩大,产业能级不断提升,初步形成了以新一代信息技术、新材料、新能源汽车、生物医药、高端装备制造等为先导的战略性新兴产业体系,实现传统产业和新兴产业"双轮驱动"。郑州市工业和信息化局先后出台《郑州市加快传统产业提质发展行动方案》《郑州市加快新兴产业重点培育行动方案》《郑州市加快未来产业谋篇布局行动方案》等指导文件,推动传统产业提质发展、新兴产业重点培育、未来产业谋篇布局,坚定不移锚定制造业高质量发展主攻方向,全面提高郑州制造业竞争优势,着力提升产业基础高级化、产业链现代化水平,加快构建现代产业体系,助力郑州国家先进制造业高地建设和国家中心城市建设。

综上所述,郑州在城市经济活力和城市服务业发展水平方面已有良好的发展基础和经济基础,但要想快速推进国际会展之都建设,仍需进一步提升城市的综合经济实力。郑州产业链虽在不断优化升级,但目前仍以劳动密集型产业为主。

(二)城市综合服务能力

城市综合服务能力是城市营商环境的硬环境指标,是会展业高质量发展的重要保障。根据《中国城市竞争力报告No.19》,郑州在城市营商硬环境竞争力指数排名中居于第29位。与国际会展之都建设第一、二梯队的上海、北京、深圳、广州、杭州、成都、南京等城市相比,郑州的城市营商硬环境竞争力指数相对落后,仅略高于武汉(排名42位)[②]。

[①]2021年郑州市规模以上工业整体运行情况,见https://public.zhengzhou.gov.cn/D1003X/6299783.jhtml。

[②]倪鹏飞,徐海东.中国城市竞争力报告No.19[M].北京:中国社会科学出版社,2021.

1. 交通运输能力

郑州坚定不移巩固提升城市交通枢纽优势,加快形成陆、海、空协同联动发展格局,初步形成现代综合交通集疏网络,有效实现了高铁"2小时经济圈"覆盖4亿人口的生活和消费,航空"2小时经济圈"覆盖全国90%以上的人口和市场。郑州不仅位于我国经济地理的中心区域,更是通往其他国家和城市以及建设"一带一路"的现代综合交通枢纽。加快打造具有国际影响力的交通枢纽经济先行区,不断壮大优势,有助于会展业的各种资源要素在短时间内实现汇聚以及快速中转,从而降低参展商、观众的参会、参展成本。2017—2021年郑州交通业完成货物周转量及其增速、旅客周转量及其增速分别如表6-2、表6-3所示。

表6-2 2017—2021年郑州交通业完成货物周转量及其增速

评价指标	2017年 总值	增速/(%)	2018年 总值	增速/(%)	2019年 总值	增速/(%)	2020年 总值	增速/(%)	2021年 总值	增速/(%)
全年完成货物周转量/亿吨千米	779.2	13.5	864.4	10.1	927.8	8.5	706.2	3.8	821.2	16.0
铁路完成货物周转量/亿吨千米	202.5	14.4	213.8	5.6	222.2	3.9	155.6	−2.3	163.1	4.8
公路完成货物周转量/亿吨千米	558.2	12.8	621.4	11.3	684.3	10.1	530.1	6.0	631.1	19.1
航空完成货物周转量/亿吨千米	18.6	26.0	29.1	17.9	21.3	5.7	20.6	−3.2	26.9	22.1
全年完成货运量/万吨	25130.0	12.7	27630.8	15.8	30426.3	11.5	25818.7	12.0	23177	−10.5
铁路完成货运量/万吨	3034.2	0.9	1290.3	9.8	1363.8	−13.4	1490.3	9.3	1357.0	−10.3

续表

评价指标	2017年 总值	增速/(%)	2018年 总值	增速/(%)	2019年 总值	增速/(%)	2020年 总值	增速/(%)	2021年 总值	增速/(%)
公路完成货运量/万吨	22073.2	14.5	25679.0	16.3	29039.0	13.1	24305.1	12.2	21722.0	−10.6
航空完成货运量/万吨	22.9	19.5	31.5	6.1	23.4	1.4	23.2	−0.9	39.0	60
郑州新郑国际机场全年货邮吞吐量/万吨	50.3	10.1	51.5	2.4	52.2	1.4	63.9	22.5	70.5	10.2
郑欧班列开行数量/班	501	99.6	752	50.1	1000	33.0	1126	12.6	1508	33.9

数据来源：郑州市国民经济和社会发展统计公报。

表6-3 2017—2021郑州交通业完成旅客周转量及其增速

评价指标	2017年 总值	增速/(%)	2018年 总值	增速/(%)	2019年 总值	增速/(%)	2020年 总值	增速/(%)	2021年 总值	增速/(%)
全年完成旅客周转量/亿人千米	329.3	6.0	373.3	13.4	379.8	12.2	192.6	−50.2	213.9	11.1
铁路完成旅客周转量/亿人千米	152.4	11.2	157.1	3.0	162.6	3.5	97.7	−42.3	110.7	13.3
公路完成旅客周转量/亿人千米	104.4	−3.1	97.1	−7.0	90.8	−6.5	24.1	−73.5	36.8	53.2
航空完成旅客周转量/亿人千米	72.4	9.9	87.3	20.6	126.3	49.9	70.8	−44.0	66.3	−6.4

续表

评价指标	2017年 总值	增速/(%)	2018年 总值	增速/(%)	2019年 总值	增速/(%)	2020年 总值	增速/(%)	2021年 总值	增速/(%)
全年完成客运量/万人	14752.3	−10	14829.6	0.5	14841.9	−3.2	7975.9	−46.3	9598.0	20.4
铁路完成客运量/万人	5418.2	10.3	5780.5	6.7	7023.4	8.2	4597.8	−34.5	5188.0	12.8
公路完成客运量/万人	8815.4	−19.9	8236.0	−6.6	7095.0	−13.8	2850.7	−59.8	3942.0	38.3
航空完成客运量/万人	518.7	8.4	813.1	56.7	723.4	19.5	527.4	−27.1	468.0	−10.7
郑州新郑国际机场全年旅客吞吐量/万人次	2429.9	17.0	2733.5	12.5	2912.9	6.6	2140.7	−26.5	1895.5	−11.5

数据来源：郑州市国民经济和社会发展统计公报。

郑州凭借优良的地理位置和综合交通枢纽，天然地具备了发展会展业的区位优势，逐渐受到国内外会展主办方的青睐。根据交通运输部等多部门联合印发的《现代综合交通枢纽体系"十四五"发展规划》，郑州和其他9个样本城市一同被列为重点建设的国际性综合交通枢纽城市，要提升枢纽城市全球联通水平和辐射能级，拓展海、陆、空多元化交通网络，增强国际门户功能。但是，郑州与建设国际会展之都的北京、上海、广州、深圳、成都等城市相比仍有一定差距，这些城市位于国际枢纽的第一梯队，并且以这些城市为中心形成了京津冀枢纽集群、长三角枢纽集群、粤港澳大湾区枢纽集群以及成渝地区双城经济圈枢纽集群。而郑州、杭州、南京、武汉、西安等城市位列国际枢纽的第二梯队，在交通运输业完成货物周转量和货运量、旅客周转量与客运量以及民用机场的货邮吞吐量与旅客吞吐量等指标上均与处于国际会展之都建设第一梯队的城市存在一定的差距。因此，郑州应进一步提升城市交通的密度，提升与国内外城市衔接的通达性与便捷性，以促进会展资源要素在城市的汇聚。

郑欧国际铁路货运班列（以下简称郑欧班列）于2013年7月开始运行，开辟了中国与欧洲之间的"新丝绸之路"，是全国各地发往欧洲货运班列中的"第一号"，比海运节省大约20天，比空运节省约80%的资金，逐渐发展成为通往西亚、欧洲的便捷通道和"丝绸之路经济带"上的重要枢纽。郑欧班列开行需求旺盛，截至2023年2月，已经形成"20个境外直达站点、8个出入境口岸"的国际物流网络布局，业务范围覆盖40多个国家140多个城市，极大地提升了郑州对西亚、欧洲地区的辐射能力，推动了亚欧各国的经贸合作，对推进郑州与沿线国家和地区的发展具有重要意义。

2. 信息基础设施建设能力

近年来，郑州持续加强信息基础设施建设，基础固定宽带互联网用户数量不断增加，与国际会展之都建设第一梯队的上海、北京的差距逐渐缩小，与其他7个样本城市的同期数据相比有一定超越。2021年郑州国家级互联网骨干直联点总带宽达到1620G，居全国第5位；5G基站数量达到9.71万个，同比增长113.9%，居全国第5位。2021年12月，郑州市人民政府办公厅发布《郑州市新型城市基础设施建设试点工作方案》，提出要加快推进具有郑州特色的信息化、数字化、智能化新型城市基础设施建设，为郑州国家中心城市建设注入新活力、新动能，这必然也为郑州国际会展之都建设带来新动能。

3. 公共服务能力

城市的酒店、餐饮、交通、医疗、旅游景区等相关产业提供的公共服务，是支撑国际会展之都建设的基石。相应地，国际会展之都建设也会促进城市公共服务设施的建设和城市公共服务产业的繁荣。随着城镇化进程的加快，城市和人口规模不断扩大，城市公共服务设施的规模也逐渐扩大。尤其在克服了新冠疫情和"7·20特大暴雨"的双重灾害之后，郑州城市公共服务功能的韧性不断提升，为城市居民和会展参与者提供高品质的生活与体验，积极推进以人为本的高质量城市服务。截至2021年，郑州共有星级酒店60家左右，平均出租率为42.14%，平均房价为350.76元，比国际会展之都建设第一梯队的上海（629.05元）、北京（526.86元）平均房价低，具有一定的成本竞争优势；城市医疗卫生机构总数为6270个，医疗卫生机构床位数量达到10.68万张，低于上海、北京、成都等地，但高于其他样本城市。

(三)城市会展载体专业服务能力

会展场馆是拉动城市会展经济的"火车头"，是为会展活动参与者提供服务的重要场所，也是国际会展之都建设的核心支柱。截至2022年，郑州市共拥有专业会展场馆3个，分别是郑州国际会展中心、中原国际博览中心、中原龙子湖学术交流中心；在建会展场馆2个，分别是郑州国际文化交流中心和郑州绿地新国际会展中心；目前郑州正在使用的场馆中缺乏室内展览面积可达10万平方米的专业场馆。

郑州国际会展中心由郑州市人民政府于2003年1月开始建设，2005年10月建成并投入运营，现由郑州香港会展管理有限公司负责管理及营运。该场馆的总建设面积为22.68万平方米，包括会议中心、展览中心和室外展场，可供室内展览面积为6.5万平方米，拥有1.7万平方米的室外展场及4.5万平方米的室外停车场。通过对比近几年发布的中国展览数据统计报告中全国展览场馆利用率情况，郑州国际会展中心的展馆利用率一直位居前十，全国药品交易会、中国国际汽车后市场博览会、全国农业机械及零部件展览会、李曼中国养猪大会暨世界猪业博览会、中国粮食交易大会等产业相关展会在这里举办。2021年，郑州国际会展中心共举办展览72场，占全市展览数量的67%；展览面积达139.44万平方米，占全市展览总面积的83%[①]。

中原国际博览中心是郑州市第一座大型现代化展览中心，于1993年建成并投入使用，占地面积14万平方米，可供展览面积5.3万平方米，其中室内展览面积2.3万平方米，室外展览广场3.0万平方米，是集会展场馆租赁、展会组织策划、展台设计搭建和展会配套服务于一体的大型会展平台。2021年，该场馆共举办展览33场，占全市展览总数的31%；展览面积达24.86万平方

---

① 数据来源:郑州市会展业促进中心《2021郑州会展发展报告》。

米,占全市展览总面积的15%[①]。

中原龙子湖学术交流中心总占地面积24127平方米,总建筑面积114530平方米。其中,展示中心面积9500平方米,会议中心面积5030平方米,并拥有7个不同规格的会议厅,最大厅可容纳1200人,配备现代化视听设备,可承办大型高科技、新技术论坛等大型会议。

郑州国际文化交流中心正在全力建设中,规划总用地面积约10.5万平方米,分为会议中心、会展中心、酒店三大功能,总建筑面积约25.8万平方米,其中地上建筑面积约14.9万平方米,地下建筑面积约10.9万平方米,功能面积均对标2017年厦门金砖国家峰会会场与2018年青岛上合峰会会场,共提供2间3000平方米大会议厅、1间550平方米接见厅、4间500平方米会议室、1间10000平方米展厅及450间标准酒店客房。

完善的会展场馆、会议中心和星级会议酒店是城市发展会展业和国际会展之都建设的关键要素[②]。总体而言,郑州坚定不移提升会展业的发展品质,持续优化城市会展业基础设施设备和功能布局,进一步增强城市会展业的综合服务能力,以满足不同规模和类型会展市场的需求。

(四)城市会展产业融合能力

1.郑州会展组展能力

郑州会展的组展主体呈现多元化发展趋势,目前已形成了政府、国有企业、民营企业、社会团体等几大办展主体。根据《中国展览数据统计报告》,郑州共有49个办展主体。2021年,按照办展主体所在地域来划分,郑州本地办展单位共举办展览92场,占全市展览数量的86%,同比增长24%;展览面积达到157.63万平方米,占全市展览总面积的94%,同比增长31%。外地办展单位举办展览15场,占全市展览数量的14%,展览面积10.87万平方米,占全市展览总面积的6%。

[①]数据来源:郑州市会展业促进中心《2021郑州会展发展报告》。

[②]Bartfai E G.Budapest, Bratislava and Vienna conference facilities, comparative analysis[J]. Tourism and Hospitality Management,2011(1).

郑州拥有一些具有代表性的本土组展机构，例如郑州尚格展览服务有限公司、郑州海名汇博会展策划有限公司、郑州瑞城展览服务有限公司、郑州汇卓展览策划有限公司、郑州天天会展服务有限公司、郑州美展文化传播有限公司、郑州方圆会展策划有限公司、郑州欧亚国际展览有限公司、河南励展宏达展览有限公司等。这些组展机构为国内企业开拓市场提供了全方位、高质量、标准化的专业服务，促进了城市经济、文化、产业等领域的交流与合作，拓展了会展服务与企业发展的范围，完善了郑州的会展服务体系，巩固了现有会展市场，并推动其进行品牌化发展，同时也在发掘和培育新项目方面做出了贡献。

依据郑州市会展业促进中心发布的《2021郑州会展发展报告》，根据办展主体的来源划分，民营企业举办展览87场，占全市展览数量的81%，展览面积122.77万平方米，占全市展览总面积的73%；国有企业举办展览11场，占全市展览数量的10%，展览面积33.93万平方米，占全市展览总面积的20%；政府单位举办展览5场，占全市展览数量的5%，展览面积6万平方米，占全市展览总面积的4%；社会团体举办展览4场，占全市展览数量的4%，展览面积5.8万平方米，占全市展览总面积的3%。郑州全面落实各类惠企政策，让国有会展企业敢干、民营会展企业敢闯、外资企业敢投，坚定不移地打造市场化、法治化、国际化营商环境，积极吸引头部会展企业、行业领军企业入驻郑州，引进和奖励高层次、高规格展会活动落地郑州，激发会展经济发展活力。

2. 郑州展览业规模和质量

20世纪80年代，郑州已经成为全国重要的人流、物流集散地。当时，初具会展性质的行业订货会吸引了来自全国各地的相关企业和经销商前来参与。进入21世纪后，以2005年郑州国际会展中心投入使用为标志，郑州会展业逐渐崭露头角，跻身全国会展城市前列。郑州市委、市政府高度重视城市会展业的发展，本土品牌展会迅速崛起，国内大型流动展、巡回展纷纷选择到郑举办，逐步夯实了郑州作为国家区域性会展中心城市的地位。

发展会展业，依托产业是关键。郑州会展业紧密结合郑州主导产业、新兴产业、传统产业以及特色产业，积极加速展览业与当地优势产业的融合，构建

"产业+"发展模式。在不断提升会展品牌价值的同时，郑州还积极与国内外知名会展主办方和其他会展机构合作，积极筹办、引进和汇聚一批全球知名的会展资源和高品质、高规格的展会项目，如世界传感器大会、中国北斗应用大会、世界数字产业博览会、李曼中国养猪大会暨世界猪业博览会、中国绿色食品博览会、伯牙钢琴艺术节暨全国总决赛等，商业展会市场影响力、辐射力不断提升。

同时，郑州积极培育本土会展企业的核心竞争力，注重发挥本土优秀会展企业的带动示范作用。在本土会展品牌的发展过程中，郑州积极打造了一系列知名会展品牌，如黄帝故里拜祖大典、国际旅游城市市长论坛、国际少林武术节等，助力郑州在本土会展领域的影响力提升。郑州还力争申办首届世界大河文明论坛，致力于打造国内外领先的品牌展会，进一步推动郑州会展业的腾飞。近年来郑州市展览业总体情况如表6-4所示。

表6-4 2017—2021年郑州市展览业总体情况

评价维度	评价指标	单位	2017年	2018年	2019年	2020年	2021年
展览总体情况	全年举办展览数量	场	237	239	240	88	107
	全年办展总面积	万平方米	258.37	281.4	301.0	140.09	168.5
	参展商数量	家	—	—	—	25000	29247
	采购商及观众数量	万人次	—	—	—	230	324.66
	带动消费收入	亿元	300	340	—	150	205.31
	行业意向成交额	亿元	—	—	—	400	565.07
规模展	3万平方米以上展览数量	场	17	23	24	—	19
国际性展	展会数量	场	11	15	20	—	11
国家级展	流动展数量	场	8	9	10	—	—
新创办展	展览数量	场	11	8	6	—	—

数据来源：郑州市会展业促进中心会展研究年度报告。

2021年，郑州专业展馆共举办展览107场，展会总面积168.5万平方米，举办国际性展会11场，吸引参展商29247家、采购商及观众324.66万人次，有效带动了郑州住宿、餐饮、交通、物流、广告等行业消费，消费收入约205.31亿元，在建材家居、医疗健康、装备制造、节能环保、农业食品、数字科技等行业展会累计达成意向成交额约565.07亿元。展览项目的行业分布主要集中于汽车交通、房产建筑、食品饮料酒等领域，其中汽车交通工具类展览11场，展览面积28.75万平方米。2021年郑州举办的展览面积超2万平方米的经贸展项目如表6-5所示，2021年全国行业分布展会面积TOP10的郑州展览项目如表6-6所示。2022年，在全国会展业因受疫情影响而持续低迷的情况下，郑州市委、市政府对郑州会展业给予大力支持，快速推动会展业有序恢复，并创造了多个第一。根据2022年前11个月数据的统计，在全国51个会展城市中，郑州办展数量排名第一。

表6-5 2021年郑州举办的展览面积超2万平方米的经贸展览项目

序号	展会名称	举办场馆	展览面积/平方米
1	2021春季建材博览会（第1场）	中原国际博览中心	25000
2	第29届中国（中博）建筑建材装饰博览会（上半场）	中原国际博览中心	29275
3	第29届中国（中博）建筑建材装饰博览会（下半场）	中原国际博览中心	38775
4	2021第39届中原（郑州）医疗器械展览会—春季展	郑州国际会展中心	30000
5	2021第48届郑州国际美容美发化妆品博览	郑州国际会展中心	20000
6	2021中国中部（郑州）国际装备制造业博览会暨第23届好博郑州国际工业展览	郑州国际会展中心	21000
7	2021第十九届郑州安博会	郑州国际会展中心	30000
8	2021第十一届中国（郑州）塑料产业博览会	郑州国际会展中心	25000
9	2021第十届中国郑州家具展览会	郑州国际会展中心	60000

续表

序号	展会名称	举办场馆	展览面积/平方米
10	2021春季大河国际车	郑州国际会展中心	50000
11	2021中国郑州国际门窗业博览	郑州国际会展中心	53000
12	2021中国郑州整屋定制家居展览会	郑州国际会展中心	33000
13	2021春季（郑州）第37届中原广告展	郑州国际会展中心	70000
14	2021秋季（郑州）第38届中原广告展	郑州国际会展中心	70000
15	2021第27届中国（郑州）国际糖酒食品交易会	郑州国际会展中心	65000
16	2021第6届中国（郑州）国际茶产业博览	郑州国际会展中心	20000
17	2021年郑州消费品博览会	郑州国际会展中心	22500
18	2021年第12届中西部IT产品博览会	郑州国际会展中心	30000
19	第五届全球跨境电子商务大会	郑州国际会展中心	32000
20	2021第三届河南教育装备博览会	郑州国际会展中心	40000
21	2021第17届中国郑州国际五金机电展览会	郑州国际会展中心	30000
22	2021第17届中国郑州工业装备博览会	郑州国际会展中心	30000
23	2021第九届中国（郑州）国际新能源汽车及充电设施展览会	郑州国际会展中心	60000
24	2021中国郑州清洁取暖通风空调及建筑新能源展览会	中原博览中心	30000
25	2021第13届中国润滑油、脂及汽车养护展览会	郑州国际会展中心	30000
26	2021年第四届中原郑州国际宠物产业展览会	郑州国际会展中心	20000
27	2021第十九届欧亚中国郑州国际幼儿教育博览会	郑州国际会展中心	45000
28	2021第二十届中国（郑州）欧亚国际酒店用品交易博览会、第七届餐饮食材博览会	郑州国际会展中心	30000

续表

序号	展会名称	举办场馆	展览面积/平方米
29	2021中原国际汽车展览会暨中原国际汽车文化旅游节	郑州国际会展中心	30000
30	2021年第八届中国兽药展览会	郑州国际会展中心	32000
31	BFE2021第40届郑州国际连锁加盟展览	中原国际博览中心	35000
32	2021年中国（郑州）国际汽车后市场博览会	郑州国际会展中心	65000
33	2021中国（郑州）装配式建筑与绿色建筑科技产品博览会	郑州国际会展中心	22500
34	"蜀椒杯"第六届中国（郑州）火锅食材用品展览会	郑州国际会展中心	37500
35	2021第12届中国（郑州）电动车、三轮车及新能源汽车展览会	郑州国际会展中心	60000
36	2021远东联盟休闲食品博览会 第二届中部食品博览会	郑州国际会展中心	22500
37	2021中国（郑州）国际净水、空净新风及智能产业展览会	郑州国际会展中心	33000
38	第27届郑交会暨2021第四届郑州体育运动及户外用品展	郑州国际会展中心	20000
39	2021秋季建材博览会	中原国际博览中心	22150
40	2021第28届中国（郑州）国际糖酒食品交易会	郑州国际会展中心	29000
41	2021秋季大河国际车展	郑州国际会展中心	32500
42	2021第十四届中国冷冻食品和餐饮食材节	郑州国际会展中心	28000
43	2021年郑州全国商品交易会暨郑州礼品及家居用品展	郑州国际会展中心	60000
44	2021第五十届郑州美容美发用品博览会	中原国际博览中心	20000
45	2021第49届郑州国际美容美发化妆品博览会	中原国际博览中心	20000

续表

序号	展会名称	举办场馆	展览面积/平方米
46	2021第四届郑州体育运动及户外用品展览会	郑州国际会展中心	20000
47	2021第7届中国（郑州）国际茶产业博览会	郑州国际会展中心	20000
48	2021中国郑州时尚家居设计周暨家居博览会	郑州国际会展中心	120000
49	河南省招才引智大会	郑州国际会展中心	33000
50	2021第六届中原经济区（郑州）环保产业博览会	郑州国际会展中心	20000
51	2021第20届欧亚·中国郑州国际幼儿教育博览会	郑州国际会展中心	45000
52	2021第二届郑州食品博览会	郑州国际会展中心	33000
53	2021第十四届中国郑州国际汽车展览会暨新能源、智能网联汽车展览	郑州国际会展中心	54000
54	2021郑州新电商暨短视频直播产业博览会	郑州国际会展中心	20000
55	2021年第33届中原畜牧业交易博览会（河南家禽交易会）	郑州国际会展中心	80000
56	2021华糖万商领袖大会暨第五届中国糖酒食品精品博览会	郑州国际会展中心	33000
57	2021河南体育产业(郑州)博览会	郑州国际会展中心	20000
58	2021中国肿瘤学大会	郑州国际会展中心	22250

数据来源：中国国际贸易促进委员会《2021中国展览经济经济发展报告》。

表6-6　2021年全国行业分布展会面积TOP10的郑州展览项目

行业	展会名称	举办场馆	展览面积/平方米
1—BM建筑建材类	2021中国郑州门业博览会(2021中国郑州整屋定制家居及家具产业博览会)	中原国际博览中心	120000

续表

行业	展会名称	举办场馆	展览面积/平方米
3—CI化工类	2021中部（郑州）塑料产业博览	郑州国际会展中心	60000
5—EP环保类	2021中国郑州国际环保产业博览	郑州国际会展中心	50000
16—SD安全国防类	2021第十九届中国（郑州）社会公共安全产品博览会	郑州国际会展中心	30000

数据来源：北辰会展研究院《2021中国展览指数报告》。

3.郑州会议业规模和质量

郑州会议业发展较快，大型会议活动增多，举办的会议呈现高规格、国际化、专业化趋势（见表6-7）。

表6-7　郑州举办的重点会议项目

会议名称	主办单位	举办地点
中国河南国际投资贸易洽谈会	由河南省人民政府、商务部、中国国际贸易促进委员会、中国人民对外友好协会联合主办	郑州国际会展中心
第四届全球跨境电子商务大会	由河南省商务厅、郑州市政府、商务部国际贸易经济合作研究院、中国国际电子商务中心、中国服务贸易协会共同主办	郑州国际会展中心
中国·河南招才引智创新发展大会	由河南省委、河南省人民政府、欧美同学会（中国留学人员联谊会）、中国博士后科学基金会共同主办	郑州国际会展中心、中原龙子湖学术交流中心等
世界传感器大会	由工业和信息化部、中国科学技术协会、河南省政府指导，中国仪器仪表学会、河南省政府外事侨务办公室等主办	郑州国际会展中心
中国（郑州）国际旅游城市市长论坛	由文化和旅游部、河南省政府主办	郑州国际会展中心

续表

会议名称	主办单位	举办地点
郑州—卢森堡"空中丝绸之路"国际合作论坛	由国家发展和改革委员会、中国民用航空局、卢森堡大公国交通和公共工程部、河南省人民政府共同主办	中原龙子湖学术交流中心
数字经济峰会暨新基建创新发展大会	由河南省人民政府主办	中原龙子湖学术交流中心
中国北斗应用大会	由中国科学技术协会、河南省人民政府指导,河南省科学技术协会、郑州市人民政府、中国卫星导航定位协会联合主办	郑州国际会展中心
世界电信和信息社会日大会	由中国通信学会主办	郑州国际会展中心
数字乡村大会(中国·郑州)	由农业农村部、河南省人民政府指导,河南省农业农村厅、河南省委网信办、河南省地方金融监督管理局、河南省行政审批和政务信息管理局、河南省通信管理局、中国人民银行郑州中心支行、中国银行保险监督管理委员会河南监管局主办	中原龙子湖学术交流中心
中华医学会肾脏病学分会2021年血液净化论坛	由中华医学会、中华医学会肾脏病学分会主办	郑州国际会展中心

数据来源:结合2021郑州会展发展报告整理。

(五)城市会展国际化建设能力

1. 城市对外经济

"十三五"时期,郑州进出口总额20671.7亿元,全省占比70%左右,连续9年稳居中部城市第一;累计引进境内外资金5445.6亿元,年均增速7.2%,是"十二五"时期的1.58倍。2017—2020年郑州服务进出口累计完成157.2亿美元,年均增速20%以上;对外投资额达到37亿美元,占全省三分之一以上。

稳定外贸也是确保城市经济运行的关键，2022年郑州基于国家物流空港、陆港双枢纽优势，全力打造国家开放高地，进出口总额达6069.7亿元，同比增长3.1%，占全省贸易总额的71.2%，进出口总额居全国省会城市第五位，连续11年在中部城市排名第一。

2. 城市对外交流

在全国230多个机场中，郑州机场稳居全国货运领域第一方阵，而在连续两年的疫情冲击下，其货运量也一直逆势增长。郑州持续实施郑州—卢森堡双枢纽战略，聚焦产业培育、经贸合作、金融创新和人文交流，积极打造全方位、多领域连接全球主要经济体的重要载体。2011—2021年，郑州机场货运量年均增长21%。2021年，郑州机场国际地区货邮吞吐量突破54万吨，连续五年位居全国第五位；出入境货运航班首次突破1万架次，创历史新高。截至2021年底，在郑州机场运营的全货运航空公司达到31家，其中国际地区25家；开通全货机航线48条，其中国际地区38条；国际通航城市42个，连通"一带一路"沿线国家17个，已形成横跨欧美亚三大经济区、覆盖全球主要经济体、多点支撑的"Y"字形国际货运航线网络[①]，连续两年跻身全球货运机场40强。同时，郑州建成功能性口岸9个，成为内陆地区功能性口岸数量最多、种类最全的城市。

3. 城市展览业国际化

目前，郑州通过UFI认证的展会项目只有两个。2017年9月，中国郑州国际工业装备博览会（简称"郑州工博会"）成为郑州首个通过UFI认证的展会，也是中部地区装备制造业领域首个通过UFI认证的展会，其展会承办方郑州海名汇会展策划有限公司也通过了该组织评审委员会的表决并正式成为会员单位。郑州工博会是中部地区规模最大、最具影响力的B2B制造业展会。2022年8月，郑州尚格展览服务有限公司通过UFI资格认证，正式成为UFI会员单位，由该公司承办的郑州国际车展正式成为UFI认证展会。这是河南省

---

① 河南省发展和改革委员会:年货运量首次突破70万吨！郑州机场连续两年跻身全球货运机场40，见https://fgw.henan.gov.cn/2021/12-30/2374643.html。

首个通过UFI认证的汽车类展会，标志着郑州国际车展成功进入国际品牌展会的行列，进一步提高了展会的国际知名度，这表明该展会在展会品质、展览规模、服务水平及展会口碑等方面，都获得了世界展览业的认可和肯定。

4. 城市会议业国际化

2021年，郑州国际会展中心获批成为ICCA会员，这将给予郑州国际会展中心一个全球展示的大舞台，也有助于吸引国际会展活动落户郑州，助力郑州会展业和国际会展之都建设。然而，与同样是中西部城市的成都相比，郑州的会议业发展仍存在较大差距。成都在2019年举办了33场符合ICCA标准的国际会议，目前拥有ICCA会员10个，占中国ICCA会员的10%，在内地城市中排名第三。成都在国际会议营商环境、法治环境、投资满意度以及政策服务满意度等方面得到了ICCA众多会员的肯定性评价，这些也为城市持续提升其会议业的国际竞争力带来了坚实的经济基础与良好声誉。

(六)城市科技创新能力

城市科技创新能力是国际会展之都建设的营商软环境。郑州的营商软环境不断提升，但与第一梯队的上海、北京等城市相比较存有一定差距。《中国城市竞争力报告No.19》中2021年城市营商软环境竞争力指数与排名显示，北京、上海、杭州、深圳、广州、南京、武汉排名前十，紧接着是西安和成都，而郑州排名第22位。

1. 城市会展业管理部门、民间社团、研究机构

郑州是全国较早成立会展管理机构、出台会展扶持政策以及设立会展发展专项资金的城市。但截至2021年，郑州还未成立会展业相关研究机构。与其他城市相比，上海有上海对外经贸大学中德国际会展研究所、复旦大学会展与服务经济研究中心、上海大学上海会展研究院、上海第二工业大学国际会展产业研究院、"大虹桥"会展产业联盟等5所会展研究机构；北京有北京联合大学会展研究所、中国传媒大学新媒体研究院会展大数据研究中心、北京第二外国语学院会展研究中心、全国会展业标准化技术委员会等4所会展研究机构。

对各省市成立的会展研究机构进行比较可以发现，大多数研究机构是以高校为依托成立的。郑州会展业管理部门、民间社团、研究机构统计情况如表6-8所示。

表6-8　郑州会展业管理部门、民间社团、研究机构统计

部门	机构名称	数量
政府机构名称	河南省博览事务局、河南省商务厅服贸处、郑州市会展经济领导小组、郑州市商务局对外投资和经济合作处	4
事业单位	郑州市会展业促进中心	1
民间社团	河南省会展业商会、郑州会展行业协会、河南会展产业联盟	3

郑州市委、市政府非常重视郑州会展业和国际会展之都建设，不仅出台了一系列政策文件，而且加强行业监管，进一步完善会展业综合服务体系。为了全力保障会展项目举办，郑州市委、市政府加强郑州会展宣传推广，完善会展场地和设施设备，提高郑州会展承载力和城市韧性，促进郑州会展业高质量发展。郑州关于促进国际会展之都建设的主要政策如表6-9所示。

表6-9　关于促进郑州国际会展之都建设的主要政策梳理

出台时间	政策文件	重点内容
2016年8月	《郑州市人民政府关于加快国家区域性会展中心城市建设的意见》	以国际商都建设为统揽，坚持国际化、品牌化、专业化、市场化、信息化、产业化发展方向，倡导低碳、环保、绿色理念，抢抓"一带一路"战略机遇，构建大枢纽、大物流、大产业、大会展融合发展的格局，将郑州打造成为国家区域性会展中心城市和国际会展名城
2016年9月	《郑州市进一步扩大对外开放全面提升国际化水平三年行动计划（2016—2018年）》	在建设国际交流中心方面，开放领域进一步拓宽，对外交流更加广泛，城市综合配套服务更加齐全，生态环境不断优化，城市包容性日益增强，吸引集聚国际资源要素能力明显增强。年度举办国际性展会次数达到9次、举办国际性体育赛事达到9个、举办国际性文化活动达到9次

续表

出台时间	政策文件	重点内容
2018年4月	《郑州市人民政府办公厅 关于加快郑州国际会展名城建设的意见》	以国际化、品牌化、专业化、市场化、信息化、产业化为方向，以优化会展政务环境为基础，以推进会展业国际化发展为主线，提升郑州会展业的国际知名度和影响力。 到2020年，基本建成结构优化、布局合理、功能完善、机制健全、服务优良的服务于郑州国家中心城市建设的会展业发展体系
2022年6月	《郑州市"十四五"现代服务业发展规划》	大力发展会展经济。加快构建"1+2+N"的会展业发展格局。 "文化+商业+旅游+会展"多元驱动，推进国际知名文化旅游目的地、国际化区域商务会展名城建设
2022年8月	《河南省加快推动现代服务业发展实施方案》	强化郑州国家中心城市龙头引领作用，集聚国际化高端资源要素，增强产业链、供应链、价值链枢纽和高端消费中心功能；推动副中心城市、区域中心城市梯次发展、特色发展，整体提升全省服务业发展水平。 重点建设郑州国际会展商务中心，做大做强中国（河南）国际投资贸易洽谈会等品牌展会，高效集聚人流、物流、资金流、信息流，将郑州建设成为国际会展名城
2022年11月	《郑州市会展业促进条例》	为了规范会展活动，打造国际会展名城，促进会展业高质量发展，《条例》分别对统筹城管规划建设、提升政府服务水平、加强政策扶持、规范会展各方责任等方面进行了全面、系统的规定。《条例》规定，由市人民政府组织有关部门编制会展业发展中长期规划，并将其纳入市国民经济和社会发展规划

2. 城市会展专业高校及会展人才支撑

2021年，郑州开设会展专业的高校共有5所，分别是河南财经政法大学、中原工学院、河南牧业经济学院、河南财政金融学院、郑州旅游职业学院。此外，郑州共有5所高等院校开设展相关专业，分别是婚庆服务与管理专业（1所）、服装陈列与展示技术专业（2所）、数字展示技术专业（2所）。关于郑州会展人才，在业界一直有"全国会展人，河南占三成"的说法，郑州会展业发展具备独有的会展人才与人力优势。

3. 高层次人才汇聚和产业创新成果

郑州积极培育建设国家级创新平台，截至2021年，郑州有6家国家重点实验室、55个国家级研发平台；加快推进中原科技城与省科学院重建重振融合发展，全力打造国家创新高地的标志性工程；省市联动，推进嵩山实验室、黄河实验室等7家省实验室在郑建设；围绕主导产业和战略性新兴产业，在核心技术、"卡脖子"技术攻关等方面取得较大突破[①]。

近年来，郑州连续出台人才政策，为人才提供质量环境，全面实施"十大战略"，着眼打造人才高地，坚持把人才作为战略性工程的抓手，重视对于高层次人才的招揽。全市各级各类研发平台，从2012年的1382个增长到2021年的4395个，成为吸引国内外高端人才、集聚各类创新要素的"强磁场"。郑州大力培育一批创新引领型人才，实施"智汇郑州""郑州人才"工程，引进诺贝尔医学奖获得者、中国工程院外籍院士、中国科学院院士等顶尖人才88名。仅2021年一年，新引进高端人才450人，其中两院院士12人，吸引超过3.16万名优秀青年人才（包括博士1578人）来郑留郑。2022年，郑州市聚焦提升创新能力，打造适应城市高质量发展的科技创新主力军，争创国家创新人才高地示范区。

二、郑州国际会展之都建设所面临的挑战

在"十三五"期间和"十四五"初期，郑州会展业逐渐向专业化、市场化、品牌化、国际化等高质量发展方向转变，取得了一定成绩。但与国际会展之都建设第一、第二梯队的上海、北京、广州、深圳等城市相比，郑州要建设成为产业结构合理、公共服务设施完善、场馆空间布局合理、国际化程度高的国际会展之都，还需应对诸多挑战。在基础设施统筹规划、城市产业融合发

---

① 中共河南省委宣传部：郑州科技创新核心指标增幅居国家中心城市首位，见 https://weibo.com/ttarticle/p/show?id=2309404822969767733183&sudaref=www.baidu.com。

展、展会品牌竞争力提升等方面,郑州会展业仍需付出巨大努力,国际会展之都建设仍面临严峻考验。

(一)城市综合经济实力有待加强

郑州围绕"大枢纽、大产业",依托中原经济区,努力寻求新突破,不断谋划经济发展新举措。郑州在全国城市经济排名中的位次逐渐上升,经济发展的协调性不断增强。尽管郑州在城市经济发展规模、发展速度、发展质量和城市经济韧性等方面都表现良好,在中原经济区以及省辖市中经济综合竞争力较强,但因长期受到郑州经济平稳运行的结构性矛盾影响,郑州在经济结构调整和提质增效等方面仍面临一定挑战,其经济发展也存在潜在的不确定性。

郑州市统计局公布的2022年经济数据显示,2022年郑州市地区生产总值为12934.7亿元,同比增长1%。其中,第一产业增加值185.6亿元,同比增长3.7%;第二产业增加值5174.6亿元,同比增长2%;第三产业增加值7574.5亿元,同比增长0.2%。全市社会消费品零售总额5223.1亿元,同比下降3.3%[①]。相比于2021年,郑州地区生产总值增量仅为243.7亿元。与国际会展之都建设第一、第二梯队的城市相比,郑州的地区生产总值及其增长率、人均地区生产总值、社会消费品零售总额、居民可支配收入等主要经济指标在排名上都存在差距,综合经济实力还有待加强。

同时,各城市群的发展情况反映了中心城市作为增长极的溢出效应。以各样本城市为中心的各城市群布局已基本确定,即以北京为中心的京津冀城市群、以上海为中心的长三角城市群、以广州为中心的珠三角城市群,这些城市群的综合经济实力显著高于中原城市群,这些城市群强劲的经济发展也形成了相应的会展城市群,其会展经济规模也明显优于中原会展城市群,溢出效应更为显著。

(二)城市产业结构有待优化

郑州坚持以制造业为立市之本,有汽车、装备制造、煤电铝、食品、纺织

---

① 郑州市统计局:2022年郑州市经济运行情况,见https://tjj.zhengzhou.gov.cn/tjxx/6930016.jhtml。

服装、电子信息等优势产业,郑州制造业的影响力越来越大。"十四五"时期,郑州市战略性新兴产业发展环境的严峻性和复杂性前所未有,机遇与挑战并存。主要挑战包括:一是当今世界正经历百年未有之大变局,国际环境日趋复杂,不稳定性和不确定性明显增加,新冠疫情影响广泛深远,给战略性新兴产业长远发展带来诸多挑战;二是发达国家和主要新兴经济体加紧布局战略性新兴产业,逆全球化、技术封锁及壁垒等对战略性新兴产业的发展产生一定制约;三是区域竞争更为激烈,战略性新兴产业向先进地区的都市圈和中心城市集聚发展的态势进一步明显,科技、人才、资本等高端生产要素的竞争日趋激烈。

郑州产业结构以及各产业之间的联系和比例也有待优化,缺乏在产业体系中处于控制和绝对领先地位的产业,如高新技术和金融等;同时也缺少对传统产业改造升级后具备先进性和控制力的产业,缺乏在城市中处于控制地位、具有先进性和辐射力、符合社会发展方向、对整个区域产业发展具有决定性影响的产业[1]。根据中国信息通信研究院发布的《城市制造业高质量发展评价研究报告(2022年)》,郑州在全国制造业高质量发展50强城市中位于第20位,而深圳、广州、成都、南京等城市位列全国制造业高质量发展十强,从规模效益看,这些城市的"压舱石""顶梁柱"作用更为明显。

(三)会展营商环境韧性不足

在经历了新冠疫情和"7·20特大暴雨"的双重灾害后,郑州面临城市韧性的考验。城市韧性包含社会韧性、制度韧性、设施韧性、技术韧性、过程韧性、系统韧性等多个方面。城市韧性建设旨在全面提升城市应对多元化不确定性风险或灾害冲击的"抵御力、适应力、恢复力、学习力",重点从城市硬件设施,以及制度、技术、组织、文化等软件方面出发,涉及政府、经济、社会、生态、文化、治理等多个方面的城市综合系统的优化提升。城市韧性建设的目标是确保城市以最坚固的城市建筑设施、最合理高效的资源调配体系、最

---

[1] 周纪昌,黄新春,蔡海霞,等.郑州航空港经济综合实验区加快发展高端产业战略研究[M].北京:经济科学出版社,2015.

团结的社会凝聚力量,有效预防、沉着应对、快速适应各类内外部不确定性风险和危机,促使城市在各种风险中不断走向强大和繁荣[①]。

城市韧性同样适用于城市会展行业以及会展营商环境的构建。在日趋复杂、严峻的国内外经济形势变化以及全球经济不稳定的背景下,郑州会展业发展也面临众多不确定性,这对城市的社会、经济、制度、生态等各个方面的防范与适应能力提出了考验,涉及城市政府的管理能力、社区的协同作用、城市交通设施、住宿餐饮服务、医疗资源、信息化建设、城市场馆设施设备等全方位、全周期的综合韧性水平,这也是影响和吸引国内外组展主体到郑州举办会展活动的重要因素。

(四)大型会展场馆严重匮乏

大型场馆已经成为当今城市发展会展业的"标配"和"刚需",相比于国际会展之都建设第一、第二梯队的城市,郑州的会展设施供应量严重滞后。郑州现有场馆整体规模偏小,不适应且不能满足现代化的办展需求,已严重影响和制约郑州会展业的发展规模和速度,是国际会展之都建设的硬件壁垒。同时,在场馆的专业化、智能化、数字化等方面也有待更新、改造。在各城市会展业竞争激烈的局面下,国内各城市都在朝着大体量、综合体的方向进行会展场馆的改造和扩张。然而,郑州的场馆数量不仅少,单个场馆室内可供展览面积也均不足10万平方米。目前郑州最大的场馆是郑州国际会展中心,其室内可供展览面积仅为6.5万平方米。与其他城市相比,郑州的场馆规模与存量可以说相差甚远,这对于有意来郑州举办规模展的组展商而言,无疑是极大的限制因素。按照建设国际会展之都的标准,城市室内会展场馆需要达到一定的使用面积(20万平方米)或者会议中心最大无柱式会议厅超过5000平方米。仅就这一点而言,郑州就不具备建设国际会展之都的基础条件。

根据对2022年前11个月全国51个城市的245场展览会的统计,郑州办展场次排名第一,广州排名第二,南京、南昌紧随其后。郑州充分利用窗口期,在其举办的27场展会中,有26场是在6—9月举办,占比达96%,而3月只举

---

①屠启宇.国际城市发展报告(2022)[M].北京:社会科学文献出版社,2022.

办了一场展会。但如果按照办展总面积超过100万平方米的标准来测算，广州排名第一，深圳排名第二，郑州排名第三。究其原因，广州和深圳有众多大型场馆作为大型活动的坚强后盾，同时举办的展会规模也较大。例如，广州家博会的展览面积超过50万平方米，深圳高交会的展览面积也超过40万平方米①。而郑州能够排名前三，得益于展会数量和展会面积的累计。郑州既无大型场馆又无大型展会，全靠"勤能补拙"的精神。这足以证明缺乏大型场馆已成为制约郑州会展业向规模化和增质提效发展的关键因素。

与同属中西部城市的武汉相比，武汉在会展场馆设施这一方面也明显优于郑州。武汉已建成武汉国际会展中心、武汉国际博览中心、武汉光谷科技会展中心、武汉东湖国际会议中心、武汉国际会议中心等大型场馆。同时，根据笔者对郑州国际会展中心的参观体验，发现该场馆周边缺乏便捷、充分的餐饮等服务设施，尤其是在参加完活动之后到周边的餐馆就餐时，存在人满为患、餐饮等待时间较长等问题，严重降低了参与者的服务体验感。

（五）会展组展实力不强

组展商是城市会展业的推动者，反映了城市会展市场的专业化、品牌化、国际化发展水平。与国际会展之都建设第一、第二梯队城市相比，2021年郑州办展主体数量（49个）明显偏低，组展实力相对较弱。上海（232个）、北京（171个）、广州（111个）是组展主体数量较多且组展实力较强的城市，引领着全国会展业的发展。这些城市的组展商在国内外的知名度较高，举办的展会数量相对较多且品质较高，综合实力相对最强，如东浩兰生会展集团股份有限公司、浙江米奥兰特商务会展股份有限公司、上海博华国际展览公司、中国对外贸易中心、中国国际贸易促进委员会等。

同时，还可参考城市内UFI会员数量，郑州（3个）与上海（31个）、北京（28个）、广州（18个）等城市相比也存在较大差距。究其原因，一是受到人口、交通、场馆、公共服务设施承载力以及城市营商环境等方面的影响，组

---

① 郑州市会展业促进中心：2022年前11个月，全国51个城市郑州办展数量排名第一，见http://www.zzhzw.net/web/front/news/detail.php?newsid=16670。

展商较难在行业限制明显的城市发展立足,只能选择会展一线城市;二是部分组展商较难进入一线城市的品牌展会行业,受到资本以及自身条件的制约,缺乏与会展一线城市中组展实力较强的本土或外资会展公司相竞争的实力,只能选择更有利于自身发展、竞争相对不太激烈的城市谋生,逐步提升自身组展实力与竞争力;三是城市内的组展商实力不足容易引发会展市场出现一系列问题,如城市内会展活动的专业化能力相对较弱、综合型人才相对短缺、营销投入不足、服务质量难以满足不同层级客商的需求。

(六)会展品质亟须提质升级

世界百强展会主要分布在长三角、京津冀等区域。比较国际会展之都建设城市2021年的展览数据,郑州全年展览面积为168.5万平方米,仅占全国展览面积的1.83%,展览数量占比为1.95%。而位于国际会展之都建设第一、第二梯队的上海、广州、北京的展览面积全国占比分别为11.83%、7.45%、5.81%,展览数量全国占比分别为9.86%、7.06%、2.26%。郑州全年展览面积与上海相差917.52万平方米,与广州相差515.5万平方米,与北京相差364.9万平方米。与其他样本城市相比,郑州全年展览面积低于成都,与武汉、西安等地较为接近。另外,从郑州举办的经贸展单场展览面积的规模来看(见第五章表5-23),展会规模在2万~3万平方米的有22场,3万~5万平方米的23场,5万~10万平方米的有12场,10万~15万平方米的仅有一场,大中型展览数量较少,即郑州2万平方米以上的展会数量共计58场。而位于国际会展之都建设第一梯队的上海2万~10万平方米的展览有170场,10万~15万平方米的有22场,15万~20万平方米的有16场,20万~30万平方米的有10场,30万平方米以上的有4场,即上海2万平方米以上的展览数量为222场,10万平方米以上的共计52场。可以看出郑州与上海的展会数量与规模都相差甚远。

通过对比已建成或正在建设国际会展之都的第一、第二梯队的城市发现,郑州缺乏专业化、品牌化、规模化、国际化的自主优质会展项目,缺乏知名的城市会展品牌,未能充分利用"办好一个会,搞活一座城"势能。

在会展业发展中,应正确看待和处理会展数量规模和质量效益的关系。从郑州会展业全年举办的行业展会数量和规模来看,规模小的展会项目占比较高,造成郑州会展项目规模不大和数量不足的原因主要有三点:一是受限于组展商数量较少,组展实力相对较弱;二是受限于郑州现有的场馆规模,在一定程度上制约了郑州会展潜实力的发挥;三是受制于展会运作模式的固化,活动内容老化,缺乏创新,降低了对社会参与者的吸引力,整体上会展品质不高。

同时,还需注意一个问题,即郑州虽然有会展相关管理部门,但这些部门都侧重展览领域,对会议领域的关注、统计和管理相对较为忽视。笔者在进行统计比较时,就发现展览数据的收集相对容易,而会议数据的获取相对较难。因此,郑州应增强相关管理部门在会议业和节事活动的管理职能,以促进会展市场全面发展。

(七)会展业国际影响力明显不足

郑州虽然在城市国际化方面取得了一定成绩,但是也面临着区域竞争加剧的挑战。现阶段郑州对外开放的先发优势逐渐减弱,国际化影响力明显不足。具体表现在以下几个方面。

一是基础设施方面。尽管郑州的基础设施在不断改善,但与一些会展业国际化程度较高的城市相比仍有一定的差距。会展中心的规模、设施、交通等需要进一步完善,以满足更多层次的国际会展活动需求。

二是尽管郑州在会展业高质量发展过程中形成了迅猛态势,但是在专业化、规模化、品牌化、国际影响力等方面的建设还不足。这导致郑州本土会展活动品牌的知名度相对较低,拓展国际会展市场存在一定难度,国际综合竞争力不足。

三是会展业的国际化需要广泛的国际合作,包括与国际会展机构、行业协会等建立合作关系。目前,郑州在这方面的合作仍不够广泛,需进一步拓展合作渠道,加强与国际会展领域的合作与交流。

(八)会展人才良莠不齐

目前,郑州本科和专科开设会展专业的院校共有5所,然而这些院校普遍培养特色不突出,与会展业需求和发展的契合不够充分,难以培养出服务于会展业的创新型和复合型人才,从而也无法形成具有吸引力的人才集聚效应和蓄水池效应。具体来看，存在以下问题。

一是在城市发展会展业的初期，会展业的准入门槛相对较低，因此进入这一领域的从业人员大多并非来自会展专业。随着会展行业的迅猛发展，行业内亟须高端专业人才在会展公司运营中引入新理念、新方法与新技术。

二是尽管自2004年国家开始推动会展本科高等教育以来，培养出的会展专业学生相对增多，但毕业生对口就业的比例相对较低，培养出的会展准人才流失率较高。郑州目前的会展专业主要集中在本科和专科教育层面，缺乏高层次的会展专业教育。由此可见，目前高校会展人才培养体系与行业的变化和需求之间存在一定的脱节。

三是会展专业学生从业意愿较低。一项对会展专业应届毕业生就业去向的调查显示，一部分学生选择攻读研究生进行高层次学习，还有一部分流向其他行业，如教育、银行等，只有极少数的应届毕业生从事会展行业。加之疫情对会展行业的影响，部分会展从业人员不得已离开会展业，会展行业规模缩减，也使得一部分毕业生对会展行业前景失去信心。

四是城市会展业的高质量发展需要大量的高技能人才来为会展业"赋能"，但对会展高层次以及复合型人才的培养不是一朝一夕的事情，不仅需要经过高等院校的理论培养，更需要到会展企业中不断实践，否则容易出现就业只是简单满足会展企业基本运转需求，而与会展业和会展企业的高质量发展需求不匹配。"实践出真知"，但现在大部分的会展专业学生缺乏实践操作的环境，容易出现与会展企业需求之间的脱节。因此，要积极开展校企合作等多途径的培养模式，使初入会展行业的毕业生，熟悉会展实际操作业务，掌握实践专业技能。

五是引进的国内外会展精英人才较少。虽然郑州近年来持续推进国家人才高地建设，持续实施郑州人才工程，创新人才服务"四个一"模式，先后出台了《郑州高层次人才分类认定实施细则》《郑州市青年人才支持专项实施细则》等文件，但是与其他国际会展之都建设的城市相比，郑州的人才吸引力和储备量还是不足，这使得会展业内的卓越人才较为稀缺。

产生以上情况原因较为复杂。一方面，郑州作为国家中心城市，承载着引领中原城市群一体化发展、支撑中部崛起和服务全国发展大局的重大使命。虽然在支持高等教育发展方面采取了一系列措施，如大力支持郑州大学、河南大学"双一流"建设以及打造一流本科专业，持续加大高等教育发展支持力度，但是高等教育的发展状况依然不容乐观。郑州高等教育总体呈现出高校数量多却不优、规模大却不强的面貌。"双一流"高校、"985高校"等优质教育资源相对短缺，整体办学实力亟须提升，人才培养层次结构亟待优化。这种状况成为制约郑州经济高质量发展和精英人才引进的一大瓶颈。

另一方面，相较于北京、上海、广州等地，郑州整体的教育资源存在显著差距，很难吸引到精英和高层次人才。高层次人才在选择落户城市时，不仅会考虑自身的职业发展空间，同时也会关注城市是否能为子女提供优质的教育资源以及高质量的公共服务等。郑州作为河南省省会，高考生人数众多，与全国平均水平相比，郑州高考竞争激烈，考生压力较大，高考录取率也偏低。

（九）会展业创新能力不足

会展业创新能力不足主要体现在新技术、新理念、新管理模式的应用不充分等方面。

一是会展业对新技术的应用不足。会展业的数字化转型还比较缓慢，很多企业对数字化技术的认识和应用还不够深入。一些先进的技术能够为会展业带来更高的效率和更好的体验感，如虚拟现实、增强现实、人工智能、物联网等，但在会展业中的应用还比较有限。一些企业还在采用传统的展会布局和展示方式，缺乏创新和互动性。因此，会展业需要进一步推广和应用新技术，提升展览的参与体验感和展示效果。然而，新技术的应用也需要投入一定的成本和人力资源，很多企业还没有足够的能力和资金来支持新技术的引入和应用。

二是会展业对新理念的引入和应用不足。各企业的经营理念和服务理念不尽相同，导致行业缺乏统一的发展方向和目标。随着人们对环境保护和可持续发展的重视，会展业需要更多地应用绿色环保理念，采用可持续发展的方式举办展会。同时，也需要引入客户导向理念，注重满足客户的需求，提高客户满意度。然而，现实情况是一些会展企业在这方面的应用尚不普遍，从而限制了会展业服务质量和市场竞争力的提升。

三是会展业对新管理模式的应用不足。诸如项目管理、质量管理、知识管理等先进的现代管理模式在会展业中的应用还比较有限，导致企业的管理效率低下，管理混乱问题较突出。因此，会展业需要更积极地引入新的管理模式，加强内部管理，提高工作效率和服务质量。

（十）会展标准应用不足

在会展业高速裂变发展的今天，伴随而来的是一系列衍生问题，如会展业体制改革相对滞后、主体行为缺乏规范化和约束性、会展市场秩序相对混乱、政策相对不完善、绿色会展执行不彻底、国际会展业发展竞争力不足等问题。会展标准应用不足是导致这些问题的一个重要因素。

会展业中的会展标准应用不足主要表现在监管部门责任意识以及法律法规政策的履职意识不足、标准制定不完善、标准推广不够广泛、标准应用不足和标准更新不及时等方面。为了改善这一状况，需要加强标准制定、推广和应用工作，建立起健全的标准化管理体系，提高会展行业的规范化水平和服务质量，以保障会展行业的健康发展。

在实际应用中，会展标准需要得到广泛的推广和应用。然而，目前一些会展标准的宣传和推广力度不够，导致很多企业和参展者对相关标准了解不深，认可度不高。会展标准的应用也相对有限，一些企业并没有充分利用相关标准来提高管理水平和服务质量。同时，还需要注意会展业发展变化较快，相关标准需要随时代和市场需求的变化及时进行更新和升级。一些会展标准在更新方面存在滞后的问题，导致标准的实用性和适应性不足。以绿色标准（《绿色展台评价指南》）为例，会展活动运营中依然存在执行不到位的情况，导致资源浪费、环境污染等问题仍然存在。

第七章

郑州国际会展之都建设路径

郑州国际会展之都建设必须紧紧围绕郑州市人民政府发布的《关于加快郑州国际会展名城建设的意见》《郑州市会展业促进条例》等纲领性文件，有序开展郑州会展业可持续发展以及国际会展之都建设。根据国内外经济形势变化，以郑州城市经济稳定发展为基础，参与构建以国内大循环为主体、国内国际双循环发展相互促进的新发展格局，找准定位和寻找机遇。

在保持社会稳定和实现城市居民生活持续改善的基础上，应坚持深化对外开放，坚持服务产业大局和产业强势为主导战略，坚持以城市会展业高质量发展为撬动城市经济的支点，坚持"引进来"和"走出去"的发展道路，全面服务和带动产业发展，拉动城市消费升级，提升城市商贸流通，扩大内需。在此基础上，构建会展产业生态体系，建设会展新场景，培育新业态，持续优化政务环境，探索新模式，培育新品牌，强创新、促转型，持续发挥会展业在建设国际金融、贸易、航运、经济中心的重要平台作用和对所服务产业的价值创造作用，持续发力，朝向立足全国、面向世界、成为具有一定话语权的国际会展之都的目标前进。

在国际会展之都建设中，需要构建战略层、支撑层和衍生层发展体系。在战略层方面，要发挥郑州相关部门的引领和指导作用，做好郑州会展业高质量发展的顶层设计。注重会展相关管理部门、会展协会、会展企业、媒体等多方的协作共赢。在支撑层方面，要以城市优势产业为基石，注重会展核心资源开发、会展品牌、城市文化、国际圈层等方面的建设。同时，以城市公共服务设施以及大型场馆为支撑，为会展活动的有序开展夯实基础，营造城市优良的会展环境氛围。在衍生层方面，要进一步提高城市会展活动的文化传承，使会展项目不仅仅是一种商业交流和产业竞争的平台，还要将其打造成城市文化传播的互动载体，从而提升城市文化软实力、知名度和国际影响力。

一、抓消费扩内需，全力以赴拼经济

在"十四五"关键时期，郑州围绕政府中心工作和国家战略目标，落实中央和河南省出台的各项"稳增长、促消费、扩内需"的政策，激发郑州经济发展潜力和动能，坚持把抓消费、促增长作为事关郑州经济全局发展的重要任务，继续推动经济由快速增长转向高质量发展，促进产业结构提效增质，坚持发展是第一要务和效益优先，坚持深化和改革开放，为国际会展之都建设创造更有利的经济发展环境和发展空间。在新时期双循环发展格局建设背景下，郑州国际会展之都建设还应当以国内大循环为主体，不断扩大内需，更好地实现会展业生产、分配、交换、消费匹配国内大循环经济发展格局。

城市的综合经济实力是城市会展业发展的基石。郑州已经围绕"大枢纽、大产业"，依托中原经济区，寻求新突破，不断谋划经济发展新举措，全市经济在全国城市经济排名中位次前移，经济发展的协调性不断增强，然而经济发展整体大环境依然存在潜在不确定性。为此，郑州需要寻求改变。

第一，郑州市政府需要设定与潜在增长水平相契合的经济目标，保持较为合理的经济增长水平，以实现经济稳步增长。坚持开放创新驱动，紧紧围绕国家中心城市建设纲领与要求，紧紧把握"一带一路"倡议的历史机遇，坚持抓消费扩内需，明确经济发展方向以及经济发展重难点。基于城市当前经济的运行现状，保持良好稳定的发展态势，抓住经济的发展机遇期，在稳增长、保态势的同时，培育发展新优势，稳定市场主体信心，全力以赴拼经济。根据河南省政府出台的稳经济90条措施，有序、有规划地提升郑州在区域、全国乃至全球的经济综合实力。

第二，在国家中心城市建设要求以及扩大内需战略规划指导下，加快推进国家中心城市建设，促进郑州城市圈一体化发展，提升区域性中心城市发展能级。同时，通过激发重点地市的经济内生动力，完善城市功能，发展和带动优势产业。重视郑州城市圈一体化发展，吸纳先进生产要素，发挥集聚力，助力郑州经济发展。

第三，扩大城市消费需求，培育城市消费新动能。会展联系着市场供给和需求的两端，连接生产与消费、供给与需求。因此，郑州可以将发展会展业作为抓手，促进城市消费，加速城市消费结构升级换代，打造和创新有价值的商业社交和消费场景，充分释放消费潜力，以满足城市不同消费需求，形成完整的内需体系。消费群体的年轻化趋势日益明显，消费者对服务体验也日益重视，这对会展数字化场景、社群、工具的创新应用提出了新的要求，应注重运用 AI、元宇宙等数字化创新应用,以满足消费者对会展内容的创新需求。同时,着力扩大有收入支撑的消费需求,持续释放新消费,推动会展活动吸引消费新动能,催生和创新经贸展会题材,即通过消费市场的需求驱动,带动当地组展商自主创办或吸引产品生产商来当地举行会展活动,促进国际会展之都建设。

二、抓产业强基础,构建多业态会展融合新格局

相较于国际会展之都建设中第一、二梯队的城市,郑州面临第三产业增加值相对不足以及第三产业在 GDP 中占比较低的情况。因此,郑州需要积极推动产业结构转型升级,以寻求新的发展动能。

(一)与区域特色产业相结合

郑州会展业的发展依赖于区域产业发展需求的支撑,会展所能呈现的产品供给能力在很大程度上取决于区域专业化产业的发展状况。当区域内的规模产业或优势产业想要进一步扩大产品销售,就会萌发在一个区域内举办会展活动的需求[1]。基于此,可以依托当地优势产业资源形成本土展会或吸引国内外相关产业资源或企业到城市举办展会,逐渐形成该产业或细分行业的品牌展会,从而扩大其专业展会的溢出效应。通过会展活动推动城市优势产业的集聚与扩张,形成产业与会展业的协作与深度融合。例如,汉诺威以汽车、机械和电子等特色产业为基础,形成了汉诺威工业博览会、国际信息及通信技术博览会;慕尼黑以啤酒、建筑、体育等特色产业为基础,形成了慕尼黑啤酒节、国际建筑机械博览会以及国际体育用品展;杜塞尔多夫则以纺织、化工、造纸、医药等特色产业为基础,形成了国际时装周、国际医药设备展等。同样地,深圳依托其互联网通信、移动终端等特色产业,形成了中国国际高新技术成果交易会;义乌则以小商品以及日用品制造为特色,形成了中国义乌国际小商品(标

---

[1]张敏.中外会展业动态评估研究报告(2016)[M].北京:社会科学文献出版社,2016.

准）博览会，并且该展会已经成为国内外极具影响力的日用消费品展会。

(二）紧抓产业结构调整战略机遇

郑州制造业要聚焦从"郑州制造"转向"郑州创造"的智能化发展、创新赋能制造业转型升级的科技化发展以及"双碳"目标下的绿色化发展；要促进先进制造业和现代服务业的融合发展，破解转型困局，提升制造业核心竞争力，培育现代化产业体系，以实现郑州经济的高质量发展。制造业是工业的主心骨、国民经济的根基，也是构建现代化产业体系的重要环节。制造业是城市经济高质量发展、国家中心城市建设以及国际会展之都建设的重点，必须在国民经济总值中保持一定占比。战略性新兴产业是引领郑州制造转型的关键，必须紧紧抓住和用好战略机遇，准确把握发展定位，发挥比较优势，创新政策举措，破除瓶颈制约，促进战略性新兴产业发展壮大。

但当一个城市经济体的制造业达到一定规模之后，尤其是对于世界城市的经济增长而言，大规模的制造业并不是发展重心，发展城市服务业才能进一步提升城市经济质量，才能在经济"天花板"上有进一步突破。城市拥有更多企业总部、国际金融、交通运输、通信技术以及高水平的商业服务，是世界城市极力推进的领域。郑州应坚持以先进制造业、现代服务业发展为主导，以高端服务业为引导，实施创新驱动，加快对传统产业升级改造进程，重点培育战略性新兴产业和集群化发展，全面扶持高价值链的现代服务业，优先支持产城融合的科创产业，持续优化三次产业结构，推动加快形成具有较强竞争力的现代产业体系。"十四五"时期是郑州市加快发展战略性新兴产业的关键时期，发展环境的严峻性和复杂性前所未有，挑战与机遇并存，要紧抓四大发展机遇。

第一，国家高度重视战略性新兴产业发展。党的十九届五中全会指出，要加快壮大新一代信息技术、生物技术、新能源、新材料、高端装备制造、新能源汽车、绿色环保等战略性新兴产业。在这一背景下，郑州作为国家中心城市，可以依托中部地区崛起、黄河流域生态保护和高质量发展两大国家战略，加快战略性新兴产业集聚发展。

第二，新一轮科技革命带来发展新红利。当前，新一轮科技革命和产业变革正处在实现重大突破的关键阶段。科技创新快速迭代升级，催生了诸多新经济、新产业、新业态，为郑州加快发展战略性新兴产业实现弯道超车、换道领跑带来诸多新机遇。

第三，制造业绿色低碳发展催生新机遇。郑州应坚持落实我国的碳达峰、碳中和目标，推动制造业的绿色低碳发展。新能源以及新能源汽车加快发展，制造业智能改造、绿色改造、技术改造"三大改造"深入实施，对新一代信息技术、节能环保、新材料等战略性新兴产业将产生巨大需求。

第四，消费升级催生产业发展新需求。我国社会主要矛盾已经转化为人民日益增长的美好生活需要和不平衡不充分的发展之间的矛盾，城乡居民对医疗、健康、养老、文化创意等社会服务领域的需求正在发生新的变化，需要利用新技术以更高的效率、更好的质量满足新兴需求[1]。

（三）紧密契合城市产业发展

会展业属于先导性现代服务业，能够带动和引导其他产业发展。会展业是支柱性产业和战略性新兴产业发展汇聚的平台。随着全球产业链之间的竞争与合作越来越频繁，城市产业的发展为会展业发展带来了巨大的发展机遇。会展业不仅可以推动产业结构调整和产业转型升级，还可以牵引城市经济的增长，为城市新兴产业和经济发展提供"弯道超车"的机会。

同时，会展业也需要适应产业更高水平对外开放的需求，通过与产业的深度融合，促进服务产业高质量发展，使郑州会展业真正形成"以产兴会、以会促产、产会一体"的良性互动新格局。为了实现这一目标，可以针对郑州重点产业链，培育或引进与各重点产业方向高度契合的会展活动。具体做法如下。

第一，借助城市重点、优势产业，进行"产业+会展"的深度融合。这有助于"产业+会展"招商引资平台搭建，形成产业与会展"互搭戏台唱大戏"的良好局面，形成"重点产业链+特色标杆展会品牌+多个细分领域会展活动"的新格局。基于产业创新发展需求打造产业展会、产业会议等，推进郑州现代化产业体系建设。打造郑州会展产业集聚区和具有地区辐射力的会展产业带，加速会展业以及相关产业高质量发展的专业化供应商、服务供应商、产学

---

[1] 郑州市人民政府.郑州市"十四五"战略性新兴产业发展总体规划(2021—2025年)[R].2021.

研机构的产业集群和会展集聚区建设,深入推进产业集聚的转型创新发展。

第二,要鼓励社会资本参与投资"产业+会展"融合发展模式,鼓励当地的金融机构为会展业发展提供资金支持,加速会展与产业的一体化发展,实现会展与产业的利益共享。

第三,会展企业需要关注政府和政策导向,在找准郑州当地产业发展需求的基础上,完善会展产业链。通过加速郑州会展业专业要素的集聚,提升城市会展产业链上下游的协调度,增强会展与产业、产业企业上下游之间的互补性,实现供需资源的精准对接,降低发展成本。为促进城市形成会展中心区、特色会展发展模式,增强会展业对城市产业发展的支撑力和服务能力,郑州会展业应积极打造生态会展产业体系,并推动会展产业链全方位贯通,形成以分工为基础、优势互补为引领的会展产业链发展新格局。

三、抓政策抢机遇,持续优化城市会展营商环境

会展营商环境,只有更好,没有最好。郑州应当以郑州市人民政府办公厅出台的《关于加快郑州国际会展名城建设的意见》为指导,进一步优化会展业发展环境,健全管理机制,完善公共服务平台体系,促进会展业国际化水平进一步提升,打造透明、公平、高效的会展营商环境。

为实现这一目标,郑州会展业主管部门、协会以及研究机构应充分发挥"平台、桥梁、摇篮"的作用,维护各方会展参与者的合法权益,全面优化调节会展营商环境,构建更加完善的会展要素市场化配置体制。同时,还要消除阻碍会展资源、资本、人才和技术等要素自由流动的体制和机制障碍,强化城市各相关机构对会展活动的支持,引导会展各类要素协同发展,创造稳定、公平、透明、可预期的会展营商环境,从而激发会展产业发展潜力以及市场主体活力,构建有强大韧性的会展生态体系。营造一流的会展业营商环境,助力吸引高质量、高规格的会展活动落地城市,增强招商引资的吸引力,赋能城市会展业的核心竞争力塑造、会展业国际化以及高质量发展。具体来说,可以采取以下措施。

第一，发挥城市会展业主管部门的作用，政策先行，重视会展业助力城市支柱产业。各部门要充分认识会展业在城市经济发展中的重要作用，建立会展业的议事协调机制和工作发展机制，统筹规划，编制长期、中期和短期规划。加强会展政策的顶层设计，尽快建立全面的宏观会展政策体系，以作为行业发展的指导性文件，协调会展业发展的各种事项，遵循政府引导、市场主导的原则，有序开展和助推会展业的稳步提升和高质量发展。

第二，以国际化大都市建设标准，优化城市的公共服务设施，增强城市基础服务对国际会展之都建设的韧性和服务能力支撑。例如，进一步完善城市通信网络基础设施、市政公用设施、医疗服务系统和城市生态文明等方面的建设。

第三，会展业相关的政府部门应通力配合与合作，优化政府服务流程，做好会展业的服务保障和监督管理工作，协同城市管理、文化、交通运输、海关、市场监管、医疗卫生等部门，对会展活动进行综合保障，综合提高城市会展服务品质，提升城市的管理服务水平，优化政务服务环境。

第四，坚持会展业的可持续发展和高质量发展原则，制定和执行会展业服务规范，建立会展业评估体系，促进会展业的良性发展。同时，应考虑营商环境的适用性、开放性以及国际化，让本土和引进的会展组展机构在市场中遵循统一规定，实现自由竞争与合作，使城市的会展资源重新优化配置。

第五，围绕《郑州市会展业促进条例》，切实加强郑州会展业法治建设，提高在郑会展企业的法律意识，督促会展企业依法经营和举办活动。同时，充分发挥行业和协会的作用，开展会展业发展趋势研究，为会展企业提供技术、市场和法律咨询指导等服务，全面提升郑州会展市场治理水平，综合改善会展营商的法治环境。

四、抓名馆拓名城，提高会展名城硬实力

郑州应以郑州市人民政府办公厅出台的《关于加快郑州国际会展名城建设的意见》为指导，完善会展硬件设施，布局一批国际性会展场馆、大型会议中

心,国际高端会议型酒店,初步形成特色鲜明、布局合理、功能互补的会展场馆体系,尽快建成室内可供展览面积超10万平方米或20万平方米的场馆。郑州应抓紧这一机遇,重新规划会展场馆地理布局,重塑会展场馆的发展空间,以促进郑州高质量会展业的发展,助力实现建成国际会展之都的目标。

第一,针对郑州场馆数量不足且单个场馆室内可供展览面积不足10万平米的情况,应将场馆规划建设与郑州城市发展规划相衔接,加快兴建能够承载和服务大型会展活动的超大型场馆,使郑州不再单纯依靠中小型展的数量实现突围,而是能够更有力地吸引大型国际展会。同时,加快建设郑州国际文化交流中心和郑州绿地新国际会展中心,在保质保量的情况下,缩短建设工期,尽快投入使用,发挥其对郑州会展业发展的"乘数效应",满足大型展落户郑州的硬件条件,突破郑州会展业发展瓶颈,真正使会展场馆成为拉动郑州会展业发展的"火车头"。

第二,要打造"名馆",对郑州的现有会展场馆进行重新功能定位,增强这些场馆对于国内外各类会展活动的承载力和利用率。对于即将建成的新国际会展中心项目,在功能定位上以承接国内外的大型和超大型会展项目为主;郑州国际会展中心则以承接精品和中大型专业展、国际会议和高端论坛为主;中原国际博览中心基于面积较小的现状,应充分发挥展览项目孵化器作用,重点培育中小型专业展和小型消费类展会;中原龙子湖学术交流中心应致力于满足举办高规格会议的需求,打造国际会议的首选场地。

第三,要支持场馆智慧和数字化建设,对已有场馆进行设备设施改造,利用现代化的手段提高会展活动的技术水平和服务功能。

第四,要秉承大会展发展理念,统筹和满足各类会展活动对场地的多样化需求,不仅要增加场馆容量,同时要注意场地的服务和设计,提升场馆对城市综合服务能力的促进作用。

第五,除郑州国际会展中心之外的其他场馆也应力争早日获得国际组织的认可和肯定,通过UFI等相关质量与专业认证,从而共享全球更多会展资源。这将使郑州成为服务国内、面向全球、具有国际化视野的重要平台。

第六,要注重场馆周边配套设施的建设,打造大型会展综合体,构建集办公、商业、酒店、公寓、娱乐等多元要素于一体的复合业态,以满足举办大型会展活动的多方位需求，满足会展参与者不同的消费需求，提升服务体验，避免场馆因周边服务和设施不配套而成为"孤岛"。

第七，在场馆的后期使用中，要注意场馆的可持续发展与利用率问题。要坚持链群发展思维，整合城市周边资源，强化会展场馆在产业承载方面的功能，引导会展产业链集聚化发展。

五、抓主体强招商，激活会展对外开放新活力

郑州会展业发展需要本土龙头组展商的带动，也需要引进中外大型组展公司，并促进组展商之间的多方面合作或并购，以提升郑州会展业的整体组展实力。

（一）培育本土会展龙头企业

鉴于郑州会展业组展实力不足，本土组展商须迅速成长。郑州需要重点培育一批具有先进理念、管理经验和专业技能的会展企业，带动郑州会展业高质发展。

第一，政府相关部门以及会展协会等相关行业组织应加大对本土组展商的政策支持力度，为其提供优惠政策、资金扶持、资源共享等，鼓励和扶持本地企业做大、做优，帮助会展企业突破"卡脖子"难题，切实提升本土会展企业组展规模化、专业化、国际化，提高办展实力和组织国际活动的能力。同时，要注重培育具有本地特色和国际影响力的品牌展会，以吸引国内外参展商和观众。

第二，本土会展企业要主动求变，精准定位，建构先进的企业管理理念，尽快提升企业会展人才队伍的专业水平，提高对产业和行业的服务质量，拓展业务领域，创新发展模式，以适应市场需求，提升自身整体管理水平，增强自身核心竞争力，加速向整合营销业务和产业整合业务迭代。

第三，鼓励支持本土会展龙头企业组建大型会展集团，开拓全方位的业务与服务，释放新动能和新活力，吸引会展全产业链上下游的集聚。

第四,鼓励本土会展企业与国内外会展企业的合作,包括兼并、合资等形式,组建具有较强竞争力和影响力的大型国际会展集团,融入多资本运营,引进国际资源和经验,快速扩张,提升会展企业的知名度。

第五,政府应支持和鼓励本土会展企业在境外设立分支机构,实施"走出去"战略,积极开拓国外市场,将分支机构植入国际市场中,以线上、线下或双线融合的方式,积极到境外布展、参展,加强与全球会展企业的竞争与合作,增强自身国际影响力和竞争力。同时,政府应鼓励本土会展企业积极参与国际行业组织,推动会展项目国际认证,提升会展企业在境外的知名度。

(二)引进境内外高能级办展主体

郑州会展业应大力引进境内外高能级办展主体,发挥头部企业落地的带动效应,全面提升郑州会展产业的国际竞争力。

首先,郑州应积极汇聚国际化会展企业,通过"找师傅",帮助城市会展业对接更多资源,在不影响本土会展企业发展的同时,积极探索会展企业间的合作创新模式,帮助本地企业获得新的发展途径。加强与国内外知名企业在企业管理创新、场馆建设、科技创新、人才培养等多方面的深度合作,充分利用战略联动产生的聚合效应,促进郑州会展业实现高质量发展和品牌化塑造。

其次,要支持境内外高能级办展主体到郑州开展项目合作。要鼓励这些办展主体参与、运营和改良本土会展项目,强调市场导向,重视市场研究,培育与郑州优势产业相关的会展项目,从而提升服务品质,加强资源汇聚,提高参展商满意度和投资回报率。同时,对在郑州开设会展业务或合法举办活动的企业,应给予支持,并对依法纳税的会展企业给予一定的比例补贴,根据其主营业务收入增量给予奖励,以增加对外部投资的吸引力。

最后,支持和鼓励境内外会展企业到郑州设立分支机构,或与当地会展企业合资组建成立新型的现代化会展运营企业,或通过国际化并购组建国际会展集团。

(三)促进贸易投资做强会展产业链

城市品牌展会在当地的成功举办是促进贸易投资的重要途径,有助于进一步释放产业活力。结合郑州优势产业资源，助推相关产业会展项目加速落户，形成"产业＋会展"的良性循环，带动产业优质资源落户郑州，并形成建链、补链、延链、稳链、强链的产业合作生态。城市在会展平台的营销中，要帮助中小企业找到合作对象，把展品变成商品，把参展商变成投资商。例如，生物医药产业是南昌的四大战略性新兴产业之一，2022年10月，被誉为"实验医学·体外诊断"盛宴的第十九届中国国际检验医学暨输血仪器试剂博览会（CACLP）、第二届中国国际IVD上游原材料制造暨流通供应链博览会在南昌举办。该展会展览面积达12万平方米，有1400多家企业参展，参观者3万余人次。据介绍，这是南昌第三次举办CACLP，不少外地展商通过展会看到南昌生物医疗产业的发展，从参展商变成了投资商，目前已有8家体外诊断企业落户南昌。因此，郑州会展业发展也应当找准细分行业领域，创新办展办会思路和招商方式，以促进贸易和投资的进一步发展。

六、抓项目促品牌，提升城市会展发展新能级

根据郑州市人民政府办公厅出台的《关于加快郑州国际会展名城建设的意见》，郑州将支持优势产业，发展新兴产业展会，培育发展一批符合郑州城市定位的自主品牌展会，以及与郑州产业相匹配的特色展会，并提出年规模以上展览数量350次、展览面积达到400万平方米的目标。

在这一政策背景下，郑州应积极推进产业融合，打造一批产业展，培育一批消费展，实现"周周有小展、月月有大展、全年展会不断"的会展新发展格局；重点引进一批高层次、高质量、专业化、国际化的会展活动，发挥品牌展会的聚合效应和引擎功能，拉动城市产业发展，激发城市消费增长活力；持续扩大办展面积和频次，推动会展经济新发展和会展高质量发展迈上新台阶，以实现郑州建设国际会展之都的目标。

（一）深耕城市自主会展项目品牌化发展

汉诺威的工业博览会、上海的中国国际进出口博览会、北京的中国国际服

务贸易交易会、广州的中国进出口商品交易会等优质展会，都充分发挥着"办好一个会，搞活一座城"的强大势能。这些城市特有的、专有的大型会展活动是联通国内外市场的重要平台，在推动城市营销、商贸合作、投资消费、信息传播以及文化交流等方面发挥着举足轻重的作用。

郑州应积极探索"以展促产、以会兴城"的发展模式，以此开创城市经济发展新局面。郑州自主会展项目应成为推动郑州会展业发展的核心竞争力和重点优势产业高质量发展的重要载体，以及会展参与者观察国内外产业市场的风向标，持续放大会展的溢出效应和带动效应，促进中外经贸合作，实现互利共赢。自主会展项目将为郑州经济高质量发展增添新动力，提升郑州会展业发展能级。

同时，郑州可以借助本地特色产业，着重打造行业细分领域的专业展（B2B）。B2B展会对于经济发展的拉动系数远高于B2C性质的消费类展会，前者的带动效应更广泛，能够更大程度实现会展品牌建设与城市品牌建设的联动效应，达到"1＋1＞2"的产出效果。

相比于引进巡回展和吸引外来展，对本土会展项目进行深度孵化、资源供给和匹配、突破发展瓶颈进而扩大到会展品牌化营销，更能促进郑州会展业的高质量发展。虽然，初创项目的培育可能面临较高风险和投资成功率不稳定等问题，但是仍须深耕城市会展品牌的塑造，从立足郑州到联动全国直至辐射全球，必须肯花时间、精力和财力，想方设法提高主营业务收入和净利润。打造本土品牌展会，不是一朝一夕的事情，更不是单打独斗，而是政府、协会、企业、研究机构、媒体、社区等多方参与和配合的结果。多方通力合作，才能有望将一个展会培育成为品牌展会。

在郑州当前的实际情况下，会展项目要做大做优、做专做强，但绝不是单纯追求展会面积的扩大，更需要展会具有较强的社会或行业影响力，能在行业或产业发展中起到引领作用。

首先，相关部门应整合会展资源，扶持和培育已经初具会展品牌雏形的会展活动，从单纯追求展会的规模扩张转向追求品牌效应，突出城市自主会展项目的市场化、专业化、规模化、品牌化、规范化、国际化发展，集中力量把城市自主品牌展会做大做强，发挥展会在产业或行业中的影响作用，不断释放品牌展会对城市经济的溢出效应，如郑州工业装备博览会、郑州国际车展、河南（郑州）国际现代农博会、中国（郑州）国际汽车后市场博览会、中国（郑州）糖酒食品交易会、中原畜牧业交易会、中原广告展等展会。

其次，政府和相关会展管理部门需要具有敏锐的洞察力，结合当地优势产业和特色产业，提前选择合适、有潜力和有培育价值的会展类型题材，提前孵化，在会展市场上形成先发优势；仔细审视和探索城市内优势领域资源，或发掘和吸引省域内或周边地区的优势产业到郑办展办会，在郑州经济辐射区域内形成产业联动和集聚；选择新的且能落地的展览主题，创立新的会展项目，或将其他知名项目移植到郑州进行扩张，培育城市优质IP会展品牌。

再次，相关部门要推进对本土会展品牌的认定工作，对认定后的会展项目加大培育和宣传推广力度，提升其在行业的知名度。同时，针对郑州会展业通过国际认证的展览和会议数量较少的情况，相关部门和组织应加强与国际展览业协会（UFI）和国际大会及会议协会（ICCA）等国际组织的交流与合作，及时了解国内外会展信息，积极推进项目市场化机制，鼓励本土品牌会展项目开展国际认证，以共享全球会展资源，共同推进城市会展业的高质量发展。

最后，相关部门要加强针对本土品牌会展的培育、指导和监督工作，建立品牌会展综合评估体系。这是认定品牌会展项目的基础，并能对本土品牌会展项目进行查缺补漏，从而有针对性地补给资源。因此，郑州会展业要尽快形成涉及产业融合度、规模、辐射范围和影响力、参展商和观众满意度、国际化水平等多指标的完整、科学、客观的会展评估体系。

（二）吸引国内外知名会展品牌

在培育城市自主会展项目的同时，也要积极引进国内外知名会展品牌，打造巡回展会首选目的地。紧密结合河南省主导产业，以及郑州五大战略产业和七大工业主导产业，积极引进和举办与产业密切度高的相关行业品牌展会，打造郑州核心产业的会展平台，提升产业的全球影响力和知名度。同时，要积极整合会展资源，助力展会、赛事活动、节庆活动融合发展，突出会展业的国际化主线，吸引全球知名会展活动巡回到郑州举办，使郑州成为国内外会展活动展示的"秀场"。

内引还得外联，郑州会展业要积极对接国内外优质资源。首先，建立与加强与国内外知名主办机构的战略合作关系。立足郑州现代产业体系，吸引一批符合产业发展需求的国际知名展会落户郑州，共谋城市和产业发展，如中国国际农产品交易会、李曼中国养猪大会暨世界猪业博览会等。尤其要紧抓"一带一路"及RCEP发展机遇，结合驻在国的产业特点，加大与各沿线国家的联动效应，开拓海外市场，积极在郑州策划和筹划举办各类高质量贸易投资活动，持续扩大对外开放合作，提升城市配置全球会展资源的能力。

其次，定期申办、举办常态化国际知名会展。通过这些知名会展，吸引全球的会展参与者在郑州集聚，实现人口、信息、商品、资金的快速流动、聚集和循环增长，助力城市平台功能、连接功能、服务功能的形成。吸引国内外优质会展项目落地郑州，扩大城市的国内外影响力，如世界传感器大会、中国智能传感大会等。

最后，从城市的本质出发，展开国际会展之都的建设。建立国际会议申办机制，积极申办、竞标国际会议和高端论坛，争取G20峰会、上合峰会、金砖国家峰会、世界环境大会等有很强号召力的大会落地郑州，充分放大知名会议对城市的带动效应和溢出效应，提升郑州城市竞争力和知名度，展示城市综合实力，集聚世界目光，助力郑州成为知名会展品牌活动的首选目的地。

（三）打造城市会展目的地建设的"国际名片"

会展业不仅能发挥行业、国家或地区之间交流与合作的桥梁纽带作用，还是行业、国家或地区营销的窗口和平台。借助品牌会展活动是国内外会展城市营销的普遍做法。城市主管部门作为会展目的地营销的主体，要深化会展业、其他产业、文旅及相关资源整合，积极协同城市会展协会、媒体等相关部门或组织以及会展相关利益主体共同开展会展目的地的营销工作。借助会展业的商贸往来优势，加强郑州与全球各地区、各行业的交流和合作，通过举办和承办国内外知名会展活动，将会展业作为城市对外交流和创造价值的平台，提供专业化服务，打造和营销具有城市特色的会展目的地。不仅要将展览、会议、节庆活动等"引进来"，还要积极推动本地展会"走出去"。

只有精心打造独特的城市品牌，才能让城市在激烈的竞争中脱颖而出。在高质量共建"一带一路"的过程中,郑州应当以新兴市场和战略性新兴行业为重点,精心组织、策划和参与与"一带一路"相关的重大会展活动,推动会展企业和城市产业借助经贸平台走出国门,与世界各国进行深入、广泛的交流和合作。坚持围绕"一带一路"倡议,打造一批国际高端会议、论坛、展览的永久会址。例如,嵩山论坛、国际旅游城市市长论坛已将郑州定为永久会址。同时,要更大力度支持本土会展企业开拓海外市场,鼓励其积极主动到境外参与含金量高的国际知名展会项目,拓展境外资源,在国际上打造郑州会展"名片"。例如,继续办好黄帝故里拜祖大典、中国考古·郑州论坛、国际少林武术节等重大活动,加强国际文化交流,汇聚国际文化资源,主动吸收国内外先进文化形态和高雅艺术元素,邀请国内外优秀艺术团体、文化机构来郑举办高规格的演出、展览等活动,借助城市完善的基础设施、便捷的交通、丰富的产业资源和良好的城市环境等,推广和宣传"郑州名片",推动郑州建设成为高质量的会展目的地城市。

七、抓开放促合作,扩大国际知名度和影响力

会展国际化是建设国际会展之都的战略选择[①]。在推动会展国际化的过程中,需要在遵循国际惯例的前提下,有意识地追逐国际市场,并使会展在国内大循环和国内国际双循环中成为一个重要环节。努力推进与"一带一路"沿线节点城市缔结友好城市关系,争取更多外事机构落户郑州。同时,也需要聚焦服务国内外双循环新发展格局,通过"引进来"和"走出去"两大主要途径,增强郑州会展业对国际市场的影响力、辐射力和控制力。此外,还需要坚持国际开放视野,学习和借鉴国际会展业先进理念,积极与国内外高能级的会展公司或会展主体对接,加强与长三角、京津冀、粤港澳大湾区等创新优势区域的沟通,强化与武汉、合肥、长沙、成都等中西部地区城市会展产业的协同合

---

① 王志海,兰肖雄.会展国际化建设存在的问题及对策研究——以成都市为例[J].中国商贸,2014(25).

作，构建多层次、多形式的合作交流渠道，形成产业互补、信息共享、协同发展的格局。加大会展项目的招商引资力度，吸引高能级的国内外会展主体及活动落地，最终使郑州成为具有较高对外开放水平的国际商业发展舞台。

在当今会展业全球化的背景下，郑州在建设国际会展之都的过程中要注意以下几个方面。

第一，会展主体的国际化。随着改革开放的深入，越来越多的会展企业和场馆等组织需要拓展国际市场，与全球其他国家和地区建立广泛的联系。而国际展览业协会的主要职责就是帮助会员间建立有效的联结，为共享资源提供便利。基于目前郑州会展企业加入国际展览业协会等国际会展组织的数量较少的现象，积极推进会展企业加入国际展览业协会等国际会展组织，对于郑州会展企业走向国际化具有重要意义。同时，要吸引更多境外办展主体到郑州，也要使郑州的办展主体走向国外，或推进外资展览公司联合国内办展主体成立中外合资的展览公司。鼓励郑州会展企业积极参与国际会展组织和活动，加强与国际同行的交流和合作，学习国际先进经验，提升郑州会展业的国际影响力。

第二，会展项目国际化。郑州会展业应设法引进、复制、移植或培育具有国际影响力的会展项目，以促进目标会展消费者群体全球化，实现大规模人流、物流、信息流、资源流的国际流动。郑州会展业可以借助会展活动，创新消费场景，激发消费活力，扩大消费群体，并在"一带一路"沿线国家以及其他地区延伸会展产业链，组织企业参与国内外重点展会，打造郑州的对外开放形象，融入双循环发展新格局。努力打造以郑州为中心、中原城市群和郑州都市圈为支撑的城市对外开放网络，加强与外部区域和城市的协作。

第三，城市综合服务设施、会展基础设施和专业设施的国际化。郑州不仅要改善和优化城市基建，扩充城市对会展活动的容纳力，优化展馆周边交通、商业等公共配套服务，还要增强社区居民对会展消费者的包容力，营造全球营商环境友好城市氛围。此外，郑州应尽快建设室内可供展览面积超过20万平方米的超大型、智慧化、设施设备齐全的会展场馆。

第四，会展营商环境和会展政务环境的国际化。郑州的会展业相关政府部门应积极探索建立包括登记、备案、变更、查询、投诉、突发事件处置、展后报告等服务一门式平台，为办展提供便利的政务服务，优化展品出入境监管方式方法，提高展品出入境通关效率。

第五，会展服务的国际化。城市会展服务的国际化是城市国际化的关键，能够提升国际会展服务的国际化水准[①]，具有标准化的服务水准对会展业国际化建设具有推动作用。郑州会展业应注重培养具有国际视野和高素质的会展从业人员，提升城市会展服务质量，优化办展相关设施，更加注重和满足国内外专业观众与参展商的需求，注重会展的商贸属性与客户体验，提升全球会展组展主体和参展主体对郑州服务的认可度。

八、抓教育强人才，强化会展业发展根基

人才是关乎会展高质量发展的核心要素。招才引智是一项系统工程，人才不仅要"引得来"，还要"留得住""用得好"。郑州会展业发展具有一定的人才资源优势，但仍缺乏一支高素质、国际化、专业化的会展人才队伍。郑州会展业要立足现实，重构人才战略，使会展人才从传统型人才向复合型人才、创新型人才转变。

（一）扎实会展人才教育

目前，郑州开展会展本科和专科教育的院校共有五所，然而它们的培养特色并不突出，也未能充分满足会展行业需求和发展。高等院校、科研机构和高端人才对城市会展业高质量发展的重要性显而易见。具体措施如下。

第一，依托高校开展会展本科和研究生教育，进行会展专业化人才以及综合应用型人才的深度培养，形成会展专业特色。同时，应加快推进一流学科建设，将其作为进一步培养会展基础人才的战略支点，并探索适应会展业实际需要、具有国际视野的复合型人才的培养模式，深化与国内外高校在会展专业学术交流、专业教育、职业培训等方面的合作。

第二，鼓励和支持高校会展教育开展商科国际认证，以提升高校会展专业

---

①张晓明.中国会展业发展趋势研究动态与前景[M].武汉:华中科技大学出版社,2021.

学科的国际化水平，实现国际会展应用型人才的互通，推动会展专业教育与人才培养的国际化。

第三，推进高校与会展企业合作建立产学研培养基地和研究机构，提升会展高层次人才培养能力，满足高校会展人才的高阶发展需求，发挥高校会展专业培养郑州乃至全国会展人才的重要作用。通过开展校企联合培养，进一步构建会展复合型人才培养体系。校企共同发力，探索服务市域、省域乃至全国的人才培养新模式，有针对性地结合产业发展和人才需求实际，突出重点，精准育才，提高理论知识转化率。例如，励展集团已与北京第二外国语学院会展管理专业展开长期合作，助力人才培养计划，实现校企合作的双赢。

第四，多渠道开展在职会展人员的继续培训与职业教育，尤其要开展会展高级人才的培训，强化会展人才的终身学习意识。

（二）汇聚会展高端人才

人才是实现会展创新发展的第一资源，是国际会展之都建设的核心要素。郑州会展行业协会等组织应加强对行业人才的持续性培训，确立会展人才引领会展业发展的战略地位，形成更加开放、更加便利的会展"引才聚才"机制，实现会展人才与城市的"双向奔赴"。尤其要注重对具有国际视野、熟悉国际会展运作规则的人才的引进。同时，一方面，要充分发挥本土会展业领军人物的引领作用，激发郑州会展业的发展活力和创新能力，提供更高质量的会展专业化服务，尤其要注重对会展项目经理综合素质的培养。另一方面，要建立会展业人才及专家智库，促进高端人才的汇聚，为国际会展之都建设提供强劲、持续、全方位的智力支撑。还要发挥会展企业在人才培养、引进、使用、评价、激励以及服务保障中的积极作用，构建合理的人才结构，实施会展人才分类管理，提升会展企业人才质量的整体水平。尤其要注重国际化会展人才的培养，以支撑会展企业实施国际化发展战略。

（三）打造会展产学研机构

截至目前，郑州尚缺乏会展产学研机构。北京有北京联合大学会展研究所和北京第二外国语学院会展研究中心等，上海有上海对外经贸大学中德国际会展研究所、复旦大学会展与服务经济研究中心以及上海大学上海会展研究院等。成都市贸促会也联合国际大会及会议协会、成都大学、《会议》杂志社共同成立了全球首个ICCA国际会议研究及培训中心，编制了首部国际会议专业教材，面向ICCA会员及其相关单位开展了专业知识与实践培训等研习班，以人才专业化助力会展业专业化，为国际会展之都建设聚力人才，发挥人才才智，增强了城市会展业高质量发展的人才储备力量。因此，郑州在国际会展之都建设中，要加强城市会展创新平台以及产学研机构的建设，发挥产学研机构在推动会展业高质量发展和提升会展创新能力中的重要作用，培育具有国际视野的复合型人才，为会展企业和城市会展业的高质量发展创造更多价值。

九、抓创新增动力，把握会展发展新机遇

在当前的经济社会环境下，会展业面临着各种挑战和机遇。随着国内外市场逐渐开放和竞争加剧，会展业需要不断创新，以提高自身竞争力。创新成为会展业高质量发展的强大引擎。郑州在国际会展之都建设中，要坚持创新驱动，重视在行业管理体制、市场主体以及会展数字化运用等领域的科技创新；借助新技术、新理念和新管理模式，满足会展业日趋增长且多元化的服务需求，加快赋能郑州会展业全方位升级，实现会展业的提质增效。

（一）科技创新

郑州会展业要加速数字化转型和融合发展，坚持把数字化、网络化、智能化技术应用作为推动会展业转型的重要手段，深化互联网、云计算、大数据以及人工智能等新一代信息技术在会展活动中的应用，形成线上线下有机融合的"互联网＋会展"新模式。同时，郑州会展业也需要利用虚拟现实、增强现实等技术来丰富展览会的内容和形式，赋能会展数字化产品升级；利用大数据技术来分析市场需求和参展商数据，提高展会的精准性和效益，提升客户参展效率，优化客户参展体验，提升会展专业化服务；利用移动互联网技术和大数据等工具，进行会展活动数字化营销，提高展会的信息传播效率和宣传效果，拓

展参展商和观众的参与渠道，帮助会展活动获得更多曝光机会，提升展会的知名度、影响力，扩大覆盖范围。以2021年的"云上服贸会"为例，其充分利用线上空间的灵活性和可扩展性，突破了时间、空间和语言的限制，实现了云上"展览、论坛、洽谈"三大主题场景的技术创新[①]。这一实践值得郑州会展业借鉴学习。

（二）理念创新

郑州在会展业发展过程中，要不断推陈出新，引入新的思维模式和创新理念，以适应市场和社会变革的要求。会展企业要树立服务创造价值的观念，将服务置于核心地位，通过不断优化服务流程、引进专业服务人员、提高展会服务水平等方式，提供高质量的服务，满足客户需求，增强客户黏性和信任度，促进业务合作和长期发展，以创造更多的价值。同时，要注重协同发展，与其他相关产业形成联动，推动会展产业与文化、科技、旅游、体育、教育等产业的融合发展，创造更多的合作机会和商业价值。举例来说，可以通过将展览会与科技创新、文化交流、旅游推广等产业深度融合，为经济社会发展注入新的活力和动力。

2021年2月，《国务院关于加快建立健全绿色低碳循环发展经济体系的指导意见》明确提出，要推进会展业绿色发展，指导制定行业相关绿色标准，推动办展设施循环使用。随后，2021年4月，商务部发布《环保展台设计制作指南》行业标准，并于2021年11月1日起执行。在国际会展之都建设中，基于"双碳"目标，郑州会展业要践行绿色会展理念，助力绿色可持续发展，加强环保意识，降低资源消耗和环境污染，提高展会的可持续性。鼓励在郑州举办会展活动的企业借鉴国际会展先进理念和技术，采用符合国际先进水平的节能低碳环保材料，引入环保设施，优化物流和供应链，推广绿色低碳展览，鼓励绿色节能环保理念的实际应用，实现绿色可持续发展，为社会和环境做出贡献。

---

① 中国国际贸易促进委员会北京市分会，北京市统计局.北京会展业发展报告（2022）[M].北京：中国商务出版社，2022.

(三)管理模式创新

会展企业在发展过程中,需要不断探索新的管理方式和方法,以适应市场和社会变革的要求。

第一,坚持以客户为中心的服务模式。会展企业应该将客户需求和体验放在首位,以客户为中心,提供全方位、个性化的服务。会展企业可以通过引入客户管理系统、设置服务热线、开展客户调查等方式,全面提高服务水平和客户满意度,增强企业的竞争力,提高市场份额。

第二,坚持引进专业化管理体系。会展企业应当引进先进的专业化管理体系,建立起科学、规范、系统的管理体系和标准,提高企业管理水平和效率。会展企业可以通过引入质量管理体系、安全管理体系、环境管理体系等方式,不断提升展会的管理水平和服务质量。例如,通过建立标准化的工作流程和管理制度,加强管理、协调和监督,提高工作效率和管理水平。

第三,坚持人性化管理模式。会展企业应该关注员工的职业发展和生活福利,营造和谐的工作氛围和企业文化,提高员工的幸福感和忠诚度。会展企业可以通过建立完善的员工培训机制、晋升机制、薪酬福利体系等方式,提升员工的综合素质和职业价值,培养和留住优秀的管理和专业人才,以提高企业的核心竞争力。例如,通过建立职业生涯规划、岗位培训等制度,提高员工的专业素质和综合能力,注重人才的激励和评价机制,激发员工的创新和创造性。

第四,坚持协同管理。会展企业应推行协同管理,加强内部和外部合作,形成协同效应,提高整体竞争力。例如,可以建立良好的内部沟通机制,培养团队合作精神,推动内部协同发展。同时,也应积极与相关行业和政府部门合作,促进产业融合和资源共享。

第五,加强数字化和信息化管理。会展企业应该加强信息化管理,建立起信息化管理平台,提高信息共享和业务流程的数字化、自动化和智能化水平。例如,建立客户信息管理系统、展馆布展系统、电子商务平台等,实现信息的实时共享和业务流程的优化。

抓标准促规范，提升城市会展质量建设

从国家层面看，2008年，为规范会展业市场主体行为，全国会展业标准化技术委员会成立，会展业标准化建设开始启动。2011年，我国首个会展业标准《经济贸易展览会 术语》出台。2015年，为进一步促进展览业改革发展，更好发挥其稳增长、促改革、调结构、惠民生作用，国务院印发《关于进一步促进展览业改革发展的若干意见》，明确提出在优化市场环境中，要逐步形成和完善面向市场、服务产业、主次分明、科学合理的展览业标准体系，这代表着我国会展业标准化建设开始全面加速。2021年，国务院印发《国家标准化发展纲要》，明确指出标准是经济活动和社会发展的技术支撑，是国家基础性制度的重要方面。标准化是新时代推动高质量发展、全面建设社会主义现代化国家的基础。

从地方层面看，地方积极响应国家号召，纷纷开启地方标准化建设。浙江、陕西、广东等省市成立会展业标委会，制定地方标准，力推会展业的标准化建设。郑州在国际会展之都建设中，要想打造会展业高质量发展的前沿阵地，必须以会展业标准体系建设为推动国际会展之都建设的重要抓手，推动当地会展业的规范化[1]。在现阶段郑州国际会展之都建设中，会展业要坚持标准化运作、高质量发展道路。

（一）遵循与完善会展业标准体系

政府主管部门要做好执行者，全面推动会展业以"标准化"为引领的质量建设，推动会展经济与会展产业高质量发展，不再单纯追求量，而是更注重质的突破。首先，应当针对全市会展业主办方以及产业链条上的相关从业者，做好会展领域国家标准、地方标准和行业标准的宣传工作，组织会展业学标准、用标准的相关培训。其次，应当以培育城市本土品牌展会为切入点，要求地方

---

[1] "会展业标准"助力经济社会发展，见 https://www.zgswcn.com/article/202203/20220304121519l040.html。

会展主体在开展会展市场活动时遵守会展业标准，监控、跟踪和评估分析会展业标准的实施情况，切实提升会展企业等主体的标准化运营水平，打造地域会展服务品牌，树立行业标杆。再次，应当鼓励会展行业组织以及会展企事业单位积极参与国际会展行业标准认证，切实推行会展活动的行业标准化管理，提升会展活动品质。最后，应当加快郑州会展领域相关地方标准的编制工作，优化与完善地方会展业标准体系框架（涵盖会展企业等级划分、绿色会展、知识产权保护、场馆监管与现场运营、安保等），形成面向市场、服务产业、主次分明和科学合理的会展管理与服务标准体系。

（二）加强宣传，促进规范化执行

抓规范主要是要让标准付诸实践，要有效果，可操作，能落地。首先，对于在郑召开的会展活动，要倡导和落实标准的执行，追踪调查研究、统计分析和评估。标准不仅是行动纲领，更关键的是要让办展、办会、办节和办赛的利益相关者去认同标准、达成共识、践行标准，而不只是停留在表面，否则就无法实现会展的高质量发展，会展的生态圈也无法建立。以绿色标准为例，不仅要普及绿色发展的理念，也需要企业实现技术上的突破，如智能化服务可以帮助降能耗、提效能，从而达到标准的要求。其次，对于标准的落实与执行要有明确的奖罚制度。这需要组展企业、行业组织、会展上下游产业链通力合作，有标准、有实践、有监督，要找原因，切勿看重短期经济效益而忽略长远发展，引导各利益相关者有序执行标准。最后，要鼓励会展全产业链上的相关利益主体积极参与国内外会展业标准执行的交流与合作，达成遵守行业标准化的框架协议或契约，避免企业间无序竞争的发生，引导规范化运作，探寻绿色、低碳、环保的会展高质量发展之路。

十一、抓文化促特色，打造会展文旅融合目的地

除了城市优势产业和消费市场的驱动有利于城市会展活动的举办，富有城市特色的文旅资源也是驱动组展商、参展商、观众的重要因素。现在世界上的

知名会展城市能够在全球城市中脱颖而出的一个重要因素，是其城市形象的背后隐藏着丰富的城市特色。会展业本身具有促进不同国家和地区之间文化交流以及文化传播的功能。文旅产业作为城市经济的有机组成部分，已成为城市促进产业结构调整和城市经济增长的重要引擎和有力抓手，在城市区域经济发展中发挥着重要的支柱作用。有关调研表明，会展参与者通常具有在参展期间旅游的意愿，且更看重会展举办地的整体城市形象。实现城市会展业与文旅资源的联动发展和深度融合，有利于加快城市会展产业的集群发展和国际会展之都建设进程。例如，美国奥兰多拥有丰富的旅游资源，是世界上著名的旅游胜地，汇集了迪士尼乐园、环球影城、海洋世界等世界著名的主题园区，深受会展组织者和参与者的青睐。世界城市通常具备一定的特色文化亮点，文化气息浓厚。城市的竞争不局限于经济层面的竞争，也注重城市特色文化和文化生活的竞争。再如国内的北京、上海、杭州、成都等城市，依托其特有的文化资源吸引着全球组展商和会议组织者，成为了知名的国际会议目的地以及中国节庆之都。

郑州位于具有浓厚历史文化底蕴的河南，借助历史沉淀的硬功底，郑州通过专注和传承传统文化，可以塑造城市文化气韵和人文魅力，打造传统文化和现代文明交相辉映的全球旅游目的地，满足大众对文化产品的需求，让城市居民享有更加丰富、更加精彩的精神文化生活。打造"文旅IP产业＋会展"融合创新，以现有博物馆、文化馆以及"只有河南·戏剧幻城"等全景式全沉浸戏剧主题公园为载体，实现历史文化的再现及中华文明的传播，促使文旅大IP衍生出无数个文旅小IP，形成系列主题活动，对促进郑州建设国家中心城市、加速中原崛起以及建设有"郑州特色"的国际会展之都具有重要意义。

同时，郑州会展业依托自然资源，实施城市文创融合发展战略，优化黄河文化带、环嵩山文化带、中心城区文化板块"两带一心"布局，聚焦"华夏之根、黄河之魂、天地之中、文明之源"，打造"山·河·祖·国"文化大标识，充分展示华夏文明、黄河文化主地标城市特征。塑造"行走郑州·读懂最早中国"品牌，优化精品线路，围绕核心节点布局旅游集散中心，完善公共服务基础设施，打造国际旅游目的地，创建国家级文旅消费示范城市①。基于河南中原文化和特色文化资源，推进文化和旅游深度融合，依托综合枢纽优势，着力打造"天地之中、华夏之源"的郑州"文旅＋会展"融合模式，塑造城市会展文旅品牌形象，以"以文塑旅、以旅彰文"为抓手，推动文化和旅游深度融合发展，培养特色产业展会，努力将文旅优势转化为会展业高质量发展新动能。以会展业为载体，不断提炼城市特有的文化底蕴，形成文化特色，传播郑州文化，讲好"郑州故事"，塑造"郑州名片"。同时，郑州特色文化的传播有助于树立良好的城市形象，这不仅可以增强社区居民对于城市的文化自豪感和归属感，也可以吸引更多会展活动相关利益主体对城市的关注，进而增加更多会展业相关投资。

具体来说，第一，依托郑州和河南省的深厚文化底蕴，深耕"旅游＋会展"模式，打造重点文化项目系列的"展、会、节、赛"，尤其是举办各类"以郑州特色"为依托的节庆活动品牌，打造国际节庆之都，促进人口流动，催生消费新需求，释放城市会展经济效应。例如，推动黄帝故里拜祖大典、中国郑州国际少林武术节等活动的市场化、专业化和国际化发展，通过品牌的持续塑造、培育和沉淀，打造国内外知名文旅品牌活动，加强"国际郑"文旅品牌建设。

第二，鼓励会展企业与文化创意策划企业合作，积极参与文旅项目的竞争，提升展会主题策划和艺术设计水平，支持优质文化创意产业项目活动与旅游产业融合发展，塑造城市独特形象，打造郑州国际会展之都特色名片。

第三，加强与"一带一路"沿线国家文化交流合作，建设丝绸之路文化交流中心，打造一批彰显中原特色的丝路文化产品或活动，推动中原文化走向国际②。以文旅融合为契机，吸引全球人才和思想的交流，促进文化交流和融合，全面展示中华文化新气象、中国发展新成就和中原建设新风貌，讲好中国文化和中国故事。

---

①郑旗.提升文化软实力 让郑州有灵魂有特质[N].郑州日报,2023-02-06.

②郑州市人民政府《郑州建设国家中心城市行动纲要（2017—2035年）》,见 https://public.zhengzhou.gov.cn/D0102X/250677.jhtml。

第四，秉承"立足郑州，服务全球"的理念，开发满足不同层次游客需求的会展文旅服务，整合全域文旅资源，发挥中原城市群兄弟城市的特色优势，打造一批享誉国内外的精品景区和精品旅游线路，带动郑州文旅发展由传统景区模式向现代全域模式转变[①]，探寻市场化道路，使会展活动具有更高的市场价值，刺激消费需求和拉动城市消费，打造郑州国际会展之都文旅形象名片。

第五，依托郑州相关景区、大型旅游景点以及大型体育场馆，开展郑州特色消费类节事活动或一系列主题特展，促进文旅新消费。

[①]郑州市人民政府《郑州建设国家中心城市行动纲要(2017—2035年)》，见https://public.zhengzhou.gov.cn/D0102X/250677.jhtml。

附录：郑州市人民政府关于加快郑州国际名城建设的意见

（郑政办〔2018〕46号）

郑州市人民政府办公厅关于加快郑州国际会展名城建设的意见

各县(市、区)人民政府,市人民政府各部门,各有关单位:

为进一步推进郑州国际会展名城建设,加快构建我市对外开放新格局,根据《河南省人民政府办公厅关于进一步促进展览业改革发展的实施意见》(豫政办〔2017〕131号),结合我市实际,经市政府同意,提出如下意见。

一、总体要求

认真贯彻党的十九大精神,坚持以习近平新时代中国特色社会主义思想为指导,按照《郑州市人民政府关于印发郑州建设国家中心城市行动纲要(2017—2035年)的通知》(郑政〔2017〕8号)精神,以国际化、品牌化、专业化、市场化、信息化、产业化为方向,以优化会展政务环境为基础,以推进会展业国际化发展为主线,提升郑州会展业的国际知名度和影响力。

二、主要目标

到2020年,基本建成结构优化、布局合理、功能完善、机制健全、服务优良的服务于郑州国家中心城市建设的会展业发展体系,开启我市建设国际会展名城新征程。

——会展设施完善布局合理。会展硬件设施建设步伐加快，布局一批国际性会展场馆、大型会议中心、国际高端会议型酒店，特色鲜明、布局合理、功能互补的会展场馆体系初步形成。

——会展业整体实力显著提升。培育发展一批符合郑州城市战略定位的自主品牌展会、与我市产业相匹配的特色展会，年规模以上展览数量350次，展览面积400万平方米，会展业带动经济社会效益达600亿元，会展国际知名度和影响力进一步提升。

——发展环境进一步优化。会展业管理机制健全，公共服务平台体系完善，国际化水平进一步提高。

三、重点任务

（一）优化空间布局

1.打造航空港实验区国际大型展会承载区。按照"全球视野、国际标准、中原特色、科技引领"的目标，高标准推进郑州新国际会展中心建设，适应服务于国际大型展会活动常态化需求。着眼举办重大国际展会需要，提升完善功能，形成设施完善、功能完备、机制健全、保障有力的会展服务体系，积极推进航空港实验区的国际航空大都市建设。

2.完善国际高端展会功能区。做好郑州国际会展中心的改造提升和中原国际博览中心的资源整合。加快推进嵩山论坛永久性会址、雁鸣湖国际会议会展小镇、龙湖国际会议中心等项目规划建设，打造一批彰显传统文化魅力的国际会议型酒店，提升国际会议服务能力，服务于国际交往中心建设。

3.布局产业会展多功能设施。结合各县(市、区)、开发区产业特点，谋划建设通航、文化创意、汽车博览、家居建材、农产品交易等主题展示中心。优化整合全市各类中小会展设施,引导形成功能错位、特色显著、规模梯次协调的会展设施体系。

4.提升城市会展服务功能。合理规划酒店、商业、文娱等设施,加快会展场馆周边宾馆建设,满足参展参会人员的食宿需求,提高城市接待能力。大力发展公共交通,完善与各大展馆、会议中心、主要节庆活动场所相衔接和配套的交通设施。

(二) 强化品牌建设

充分发挥郑州区位、产业和人文优势,积极申办和创办国际重要的展会、论坛和文化赛事活动,推动会展业与城市定位协调、与城市品牌互动、与产业特色融合,提升郑州会展业的品牌形象和国际影响力。

1.支持优势产业展会。发挥电子信息、汽车制造、装备制造、新材料等四大制造业战略支撑产业的集群优势,大力支持发展智能终端、应用电子、软件与信息服务、新能源汽车、大型成套装备、通用航空装备、轨道交通装备、节能环保装备、超硬材料、新型耐材等产业展会,以会展业推动战略支撑产业集群提质增效。全面提升已形成的行业品牌展会水平,提升郑州全国商品交易会、郑州航展、中国(郑州)国际磨料磨具磨削展览会、中国(郑州)国际汽车后市场博览会、郑州国际车展等展会规模和品质,逐步打造成具有国际影响力的品牌展会。

2.发展新兴产业展会。重点培育新一代信息技术、生物及医药、智能制造装备三大制造业新兴未来产业展会,以会展业推动新兴未来产业集群跨越发展。积极创办物联网、云计算、大数据、北斗导航、节能环保、增材制造、生物制药、储能材料、智能机器人等行业展会,提升全球跨境电商大会、中国(郑州)国际创新创业大会等展会的品牌影响力和国际化程度,着力推进国家极具活力的创新创业中心建设。

3.培育特色产业展会。大力发展以郑州特色为依托的品牌展会,塑造特色品牌,持续办好黄帝故里拜祖大典、中国考古·郑州论坛、嵩山论坛、中国郑州国际少林武术节、中国(郑州)国际旅游城市市长论坛、国际民航组织航空货运发展论坛等重大活动,高标准筹办郑州(国际)多式联运博览会,积极申办重大国际会议、重大国际赛事、国际武术赛事,建设具有世界影响力的会议之都、武术之都和赛事名城。提升红枣文化节、石榴文化节等都市型现代农业展会活动,实现农业研发、休闲旅游、文化创意、农产品加工等融合展,推进现代都市农业示范区建设。

(三) 培育市场主体

1.壮大龙头企业。积极引进国内外知名会展企业落户郑州,提升会展业整体管理水平。引导我市重点会展企业向品牌化、集团化、国际化发展,扶持本地会展企业做大做强,重点培育竞争力强、覆盖面广、示范引领作用大的龙头企业,提升组展办展和组织国际活动的能力水平,提高国际竞争力,打造一批具有先进办展理念和管理经验的龙头会展企业。

2.推进市场化进程。充分发挥市场在资源配置中的决定性作用,更好地发挥政府作用。规范和减少政府直接办展,逐步加大政府向社会购买服务的力度。着力培育市场主体,加强专业化分工,提升展馆和会展企业的市场化水平。

(四) 深化国际交流合作

加强与国际展览业协会(UFI)等国际组织,以及友好城市、国际商协会联系,搭建交流合作平台,完善国际合作机制,扩大国际组织认证认可的展览机构和展会数量。重点加强与"一带一路"沿线国家的会展合作，充分发挥中国(郑州)—东盟会展经济合作委员会等平台作用，深化与东盟地区合作。加大郑州会展业国际宣传推广力度，提升我市会展业的国际影响力。积极申办国际性大型品牌展会活动，吸引全球知名品牌展会落户郑州，加强与国外会展主体合作，共同举办国际性展会，促进会展业国际化发展。

(五) 规范市场秩序

按照全市社会信用体系建设的统一要求，逐步建立覆盖场馆、办展办会机构等的会展行业诚信体系，提倡诚信办展办会、服务规范。建立会展场馆和重点会展服务企业名录库，健全统计指标体系，实行对会展业数据全面采集和实时监测，完善会展业统计监测工作体系。支持会展企业申请专利和注册商标，建立知识产权保护体系。推动云计算、大数据、物联网、移动互联等在会展业中的应用，提升我市会展业信息化水平。

(六) 加快会展人才培养

鼓励高校设置会展专业课程，加强校企联动，培养适应会展业发展需要的应用型和复合型专业人才。强化从业人员在职培训，通过行业协会、院校和培训机构等，多层次、多渠道开展职业教育和培训。加强与国际会展组织的交流合作，开展高级人才培训。创新会展人才引入机制，吸引高端会展管理人才集聚郑州。

四、工作要求

(一) 加强统筹协调

郑州市会展经济领导小组加强对会展工作的统筹协调，整合全市会展资源，推动全市会展业协调发展。强化联席会议制度，建立服务保障机制，健全公共服务体系。各县(市、区)、开发区和相关部门要充分认识会展业对促进我市经济发展、产业升级的重要意义，加强组织领导，研究制定会展扶持政策，建立工作推进机制，共同推进工作落实，保障国际会展名城建设各项任务顺利推进。

(二) 优化发展环境

公安、消防、工商、城管、交通、食品药品监管、卫生、海关、检验检疫等部门结合职能设立绿色通道，优化监管和服务流程，提高服务效率，为重点展会提供高效便捷的会展政务服务。会展场馆运营兼顾公益性原则，注重社会效益，进一步提升管理服务水平，打造优良的会展发展环境。

(三) 强化宣传工作

加强会展与旅游、文化、商务、外事等部门联动，实现联合宣传推介，开展有针对性的境内外主题推广和推介活动，加大城市及会展业对外宣传力度。借助全市各部门举办的境内外重要活动，多渠道、立体化开展宣传推介工作，提升城市知名度和影响力。

参考文献

[1] 莫志明.会展业与城市发展的互动影响分析[J].旅游纵览(下半月),2017(06).

[2] 王春雷.中国会展业发展:前沿问题与创新策略[M].北京:中国旅游出版社,2015年.

[3] 王春才.北京构建国际会展中心城市战略研究[J].城市问题,2009(07).

[4] 徐洁.国际会展中心城市评价指标体系研究[D].上海:华东师范大学,2010.

[5] 王先庆,戴诗华,武亮.国际会展之都研究[M].北京:中国社会科学出版社,2014.

[6] 张敏,孙琦琰.国际会展城市大比拼[J].国际市场,2014(02).

[7] 王春才,周彦.北京构建国际会展中心城市需具备的关键要素[J].城市问题,2014(11).

[8] 迟娜.国际会展城市的发展特点[J].艺术科技,2016(06).

[9] 曾燕.成都推进会展国际化的对策研究[J].成都行政学院学报,2019(02).

[10] 李永江.成都构建国际会展之都的基础和路径[J].先锋,2019(03).

[11] 胡平.上海会展业竞争力影响因素和提升对策研究[C]//上海社会科学界联合会.上海市社会科学界第五届学术年会文集(2007年度)(经济·管理学科卷).上海:上海人民出版社,2007.

[12] 邢志宏,张勇顺,米宏伟,等.北京建设世界城市会展统计体系研究[C]//北京市第十六次统计科学研讨会获奖论文集,2011.

[13] 余剑生.基于钻石模型的上海会展业竞争力研究[D].上海:上海交通大学,2010.

[14] 王春才.德国会展中心城市的发展路径与策略研究[J].江苏商论,2010(01).

[15] 张凡.会展业的国际化与观察视角[J].中国会展,2018(19).

[16] 王春雷.国际城市会展业发展理论与实践[M].北京:中国旅游出版社,2014.

[17] 刘雅祺.后"G20峰会"时代杭州打造国际会展之都的比较研究[J].商业经济研究,2017(23).

[18] 张晓明.中国会展业发展趋势研究:动态与前景[M].武汉:华中科技大学出版社,2021.

[19] 张凡.会展策划[M].武汉:华中科技大学出版社,2020.

[20] 张凡.高质量发展是"十四五"规划的关键词[J].中国会展,2020(23).

[21] 李铁成,吴娜妹,刘力.会展产业创新"流模型"的构建及其价值[J].商展经济,2022(16).

[22] 应丽君,张西振.重庆市会展产业现状分析[J].重庆工学院学报,2001(06).

[23] 王春雷,诸大建.中美会展产业发展系统比较研究——兼论美国会展产业发展对中国的启示[J].世界地理研究,2006(02).

[24] 李蓓蕾.基于钻石模型的德国会展产业成功因素分析[J].湖南农业大学学报(社会科学版),2008(06).

[25] 沈丹阳,陈泽炎.中国会展经济理论观点述评[J].商业研究,2009(09).

[26] 刘大可,王起静.会展经济学[M].北京:中国商务出版社,2004.

[27] 胡平.上海会展业国际竞争力研究[M].上海:立信会记出版社,2011.

[28] 潘秋玲,郑晓宇,曹三强.区域性国际会展中心城市发展模式研究——以南宁为例[J].菏泽学院学报,2008(01).

[29] 郑伯红,陈存友.世界城市理论研究综述[J].长沙铁道学院学报(社会科学版),2007(02).

[30] 张凡,张岚.展览项目管理[M].武汉:华中科技大学出版社,2021.

[31] 孙先科,蒋丽珠,杨东方.国家中心城市建设报告(2022)[M].北京:社会科学文献出版社,2022.

[32] 刘睿.社会消费品零售总额与第三产业的关系[J].统计与咨询,2015(02).

[33] 倪鹏飞,徐海东.中国城市竞争力报告No.19[M].北京:中国社会科学出版社,2021.

[34] 胡星,张宛.中西部国家中心城市综合承载力比较研究[J].中国名城,2020(11).

[35] 陈先进,桑敬民,屠建卿.上海会展业发展报告(2022)[M].上海:上海科学技术文献出版社,2022.

[36] 贺丹.科学看待人口发展新特征和新机遇[N].人民政协报,2021-05-20.

[37] Bartfai E G. Budapest, Bratislava and Vienna conference facilities, comparative Analysis[J].Tourism and Hospitality Management, 2011(1).

[38] 屠启宇.国际城市发展报告(2022)[M].北京:社会科学文献出版社,2022.

[39] 周纪昌,黄新春,蔡海霞,等.郑州航空港经济综合实验区加快发展高端产业战略研究[M].北京:经济科学出版社,2015.

[40] 张敏.中外会展业动态评估研究报告(2016)[M].北京:社会科学文献出版社,2016.

[41] 王志海,兰肖雄.会展国际化建设存在的问题及对策研究——以成都市为例[J].中国商贸,2014(25).

[42] 中国国际贸易促进委员会北京市分会,北京市统计局.北京会展业发展报告(2022)[M].北京:中国商务出版社,2022.

[43] Shih H S, Shyur H J, Lee E S. An extension of TOPSIS for group decision making[J].Mathematical & Computer Modelling, 2007(7).

[44] 郑旗.提升文化软实力 让郑州有灵魂有特质[N].郑州日报,2023-02-06.

后　记

在从事会展教育期间，笔者一直在思考城市如何高质量发展会展业这个问题，因此所研究的科研项目大多偏向会展研究。本次依托河南省高校人文社会科学研究一般项目"'十四五'时期加快郑州国际会展之都建设路径研究"，展开相关研究工作，并有幸出版本书，深感自己才疏学浅，在写作中遇到了不少困难。尽管已经做出最大努力，但书中仍然存在有待改进和完善的地方，尚有不足之处还恳请各位专家、读者批评指正。

一、研究结论

根据对2021年数据进行测算的结果，上海、北京这两个城市是国际会展之都建设进程最快、最有优势或即将全面建成国际会展之都的城市。上海、北京是国内会展业发展排名第一、第二的城市，处于国际会展之都建设的第一梯队，具有国际会展之都建设的"领头羊"作用。广州、深圳、杭州、成都位列第二梯队，紧紧追随上海与北京建设国际会展之都的步伐，但与上海、北京国际会展之都建设有一定差距。南京、武汉位列第三梯队，郑州、西安位列第四梯队，这两个城市多数指标与其他城市国际会展之都建设相差甚远，还有较大提升空间。需要说明的是，本研究结论只是对于目前各样本城市的国际会展之都建设现状的总结与归纳，在各城市会展业的发展过程中，其国际会展之都建设情况处于动态变化中。

二、研究局限

在本书的写作过程中，笔者也面临一些困难与挑战。一是在构建指标体系时，对个别指标的界定存在一些局限和争议。例如，在向有关部门问询城市的直接经济效益、间接经济效益等指标数据时，对于指标本身的数据体现和数据来源存在争议，鉴于此，这些指标也未出现在指标体系中。二是在征询和调研过程中，尽管已积极联系各部门，但个别数据的获取依然存在一定困难，涉及一些隐私数据或暂不便对外公布等，因此未列入指标体系中。三是为保证统计数据口径的一致性，专业观众数量等指标也未纳入指标体系中。四是本研究基于大会展视角展开相关研究工作，但是会议、节庆、赛事等方面的数据收集不全，使得本研究仍偏向于展览业。

三、研究展望

在中部地区崛起战略的实施和国家中心城市的建设步伐下，优势要素资源向郑州聚集的态势逐渐明显，为郑州会展高质量发展和国际会展之都建设奠定了良好的基础。笔者生活在这座城市，见证着这座城市的成长和发展，也见证着这座城市会展业的发展，对郑州会展业的未来发展充满了许多期许和期待。笔者本身在会展教育领域工作，殷切希望社会各界关注郑州会展业发展，并期盼更多人能够致力于或置身于郑州会展业的高质量建设发展，为将郑州建设成为国际会展大都市添砖加瓦。希望郑州继续强势推进会展业发展，发挥会展对城市的溢出效应，全力营建城市营商环境保障体系，助力会展项目高质量运行。聚焦培育和壮大会展市场组展主体实力，提升本土展会的专业化、信息化、国际化、品牌化、数字化发展能力，激发市场活力，创新会展模式，开创本土会展品牌化发展新格局，在国内外享有更高的知名度和影响力，同时吸引到国内外大型会展项目落户郑州，提升会展综合竞争力，促进郑州会展能级不断提升。